동
정
에
대
하
여

Compassione. Storia di un sentimento
By Antonio Prete

ⓒ 2013 Bollati Boringhieri editore, Torino

The publisher further agrees to print the following: "Korean translation rights arranged with
BOLLATI BORINGHIERI EDITORE Srl through J&Y Rights Agency."

Compassione

가장 인간적인
감정의 역사

동정에 대하여

안토니오 프레테 지음
윤병언 옮김

책세상

문학과 예술에 나타난 동정의 역사

동정compassione이란 '함께com' 나누는 '열정passione'을 뜻한다. 하지만 동시에, 함께 나누는 아픔, 고난passione에의 참여를 의미하기도 한다. 동정은 타인과 타인의 고통을 향해 한 걸음 더 가까이 다가서는 움직임을 가리킨다.

하지만 동정은 보기 드문 감정이다. 타인의 고통이 진정한 의미에서 자신의 고통으로 변하는 경험 자체가 진귀하기 때문이다. '동정'이라는 말이 흔히 편리한 베일로 둔갑하며 감추는 것이 있다. 그것은 타인과 타인의 고통에 대해 관심을 기울이는 순간, 동정을 느끼는 주체의 만족감과 그가 자신의 자비로움을 무의식적으로 인정하려 하는 경향이 동정에 수반된다는 사실이다.

눈에 띄는 방식으로 구원의 손길을 내미는 것은 상대방의 감정을 상하게 할 수 있다. 상대방이 남들의 경솔한 관심을 피해 애써 감추고 있던 고통스러운 면을 들추어내는 결과를 가져올 수 있기 때문이다. 동정은 때로 타인이 자존심, 혹은 자긍심 때문에 감당하기로 작정한 무거운 짐과 고통스러운 침묵의 영역을 침범할 수 있다. 그래서 사람들은 흔히 동정심을 발휘하는 것이 결국 타인을 헐뜯는 것과 마찬가지라는, 그 사람에게 불평 없이 고통을 감수해낼 능력이 없다고 보는 것과 마찬가지라는 이야기를 한다. 아울러 타인의 고통을 동정 어린 눈길로 바라보는 것은, 파도에 휩싸여 침몰 위기에 몰린 배를 육지에서 편안한 자세로 바라보는 것과 크게 다르지 않다고 볼 수 있다. 자신만큼은 안전한 곳에 있다는 야릇하고 고백할 수 없는 기쁨이 위험에 처한 타인을 바라보며 느끼는 동정심보다 훨씬 더 강할 수 있기 때문이다. 누군가 말했듯이, 동정은 때로 자아의 평정에 불과하다.

동정은 심지어 자존심의 가면으로, 자신의 안전과 튼튼한 기반을 뽐내기 위한 도구로 사용되기까지 한다. 이러한 예를 우리는 장 드 라 퐁텐Jean de La Fontaine의 〈참나무와 갈대La Canna e la Quercia〉라는 우화에서 발견할 수 있다. 바람이 세게 불어오자 갈대를 측은하게 여긴 커다란 참나무가 갈대에게 나무 밑에 와서 바람을 피하라고 권하지만 머지않아 참나무의 동정심이 이기적이고 위선적인 것이었음이 드러난다. 심하게 몰아치기 시작한 폭풍우가 참나무를 뿌리째 뽑아버리지만 세찬 바람에 몸을 굽힐 줄 알았던 갈대는 무사히 살아남기 때문이다.

역사적으로 거의 모든 철학자들이 동정이란 개념을 못 미더운 눈길로 바라본 것도 바로 동정의 이러한 모호함 때문이었다. 동정은 항상 훌륭한 덕목과 감흥의 목록에서 제외되었고, 열정의 일종으로 간주되는 경우도 상당히 드물었다. 동정은 오히려 약자들만의 감정으로 취급되거나 종교라는 안개 속으로 던져지는 것이 보통이었다. 오늘날에도 동정은 쉽사리 감동받는 사람의 이해하기 힘든 심적 변화나 여성의 눈물과(눈물은 여자나 흘리는 법이라고 생각하는 사람이 있듯이) 연결되는 것이 보통이다. 더 나아가서 우리는 동정이 정의와 평등의 요구를 회피하는, 순수하지만은 않은 도구로 사용되기도 한다는 사실을 인정할 필요가 있다. 무엇보다도 정치적인 과제를 회피하는 구실이 되는 것이 동정이다. 삶의 부조리에서 헤어나지 못한 채 이를 혼자 힘으로 감수하도록 내버려두는 것은 동정이 아니라 정의의 가면을 쓴 법이다. 하지만 이런 식으로 사회적 정의와 동정을 상충하는 것으로 보는 입장 역시 물질적인 요인에서 비롯되지 않은 상처 앞에서는, 즉 생존이나 권리와는 아무런 상관이 없는 상처 앞에서는 설 자리를 잃는다. 고통의 모양새는 실제로 변화무쌍하다. 눈에는 들어오지만 다 보이지는 않으며 항상 일시적이고 부분적인 모습만 드러내는 것이 고통이다. 아울러, 동정은 용기의(혹은 자만심의?) 상실로 받아들여지기도 한다. 예를 들어 알레산드로 만초니Alessandro Manzoni의 소설《약혼자들Promessi Sposi》* 에서 한 주인공은 이렇게 말한다. "동정이라는 감정과 비슷한

---

* 알레산드로 만초니(1785~1873)의《약혼자들》은 이탈리아 근대 문학을 대표하는 장편 역사 소설이다. 30년 전쟁과 페스트로 얼룩진 17세기 초의 이탈리아 북부를 배경으로 악독한 지방 태수와 비겁한 교구 사제들 때문에 쉽사리 결혼하지 못하는 두 농사꾼 연인의 투쟁을 그렸다. 괴테가 인본주의에 대한 천착과 소박하고 해학적인 문체의 조화로움을 들어 높이 평가한 작품이다.

것이 있다면 그건 두려움이다. 동정심에 사로잡힌 남자는 남자라고
할 수 없다."

   철학은 시간이 흐르면서—장 자크 루소Jean-Jacques Rousseau나 아르
투어 쇼펜하우어Arthur Schopehauer처럼 동정이란 감정을 도덕적 감성
의 직접적 기초로 삼은 경우를 제외하면—동정이 가지고 있는 모호한
측면들, 예를 들어 동정이 동정심을 느끼는 사람에게 위로를 주는 효
과 내지 동정의 달콤한 성격 등을 추적해왔다.
   반면에 작가와 예술가들은 동정의 정도와 형식, 동정의 언어와 행
위 및 인식론적 차원에서의 긴장감 등을 다양한 방식으로 표현해왔고,
동정이라는 감정이 구체적인 모습을 갖추는 웅장한 무대를 펼쳐 보이
면서 인간이 구축하는 공동체의 정체가 무엇인지, 인간과 동물을 비롯
해 살아 있는 모든 존재를 동일한 공간 안에 모으는 유한성이 무엇인
지, 이들의 육체와 욕망과 상처가 개별적으로 어떤 모습을 하고 있는
지 보여주었다.
   문학의 차원과 예술의 차원에서 그려지는 동정의 모습은 곧, 타자
의 현존, 타인의 얼굴과 타인의 정체가 지니는 헤아릴 수 없는 깊이에
대한 끊임없는 이야기이다. 이 깊이를 바라보는 시선의 정체를 강화
하는 것이 바로 타인의 존재다. 타자가 불러일으키는 동정이란 감정
은 시선의 주체로부터 다시 타자의 감성을 향해 되돌아가는 감정이
다. 타인의 존재는 결국 모든 존재의 결속을 인식할 수 있는 지표로 드

러난다. 모두가 소속되어 있고 모두가 공유하는 지평 위에서, 타인의 고통은 무관심을 불러일으키는 대신 그것이 우리와 가까이 있음을 알린다.

 이 책은 동정의 역사에 나타난 일련의 현상들을 문학과 예술이 우리에게 전해준 모습 그대로 보여주는 것을 목적으로 한다. '역사'라는 말을 사용했지만, 사실 감정을 두고 역사를 운운한다는 것은 커다란 모험이 아닐 수 없다. 감정과 열정은 살아 있는 존재들의 수만큼이나 많은 변형과 울림을 가지고 있다. 따라서 이를 표현하는 예술 역시 굉장히 다양할 수밖에 없다. 우리가 할 수 있는 일은 이 감정과 고통의 언어가 펼쳐 보이는 세계 앞으로, 이들이 보내는 신호 앞으로, 고통의 언어가 머물거나 전개되는 공간 앞으로 얼굴을 내미는 것뿐이다. 이것을 바라보는 시선과 이것에 귀 기울이는 일이 그 자체로 하나의 이야기가 될 수 있기 때문이다. 물론 이 이야기는 고전적인 언어와 사유로 구축될 수밖에 없는, 즉 신화와 신화의 해석에서, 그리스 비극과 근대 문학, 시와 예술의 땅에서 유래하는 언어와 이미지들로 구축되어야 할 이야기다. 왜냐하면 바로 이러한 언어들 속에 끊임없는 질문의 계기로 남아 있는 것이 '타자'이기 때문이다. '타자'의 호흡과 '타자'의 유일무이함이 여기서 언어가 되고 리듬과 형상으로 변신한다. 문학과 예술은 우리에게, 모든 다른 종류의 감정을 다룰 때와 마찬가지로 동정이란 감정의 태동과 울림, 신호와 완성, 유보와 일탈, 과잉과 약화에 대해 이야기한다.

동정이란 감정이 타인을 하나의 육체와 언어, 사유와 욕망을 지닌 존재로 인식하면서 시작된다면, 반대로 이러한 인식이 균열되거나 자취를 감추는 시간이 있다. 이 시간에 도래하는 것이 바로 비극이다. 그리고 이 비극이 잔인하게 승리를 거두는 순간을 우리는 전쟁이라고 부른다. 전쟁은 곧 동정심의 망각과 **잔인함**의 체계적인 실현을 의미한다. **동정의 죽음**을 구체화하기 위해 동원되는 것이 파괴의 방식을 첨단화하고 조직화하는 기술 세계다. 전쟁을 통해 자연과 인간이 구축한 역사 자체에 가해지는 폭력과 비인간화는 곧 분별력 있는 모든 생명의 개성을 추상화하는 행위로 발전한다. 이 추상화를 통해 한 개인은 얼굴과 이름, 육체와 사유와 감정은 물론 삶과 심장의 박동과 존재 자체의 의미까지 빼앗긴다. 이와는 정반대로 시와 문학은 어떻게 이 비극의 심장 속에서도 파괴의 열병과 투쟁하며 타인의 고통을 향한 시선으로부터 형제나 다름없는 **당신**을 되찾는 것이 가능한지 보여준다. 동정은 파멸의 연기로부터 이 **당신**의 실루엣이 피어오르는 공간을 의미한다.

동정의 여정에, 동정의 형성과 망각의 여정에, 고유의 마력과 고통스러운 형상을 드러내면서 동물이 등장한다. 동물의 모습이 고유의 순수함과 무고함을 통해 묵묵히 고발하는 것은 인간이 동물의 존재와 동물의 고통을 상대로 저지른 어마어마한 규모의 파괴 행위다. 인간은 자신이 두려워하는 이 타자, 이 동물의 생명을 하찮은 것으로 여긴다. 이 이상스러운 존재를 인간은 강제적으로 길들이고 경계하고 가

두고 노예화하거나 제거해야 할 것으로 간주한다. 그럼에도 불구하고, 이 대적이 불가능해 보이는 인간의 문명적 권위의 역사 속에서도 동물의 시선은 이 오랜 상처와 죽음에 대한 앎을 뛰어넘는 무언가와 치열하게 대치하면서 무방비 상태로 노출되어 있는 약한 존재에 대한 우리의 무관심을 무너뜨리고 우리가 피조물의 감성이라고 부를 수 있는 것을 발현시켜왔다. 동물의 시선은 인간이 자기 종種에 기울이는 지나친 관심 혹은 방심의 그물을 풀어 헤친다.

반면에 세상에는 동정의 이른바 수직적인 개념이 존재한다. 이는 종교적 신화나 토속 신앙, 철학적 지혜나 헌신의 교리가 상이한 문화권들에서 오랜 세월에 걸쳐 구축해온 동정의 개념이다. 이러한 차원의 동정을 우리는, 종교적 입장에서, 지상에 굴절되어 나타난 신성한 자비 내지 피에타라고 정의하거나 혹은 인간의 한계를 이해하고 보이는 것의 경계 바깥으로 눈길을 돌리는 시선, 인간 조건에 대한 일종의 확장된 시선이라고 정의할 수 있다. 그리스 서사시에서 인도의 지혜서에 이르기까지, 고대인들의 지혜가 담긴 설화에서 성서의 이야기에 이르기까지 동정이란 감정은 항상 고유의 무대와 지지자들과 교훈이 될 만한 작품들을 지녀왔고 결과적으로 타인과의 관계를 성립시키는 도덕적인 원칙이자 본질적인 요소로서의 역할을 충실히 해온 것이 사실이다.

그리스도교의 동정은 예배나 연극 혹은 미술 작품을 통해 **피에타**라는 이름으로 정착되었고, 피에타를 통해, 죽은 아들의 몸을 부둥켜안고 비탄에 빠진 어머니의 고통은 지상에서의 모든 고통을 상징하는 이미지로 등극했다. 무한한 매력을 발산하며 예술은 종교적 헌신과 예술적 이미지를 하나로 만드는 데 성공했고, 고통을 하나의 형식 속으로 끌어들이면서 상처를 도상으로, 하나의 움직임으로, 아름다움으로 승화시켰다. 우리가 앞으로 살펴보게 될 것이 바로 철학적인 언어로, 시로, 색으로, 선으로, 형상으로 승화된 동정이다. 동정의 떨리는 순간들을 남김없이 드러내는 것이 바로 이 고통을 향한 예술의 시선이다.

동정의 감미로움은

사랑의 어머니, 혹은 풀무

— 자코모 레오파르디, 《지발도네Zibaldone》,

3607쪽, 1823년 10월 3~6일

'나'는 '너'의 기적이다.

— 에드몽 자베스, 《대화의 책Le livre du dialogue》

1장

언어와 감각

감각의
침몰

———

　동정은 전조와 진전과 예측 불가능한 결과로 이어질 수 있는 감정의 움직임이다. 동정은 마지막 단계에서 감정 자체의 상실이라는 결과를 가져오기도 한다. 동정은 곧 하나의 긴장감, 폭발하거나 사라질 수 있는 어떤 느낌이나 고통이다. 동정은 언어 이전이나 이후와 일치하는 침묵 속으로, 즉 언어의 감추어진 심장과 다름없는 침묵 속으로 곤두박질 칠 수 있다.

　동정의 주체는 때로 스스로의 감각과 상상력으로 인해, 스스로의 느낌을 타자에게 전달하려는 충동으로 인해 어떤 극단적인 단계, 즉 모든 감정이 사라지는 지경에 도달한다. 어떻게 보면 이는 타자의 고통이 동정의 주체에게 그가 어쨌든 타자로부터 분리되어 있는 하찮고 유한한 존재에 불과하다는 사실을 폭로하는 것과 다를 바 없는 상황이어서 이러한 폭로 자체가 결국 동정의 주체에게 참을 수 없는 것으로 남는 현상이라고 할 수 있다. 이때 인간은 한순간이지만 스스로가 지니는 개인으로서의 무능력함과 심연을 경험하게 된다.

　동정이 스스로의 극단적인 단계를 향해, 결국 강렬한 사라짐을 향해 나아가는 움직임을 시적으로 표현한 인물이 있다. 바로 단테 알리기에리Dante Alighieri다. 《신곡*La Divina Commedia*》의 어느 한 시점에서 우리는 동정의 언어 속으로, 고유의 리듬과 설득력, 고유의 공허함과 침묵을 간직하고 있는 언어 속으로 여행을 떠나게 된다.

지옥에 머무는 음탕한 자들의 고리에서 단테가 만나는 것은 난폭하게 휘몰아치는 그림자들의 폭풍이다. 세차게 몰아치는 바람이 소용돌이를 일으키며 모이다가 분산되고 다시 불안하게 짝을 지으면서 마치 찌르레기들처럼 떼를 지어 날아오른다. 소용돌이 안으로 들어서면 그림자들은 허공을 찢는 탄식 소리를 내뱉으며 비상하는 두루미 떼를 연상시킨다. 이들은 이곳 지옥의 두 번째 고리로 추락한 음란한 자들의 그림자다. 푸블리우스 베르길리우스 마로Publius Vergilius Maro가 이 어두운 지옥의 폭풍 내부를 관찰하면서 그림자들의 실루엣을 살피고 얼굴들의 이름을 하나하나 열거하기 시작한다. 세미라미스, 클레오파트라, 아킬레우스, 파리스, 트리스탄⋯. 마치 한 줄기의 바람이 망각 속에 갇혀 있던 신화 혹은 역사로부터 이 인물들을 부활시키는 듯한 느낌이다. 모두 수많은 독자들의 상상력을 뜨겁게 달구었던 인물들, 하지만 기억 속에서 사라진 "고대의 여인들과 기사들"이다. 사람들을 매료했던 연애 소설의 매력은 이제 이곳 지옥에서 하나의 폭풍에 지나지 않는다. 이 연인들 모두가 사랑의 열정이 가져다주는 희열과 고통을 경험한 적이 있지만 욕망의 달콤한 번뇌는 이제 그림자들의 시커먼 소용돌이에 불과하다. 단테는 이 그림자들을 지켜보는 동안 가슴 뭉클하게 하는 감정을 동정이라고 부른다. "나는 동정심pietà에 거의 정신을 잃을 지경이었다." 실신의 조짐, 실신에 가까운 상황의 도래는 감각의 침몰에 대한 예고나 마찬가지다. 또 다른 시대의 시인 자코모 레오파르디Giacomo Leopardi 역시 이러한 두 종류의 시간, 즉 두려움의 시간과 침몰의 시간을 같이 경험한 바 있다. 당시에 레오파르디는 시의 언어를 무한함의 표현이라는 무모한 목표 지점으로 가져가려고 시도했다.

비행하는 소용돌이 속에서 단테는 좀 더 "가벼워" 보이는 두 개의 그림자를 발견한다. 바람의 날개를 타고 오는 듯한, 심지어 지옥에서도 심하게 다루어지지 않는 듯한, 머나먼 지상에서의 열정이 느껴지는 그림자들이 부름을 받고 단테 앞으로 다가온다. 바람이 숨을 죽이는 가운데, 프란체스카*의 그림자가 목소리로 변한다. 사랑을 주제로 하는 이야기에 잘 어울리는 여성의 목소리다. 이는 플라톤Platon의 《향연Symposium》에서, 사랑에 대해 이야기할 수 있는 이가 향연에 참석한 남자들도, 소크라테스나 제자들도 아닌 디오티마**뿐이었던 상황과 비슷하다. 하지만 마치 화답의 노래인 듯, 혹은 내면의 복잡한 심경인 듯, 프란체스카의 말에는 파올로의 눈물이라는 또 다른 언어가 동반된

---

* 라벤나의 귀족 집안 출신인 프란체스카 다 폴렌타Francesca da Polenta는 1275년 리미니의 귀족 잔초토 말라테스타Gianciotto Malatesta와 결혼한다. 그러나 잔초토는 불구의 몸이었고, 말라테스타 가는 신부를 속이기 위해 잔조토 대신 그의 동생 파올로를 결혼식장에 내보낸다. 신부 프란체스카는 식을 올린 뒤에야 신랑이 불구라는 사실을 알게 된다. 이후 프란체스카는 파올로와 사랑에 빠지고, 두 사람은 결국 잔초토에게 발각되어 죽음을 당한다
** 디오티마Diotima는 기원전 5세기경에 살았을 것으로 추정되는 여성 교육자이자 현자로, 플라톤은 《향연》에서 그녀를 사랑의 개념에 대해서만큼은 소크라테스의 스승이었던 인물로 소개한다.

다. 이제 프란체스카의 목소리로 집중되는 모든 바람은 그녀가 불안 속에서 경험했던 사랑의 언어에 지나지 않고, 신이 인간의 욕망과 생각을 뒤흔들며 지배하는 열정의 언어에 지나지 않는다. 타자에 대한 경험과 타자의 육체에 대한 경험의 씁쓸한 흔적이 저세상에까지 남아 있고 이 지옥의 소용돌이 속에서 고집스럽게 붙어 다니는 두 그림자의 모습 속에도 남아 있었던 것이다. 오랜 욕정의 그림자들이 휘몰아치는 소용돌이 앞에서 단테가 느꼈던 동정의 감정은 이제 한 여인의 오래전 모습과 그녀의 불안과 열정적인 사랑이 느껴지는 단 하나의 목소리로 집중된다. 베르길리우스가 이름을 열거한 열정적인 사랑의 주인공들 앞에서 단테가 느꼈던 현기증은 이제 눈물로 변한다.

> 프란체스카, 당신의 번뇌가 나로 하여금
> 슬픔과 연민의 눈물을 흘리게 합니다.*

동정은 여기서 하나의 새로운 차원으로 들어선다. 슬픔은 말을, 동정은 눈물의 길을 찾는다. 하지만 프란체스카는 이어서 가장 자연적이고 고전적인 형식의 사랑 이야기를 시작한다. 프란체스카와 파올로는 책을 통해 또 다른 사랑 이야기를 읽으면서 바로 키스를 통해 고전

---

* 《신곡》, 〈지옥inferno〉 5곡 116~117절. "Francesca, i tuoi martìri / a lagrimar mi fanno tristo e pio."

적인 방식으로 사랑을 확인하게 된다.

> 그 책은 우리가 빈번히 서로의 눈을 바라보도록
> 그래서 얼굴이 창백해지도록 만들었어요.
> 하지만 한 대목만이 우리를 사로잡았죠.
> 그 연인이 열망하던 입술에
> 입 맞추는 장면을 읽는 순간
> 나와는 절대로 떨어질 수 없는 사람이
> 온 몸을 떨며 내게 입을 맞추었어요.*

이야기의 소설적 전개에 주인공들이 경험하는 전율이 상응하는 반면 이야기 자체에는 감정의 동요가 상응한다. 책 속의 키스가 또 다른 키스를 탄생시킨다. 단테가 묘사하는 것은 문학적 언어가 욕망에 형체와 전율을 부여하는 장면이다.

프란체스카의 목소리에 귀를 기울이던 단테는 그녀와 그녀의 연인이 책을 덮자 그 순간 펼쳐진 침묵과 욕망의 심연으로 추락하기 시작한다. 살의 떨림과 다름없는 또 다른 앎이 펼쳐지는 순간, 달콤하고 쓰라린 사랑을 노래하던 시인 단테는 두 영혼이 지상에서의 애정 관계를

---

* 《신곡》, 〈지옥〉 5곡 130~136절. "Per più fiate li occhi ci sospinse / quella lettura, e scolorocci il viso : / ma solo un punto fu quel che ci vinse. / Quando leggemmo il disïato viso / esser baciato da cotanto amante, / questi, che mai da me non fia diviso, / la bocca mi baciò tutto tremante."

뛰어넘어 사랑의 결속력을 유지하는 은밀한 이유를 감각과 언어만으로는 이해할 수 없다는 것을 깨닫는다.

동정에 사로잡힌 단테는 운명으로 봉인된 사랑의 여정 속에서, 날개처럼 가벼운 프란체스카의 목소리를 통해, 사랑의 시와 논리와 욕망으로 구축된 경험의 중요한 일부를 재발견하게 된다. 단테가 느끼는 동정은, 프란체스카와 같은 사랑의 피조물이 호흡하는 고통 속에 위치하면서도 그녀의 형벌을 결코 덜어줄 수 없다는 사실을 분명하게 인식하는 동정이다. 그는 프란체스카가 이야기를 하는 동안 내내 울던 파올로의 눈물을 멈추게 하지 못한다. 왜냐하면 그들의 사랑은 "하늘과 별들을 움직이는 사랑"의 약속을 지향하는 희망찬 사랑이 아니기 때문이다.

단테는 이렇게 물었을 것이다. 어떻게 그토록 강렬한 지상의 사랑이 그 자체로 구원의 가망성을 지니지 않을 수 있단 말인가? 하지만 이는 단테의 신학적 세계관 속에서는 구체적인 형태를 취할 수 없었던 질문이다. 단지 엄청난 무게의 슬픔이 자리를 차지하고 그의 언어와 감각을 사로잡았을 뿐이다.

동정은 동정심이라는 감정으로부터 뒤로 후퇴한다. 그리고 그런 식으로 아직은 죽음이라고 할 수 없는 죽음을 경험한다.

> 동정에 이끌려 나는 꼭 죽을 듯이 정신을 잃었고
> 죽은 시체가 넘어지듯이 쓰러졌다[*]

프란체스카의 그림자가 목소리와 이야기로 변한 뒤에, 그림자들의 소용돌이 앞에서 단테가 느꼈던 현기증은 이제 감각의 상실로 이어진다. 동정이라는 감정 자체가 사라지기 시작하는 것이다.

벌어지는 것은 언어의 침몰, 고통스러운 느낌 자체의 침몰이다. 이 침몰은 지상에서의 사랑과 천상에서의 사랑을 비교하는 일 자체를 포기하는 주체의 침묵과 일치한다. 타자를 '위한' 쓰라린 감정은 신학의 모든 과장된 위로를 외면한다.

감각이 침몰하는 것은 보이지 않는 세계로부터 유래하는 신비로운 섬광 때문이 아니라 '흘러넘치는' 동정 때문이다.

동정의 초월적 언어,
눈물
—

사랑 때문이기도 하지만, 살다 보면 사람들과의 관계 때문에 눈물을 흘리는 일도 생기기 마련이다. 남들이 보는 앞에서건 아무도 없는 곳에서건 눈물은 흘러내린다. 문학 작품이나 영화에서도 우리는 눈물

---

* 《신곡》, 〈지옥〉 5곡 140~141절. "…sì che di pietade / io venni men così com'io morissi ; e caddi come corpo morto cade."

이 어떤 행동이나 반전, 혹은 화해의 계기가 되는 장면들을 수없이 목격한다.

눈물은 기쁨 혹은 고통의 감정에 억눌려 말을 잇지 못할 때 언어의 선을 급격히 뛰어넘으면서 감정과 말의 경계를 무너뜨린다. 자기표현과 인간관계의 기초가 되는 말을 감정과 함께 뒤흔드는 것이다.

눈물도 흘러내리기까지 하나의 과정을 거친다. 롤랑 바르트Roland Barthes는 《사랑의 단상Fragments d'un discours amoureux》에서 이 과정의 묘사를 시도한 적이 있다. 바르트에 따르면 이 과정은 감각에서 감성으로 확장되는 과정, 이를테면 하나의 유아적이고 구체적이고 명백한 느낌에서 불분명하고 애매모호하고 보다 정신적인 차원의 느낌, 문명화에 의해 둔탁해지고 정신의 갑작스러운 제어 기능으로 인해 복잡해진 느낌으로 확장되는 과정이다. 그렇다면 사실 어떤 느낌의 어떤 즉각적인 표출을 막기 위해 고개를 드는 것은 감정을 제어하려는 태도, 즉 자기 통제를 감정의 통제로 대체하면서 이루어지는 절제 행위다. 물론 최악의 경우 절제 행위는 감정의 자유롭고 충동적인 표출을 여성적인 행동으로, 여성만의 나약함에 기인하는 행동으로 간주하는 남성적인 사고방식에서 비롯되기도 한다. 그러나 20세기 초까지만 해도 극장에서 배우들이 연기를 통해 표현하는 열정과의 감정 일치를 통해 여자든 남자든 모든 관객들이 눈물을 쏟아내기 일쑤였다는 것은 널리 알려진 사실이다. 그렇다면 당시의 관객들은 감각적 수용의 육감적이고 낭만주의적인 지평에 머물면서 배우들의 연기가 시각과 청각을 비롯한 자신들의 모든 감각을 뒤흔들도록 내버려두었다고 볼 수 있지 않을까? 아리스토텔레스Aristoteles의 《시학Ars Poetica》에서부터 고트홀트 에프라임 레싱Gotthold Ephraïm Lessing의 연극 이론에 이르기까지, 관객이 받아들이는 감정과 배우의 극적인 연기 사이에서 교량 역할을 하는 가장 기본적인 요소로 간주된 동정이라는 감정이 여전히 좀 더 직접적이고 물리적으로 전달될 수 있는 길을 필요로 했다고 볼 수 있지 않을까?

베르테르와 로테는 프리드리히 고틀리프 클롭슈토크Friedrich Gottlieb Klopstock의 시를 읽고 함께 눈물을 흘린다. 이들의 눈물은 서로에 대한 사랑의 표현과 다를 바 없는 눈물이라고 할 수 있다. 이는 침묵 속에서 주고받는 파올로와 프란체스카의 키스가 독서로 인해 불타오른 사랑의 표현이었던 것과 마찬가지다. 하지만 괴테의 소설에서 젊은 베르테르는—우고 포스콜로Ugo Foscolo의 오르티스Ortis와 마찬가지로—모든 감정을 눈물로 표현하는 독특한 성향의 인물이다. 바르트는 《사랑의 단상》 중 〈눈물 예찬〉에서 눈물을 흘리는 베르테르가 사랑에 빠진 사람인지, 아니면 낭만주의자인지 묻는다. 독자는 이 질문에 대한 답이 바르트가 이 장(혹은 '눈물의 예찬')의 마지막 문장에서 인용한 프란츠 페터 슈베르트Franz Peter Schubert 가곡의 한 소절 속에 담겨 있다는 것을 발견하게 된다. "말, 그것은 대체 무엇인가? 한 방울의 눈물이 그보다 훨씬 더 많은 것을 얘기하리라."

눈물이 언어보다 더 많은 것을 말한다는 것은 틀림없는 사실이다. 언어를 초월하기 때문이다. 반면에 말 속에서는 감정의 강렬함이 분산되기 마련이다. 감정은 말을 통해 전달될 때 '이해'라는 불안정한 과정을 통과하면서, 혹은 허구와 거짓을 베일 삼아 진실을 감싸는 수사적인 표현을 통해서 오해를 낳기 마련이다. 반면에 눈물 속에서 감정의 강렬함은 고스란히 보전되는 경향을 보인다.

눈물과 동정 사이에는 어떤 관계가 있는가? 타자의 고통을 마치 자신의 고통처럼 느끼는 동정은 육체적인 고통을 동반할 정도로 강렬한 감정이다. 그런 만큼 이러한 감정의 움직임을 전부 말로 표현한다는 것은 사실상 불가능하다. 반면에 이런 종류의 감정 일치는 사실상 상상력에 의해 주도되기 때문에 소설이나 연극이나 영화를 통해 표현되는 허구적인 고통을 얼마든지 대상으로 삼을 수 있다. 우리가 배우 혹은 주인공과 함께, 혹은 그들의 입장에 서서 눈물을 흘릴 수 있는 것도 바로 그 때문이다. 미셸 에켐 드 몽테뉴Michel Eyquem de Montaigne는 감정 일치의 이러한 이중적인—현실적인 관계뿐만 아니라 허구적인 관계 속에서도 형성되는—긴장감의 정수를 파악했던 인물이다. 그는 에세이라는 독특한 장르를 통해 스스로의 일면을 묘사하면서(독자는 물론 처음부터 몽테뉴의 책이 다루는 주제가 다름 아닌 저자 자신이라는 것을 알고 있다) 눈물의 정수를 이렇게 표현했다. "나는 타인의 고통을 지켜보며 안타깝고 강렬한 동정심을 느낀다. 어떤 경우이든, 할 수만 있다면, 곁에서 쉽게 눈물을 흘릴 것이다. 눈물만큼 내가 눈물을 흘리도록 자극하는 것은 없다. 사람들이 정말로 흘리는 눈물뿐만 아니라 연기자들의 눈물 혹은 그림 속의 눈물도 마찬가지다."

한편 동정심에서 비롯되는 눈물, 타자의 고통에 참여한다는 의미의 눈물이지만 동시에 일련의 의식儀式에 형태와 리듬을 부여하는 눈물이 있다. 바로 그리스 비극의 합창단이 흘리던 눈물, 혹은 누군가가 저세상으로 건너가는 문턱에서 소리 높여 울 때 흘리는 탄식의 눈물이다.

나는 어렸을 때 목격한 뒤로 오랫동안 사라지지 않고 희미해지지도 않은 몇몇 장면들을 기억 속에 고스란히 간직하고 있다. 그중 하나가 석회로 칠한 방 한복판에 정오의 강렬한 햇빛이 비치는 가운데 기다란 흰색 옷으로 몸을 휘감은 한 소녀가 흐느껴 울며 느릿느릿 바닥을 뒹굴던 모습이다. 바이올린의 선율을 따라 서서히 움직이기 시작한 소녀는 어느샌가 몸을 일으키고 춤을 추기 시작했다. 곁에서는 검은 옷을 입은 어머니가 눈물을 흘리면서 타란토 여인들의 성인인 산투 파울루santu Paulu에게 기도를 드리고 있었다. 내 또래의 아이들은 입을 꼭 다문 채 그저 그 장면을 지켜보고만 있었다. 하지만 우리도 점점 커져가는 음악의 소용돌이 속으로, 빠른 가락에 맞춰 숨 가쁘게 춤을 추는 흰옷 입은 소녀의 비명 속으로, 어머니의 탄식 속으로 깊이 빨려드는 느낌을 분명히 경험했다.

지금은 상당히 멀게 느껴질 뿐이지만 나는 이와 비슷한 또 하나의 장면을 기억하고 있다. 마을에 정오의 눈부신 햇살이 비치는 동안 그림자가 드리운 곳에서 나는 어떤 집 앞에 서 있었다. 집 안에서는 검은 옷을 입은 한 여인이 검은색 손수건으로 머리를 가린 채 울면서 방 한가운데 놓인 관의 시신 앞에서 손으로 머리를 붙들고 한숨과 함께 크게 소리를 질러가며 탄식을 내뱉고 있었다. 나는 시간이 한참 흐른 뒤에야 그 여인이 당시에 사라져가던 곡녀哭女들 가운데 하나였다는 것을 알게 되었다. 나는 그녀가 탄식과 함께 내뱉었던 말의 뜻을 이해하지는 못했지만, 시간이 흐르면서 이와 비슷한 종류의 또 다른 노래들을 접할 수 있었다. 예를 들어 나의 고향에서 불리던 '모롤로야moroloja'라는 이름의 곡哭이 있었다. 그 가운데 '그리쿠gricu'라고 불리는 대목은 고대에 죽은 아들이 지하 세계로 내려가는 동안 그 길이 좁거나 험난하지 않기를 기원하며 여인들이 불렀던 노래와 크게 다르지 않다.

> 사과, 사과 열두 개
> 마르멜로 열세 개
> 내 아들에게 주어야지
> 외지에 가져갈 수 있도록.*

---

* "Mila, mila dòdeca / cidogna decatria / ta dìome u pedìomu / na ta pari es tin fsenia."

그리스의 서사시와 비극에나 등장하던 이런 종류의 탄식이 나의 고향 살렌토에까지 전해졌던 셈이다. 이 오래된 탄식이 중세의 전례나 문학 작품을 통해 변화를 겪으면서 그리스도교 양식으로 나타난 것이 바로 '아들의 죽음을 슬퍼하는 마리아의 고통'이다. 이 고통의 뿌리를 우리는 신약성서 〈마태오의 복음서〉(15장 45~46절), 〈루가의 복음서〉(23장 53절), 〈요한의 복음서〉(19장 38~40절)에서 발견할 수 있다. 이 '고통 받는 동정녀'의 이미지를 배경으로 함께 등장한 것이 또 하나의 오래된 고통, 〈창세기〉(37장 31~34절)의 라헬이 겪는 고통의 이미지다.

그러나 우리는 고통과 동정이 언어와 관계하는 또 하나의 극단적인 방식에, 눈물이나 탄식이 아닌 침묵, 혹은 냉담, 혹은 망연자실로 표현되는 태도에 주목할 필요가 있다. 이러한 태도를 설명하기 위해 몽테뉴는 아테네의 화가 티만테스Timánthes를 예로 든 바 있다. 그의 설명에 따르면, 이피게네이아의 희생을 지켜보며 사람들이 느꼈던 고통을 그림으로 표현하기 위해 모든 이들의 표정을 더욱더 고통스럽게 그리고 있던 티만테스는 이피게네이아의 아버지를 그릴 차례가 되자 두 손으로 자신의 얼굴을 가리면서 "마치 인간의 어떤 표정도 그런 극심한 고통의 비명을 표현할 수 없다는 듯이" 뒤로 물러서고 말았다고 한다. 이 외에도 우리는 고통이 언어와 감정의 세계로부터 극단적으로 멀어지는 경우를, 고통이 돌처럼 차갑게 변신하는 모습을, 니오베라는 신화 속 인물에게서 발견할 수 있다.

다시 눈물과 동정으로 돌아가서, 이제 동정심을 느끼는 사람이 아니라 고통을 받는 사람, 그래서 그 고통을 눈물로 표현하는 사람에게 눈길을 돌려보자. 바르트에 따르면, 그 사람은 눈물을 통해 어떤 식으로든 타자가 자신의 고통 앞에서 동정심을, 혹은 자신의 고통에 대한 그의 무감각함을 드러내기를 요구한다. 눈물은 어떻게 보면 타자에게 입장을 밝힐 것을, 스스로의 모습을 드러내 눈물을 흘리는 자와 가까운 사람인지 아니면 무관한 사람인지 밝힐 것을 요구한다. 바르트에 따르면, 눈물을 흘림으로써 '나'는 가장 절실한 메시지, 혀의 메시지가 아닌 몸의 메시지를 듣는 대화 상대자를 창조해낸다. 이제 또 하나의 질문을 던져보자. 눈물이란, 다름 아닌 언어와 대화를 초월한다는 차원에서, 고통 혹은 모욕을 당하거나 희망을 잃은 사람에게 위로의 말을 전한다는 것이 얼마나 유약하고 무용한 일인지를 보여주기 위해 흐르는 것이 아닐까? 바로 여기에 동정의 실패가 있다. 타자의 몸이 눈물을 통해 표현하는 것은 단지 그가 인생이라는 바다를 항해하며 어떤 상륙도 허락하지 않는 거센 바람에 닻 없이 노출되어 있다는 것뿐이다. 눈물이 멈출 때에만, 이어서 언어라는 뗏목이 등장할 때에만 동정은 비로소 체념이라는 평화로운 빛 내지 멀리서 무지개가 나타나는 모습을 발견하게 된다.

2장

비극의 시대와 동정의 소멸

길들여진
공포

　생명의 체계적인 파괴라고 정의할 수 있는 전쟁의 주도자들은 전쟁 그 자체가 비극이라는 사실을 항상 정치적인 이유로 은폐해왔다. 전쟁은 살해당하거나 부상당한 인간의 이미지를 불투명하게 만들면서 인간을 공포에 무감각한 상태로 몰아넣는다. 이것이 바로 전쟁을 통해 인간이 피해자 개개인의 특성을 전적으로 무시하면서 이제껏 저질러왔고 여전히 저지르고 있는 만행이다. 한 개인의 숨소리와 욕망과 감정은 다름 아닌 그의 이름 밖으로 내팽개쳐진다. 타자의 정체는 적이라는 말에 접수되고 그 안에서 사라진다.

　전쟁이라는 비극의 시대에 비인간성을 은폐하는 것은 전략이라는 가면이다. 도래할 미래를 그리면서 인간은 잔인함에 둔감해진다. 그런 식으로 사람들의 머릿속에는 평화의 시대가 결국 전쟁의 딸이라는 생각이 자리 잡는다. 결국 폭력 자체도 모든 전쟁이 내세우는 필연성이라는 베일을 뒤집어쓴다.

　이 비극의 시대에 동정은 살아 있는 인간에게든 죽어가는 인간에게든 전혀 관심을 가질 수 없는 상태에 놓인다. 그 대신에 승리를 거두는 것은 무자비함, 냉혹한 감정, 다시 말해 타자의 구속으로부터, '나'와 닮은 누군가로부터 전적으로 자유로워졌기 때문에 차갑게 식은 감

정이다. 무자비하게 느껴지는 것은 적이지만, 사실 그렇게 느끼는 '나'
역시 상대에게는 적에 지나지 않는다. 결국 전쟁이라는 무대 위에서
우리는 무자비함을 공유하는 셈이다. '동정심이 죽었다'라는 말이 있
다. 한때 이탈리아 레지스탕스가 구호로, 탄식으로 외쳤던 말이다. 이
탄식은 비극에 대한, 전쟁의 잔인함과 쓰러진 인간에 대한 하나의 동
정적인 시선이 존재했었음을 증명해준다.

기술 세계는 발전을 거듭하면서 파괴의 방식과 형태를 첨단화했고,
폭력에 소요되는 시간을 단축시키면서 폭력의 효과를 상상도 할 수 없
는 수준으로 극대화했다. 일찍이 레오파르디는 근대 문명사회를 개개
인의 육체에 대한 점진적 무관심과 궤를 같이하는 것으로 간주하면서
전쟁을 통해 인간과 동물의 극명한 차이가 그대로 드러나는 현장을 관
찰한 바 있다(《지발도네》, 392~393쪽, 1823년 10월 25~30일).

> 한 마리 혹은 네 마리, 혹은 열 마리의 동물이 유사한 종의 동물에
> 의해 오랜 시간에 걸쳐 이곳저곳에서 어떤 즉흥적이거나 압도적인
> 충동으로 인해 살해되는 경우와, 수천 명에 달하는 인간이 30분 만
> 에 동일한 장소에서 그들과 닮았다고 할 수밖에 없는 또 다른 인간
> 들에 의해, 충동적이라고 할 수 없고 그들의 것도 아닌 불만, 그들
> 중 누구의 것도 아닌 불만을 공동의 명분으로 삼아 투쟁하는 인간
> 들에 의해… 게다가 누구를 죽이는지도 알지 못한 채, 하루가 멀다
> 하고, 혹은 한 시간이 멀다 하고 동일한 살상을 저지르기 위해 되돌

아오는 인간들에 의해 살해되는 경우 사이에는 어떤 비교의 가능성이, 혹은 어떤 유사성이 있는가?

절멸 수용소와 원자폭탄은 기술과 폭력의 융합을 공포의 심연으로 몰고 갔다. 무자비함과 탈인간화가 비극의 시대의 문을 열었고, 역사는 여전히 그 비극의 어두운 메아리와 섬광의 파괴적인 힘을 발휘하고 있으며, 사실상 많은 나라가, 심지어 전쟁을 헌법으로 금하고 있는 나라조차도, 전쟁을 여전히 정치적 명분의 한 형태로 간주하고 있다.

그러나 비극의 시대에도 동정은 관계의, 시선의 끈끈한 힘을 포기하지 않는다. 그래서 다치거나 죽은 사람의 육체는 이름을 잃지 않는다. 그는 여전히 살아 있는 사람들의 세계에 속할 뿐 아니라 개인으로서의 존엄성도, 그가 겪은 고통스러운 경험도 빼앗기지 않는다. 그런 의미에서 그는 눈에 보이는 세계, 가까운 세계로 되돌아왔다고 할 수 있다. 그의 고통, 혹은 그가 빼앗긴 삶은 곧 타인이 느끼는 고통의 숨소리와 시간으로 변한다. 잔혹하고 차가운 기운과 싸우기 위해 자비로운 기운이 형성되는 가운데, 이름 없이 반복되던 파멸의 세계 속에서, 소름 끼치는 상실의 춤 속에서 한 얼굴이 모습을 드러내고 받아들여지기를 요구하면서 보호를 요청하는 것이다.

그러나, 그럼에도 불구하고, 최근 백 년 동안 생명의 사악하고 체계적인 파괴가 열어젖힌 비인간성의 심연은 어떤 종류의 동정심으로도 채워지지 않을 것이다.

《페르시아인들》과
원수의 고통

———

　아이스킬로스Aeschylos의 비극《페르시아인들Persai》이 들려주는 것
은 승자와 영웅들이 등장하는 전투 이야기가 아니라 적의 진영에서 벌
어지는 참혹한 상황과 죽어가는 육체의 고통과 비명, 페르시아 사람들
을 강타한 통곡과 살아남은 자들의 도주에 관한 이야기다. 고향 땅의
백성과 여왕에게 소식을 전하는 전령으로 등장하는 화자는 승리의 소
식을 전하며 기뻐하는 대신 전쟁이 남긴 것은 끝없는 시체 더미와 부
상당해 절뚝거리며 후퇴하는 병사들, 살라미스 섬에 깔린 공포뿐이라
고 전한다. 그의 묘사를 통해 그리스인들은 타인의 고통을, 적의 고통
을 목격한다. 물론 적의 패배는 곧 그리스 영웅들의 승리를 의미한다.
테르모필레 전투에서 레오니다스 왕과 병사들이 보여준 희생정신 역
시 죽음 또한 한 민족이 강대해지기 위한 과정의 일부라는 교훈을 남긴
다.《페르시아인들》은 더 나아가 적들의 찢어진 육신을 전시하면서 의
도적으로 관객의 동정심을 유발한다. 여기서 아군과 적군의 구별을 기
준으로 하는 관점은 성찰의 지평 바깥으로 밀려난다. 이야기의 중심에
는 소속과 상관없이 인간의 살을 잘라내는 고통이 자리 잡고 있다.
　아이스킬로스가 묘사하는 살라미스 해전과 크세르크세스의 도주
는 테르모필레 전투를 상기시킨다. 이 역시 크세르크세스의 군대를

상대로 한 전투였다. 이 이야기를 전승한 시인 시모니데스는 언덕에 올라 바위와 바다와 숲으로 가득한 풍경을 바라보면서 영웅들의 희생이 영원히 기억될 수 있도록 노래를 불렀다(이 오래된 노래를 떠올리며 레오파르디 역시 또 다른 고통의 언어로 〈이탈리아에게All'italia〉라는 시를 지어 전쟁의 희생자들에게 헌정했다. "한없는 복이 그대들에게 깃들기를, 적의 창검 앞에 가슴을 헌납한 건, 그대들을 낳은 조국에 대한 사랑 때문이었으니").

하지만 아이스킬로스는 시모니데스처럼 자신의 영웅들을 기리며 노래를 부르기 위해 리라를 들지 않는다. 그 대신에 그는 좀 더 비극적으로, 전쟁이 어쨌든 학살의 고통을 동반한다는 사실을 보여준다. 고통의 안개 속으로 이미 빨려 들어와 있는 관객들과 함께 점점 더 처참해지는 이야기를 들으면서 합창은 이렇게 외친다.

> 나의 이 엄청난 고통의 짐을
> 비명에 실어 보내니

이제 여왕의 눈물이 다리우스 왕의 망령을 불러오고, 이어서 모습을 드러낸 왕의 망령은 아들 크세르크세스가 스스로의 힘으로는 감당할 수 없는 일에 뛰어들었다고 한탄한다. 드디어 크세르크세스, 페르시아군을 패배의 구렁텅이로 몰아넣은 왕이 고통에 찌든 모습으로 무대에 등장한다. 지나간 영광의 그림자에 지나지 않는 존재지만 그는 힘찬 목소리로 죽은 자들의 이름을 부른다. 그 이름 속에는 몸이, 비명이 살아남아 있다. 그들의 이름 속에는 여전히 무언가가, 전쟁의 패배를 슬퍼하며 울음바다가 된 도시가 살아남아 있다.

《페르시아인들》 안에서 숨 쉬는 '고대인들의 지혜'에 동감하는 자는 적의 죽음에 기인하는 기쁨이 비인간적인 감정이라는 것을 안다. 인간적인 것을 하늘 아래에 하나로 묶는 것이 동정이라는 것을 아는 것이다.

안티고네의 불문율

세상에는 동정을 충동적으로 유발하는 일종의 불문율이 존재한다. 안티고네가 크레온 왕에게 대놓고 무시하라고 요구하면서도 정작 자신은 존중하기로 결심하는 것이 바로 이 불문율이다. 스스로의 '광채'를 먼 곳에서 가져오는 계율, 하지만 안티고네는 이 계율이 자신 안에 필연적으로, 하나의 운명처럼 살아 있음을 느낀다. 그녀는 권력에 복종하지 않는 윤리와 전적으로 일치하는 운명, 아울러 또 하나의 보이지 않는 세계, 난공불락의 세계를 세울 수 있는 윤리와 일치하는 운명을 자신의 것으로 직감한다. 이 보이지 않는 세계란 권력의 세계가 아니라 사랑의 세계다. 안티고네가 고수하는 것이 바로 이 사랑의 불문율이다. 불문율이 유발하는 동정에의 충동은 견딜 수 없이 강하다. 이 충동의 기원은 신비롭다. 쇼펜하우어가 말했듯이, 이 충동의 기원에는 한 교훈의 기초가 되는 수수께끼가 존재한다.

먼저 비극의 중심에 놓여 있는 주제가 무엇인지 살펴보자. 크레온 왕의 아들이자 안티고네의 약혼자인 하이몬은 모든 여인들 가운데 가장 무고한 사람이 바로 안티고네라고 말한다. 하지만 혁명군으로 싸우다가 전투에서 사망한 오빠에게 법으로 금지된 장례를 치러주었다는 이유로 안티고네는 죄인으로 몰린다. 《안티고네》라는 비극의 무대 바깥에 놓여 있는 신화 속 인물들, 아들에게서 자식을 얻은 어머니 이오카스테와 눈먼 오이디푸스는 안티고네의 기억 속에서 이미 사라진 존재들이다. 그것은 이제 그녀가 오빠의 장례를 반드시 치러야 한다는 또 다른 세상의 계율, 또 다른 의무감에 사로잡혀 있기 때문이다. 안티고네가 죄인으로 몰린 것은 '동정에 경의를' 표했기 때문이다. 정치와 법이 이해하지 못하는 동정을 실천으로 옮김으로써 동정을 존중했기 때문이다. 하지만 그녀가 사랑하는 누군가의 육신은 숨을 멈춤과 동시에 법 이전의 차원으로, 즉 불문율의 밑바닥에 깔려 있는 수수께끼의 세계로 되돌아갔다. 저 밑바닥에서 올라오는 어떤 충동에 자극받아 안티고네가 행동으로 옮기는 것이 동정이다. 비극이 이를 통해 강조하는 것은 세상의 법을 초월하는 또 다른 법에 대한 믿음, 이 불문율과의 결속력이다. 안티고네의 동정은 어떤 의미에서는 스스로에 대한 동정이기도 하다. 그녀가 동정하는 오빠는 자신의 일부이기 때문이다. 이는 그리스어에서 '나의 오빠'라는 가족 관계가 'autoadelfon'이라는 한 단어로 표현된다는 사실에서도 쉽게 인지할 수 있다. 그녀의 오빠는 적의 편에 서서 나라와 왕에게 반기를 들었던 인물이다. 그 때문에 땅에 묻는 것을 금지당한 그의 시신은 한밤중에 짐승들의 먹이로 버려진다. 안티고네의 동정은 분명 죽은 오빠에 대한 동정이지만 동시에 한때 살아 있었던 오빠에 대한 동정, 정치인들의 세계가 폭력적인 망각에 내맡기면서 동족으로 인정하는 대신 적으로 규정한 존재에 대한 동정이다. 결국 안티고네는 오빠의 시신에 경의를 표함으로써 자신의 무덤이 활짝 열리는 것을 보게 된다. 자신의 시신을 기다리는 무덤에서 그녀는 또 다른 형태의 결속, 바로 사랑과 죽음의 결속이 구체화되는 모습을 지켜본다. 왜냐하면 감옥에 갇혀 이미 죽음의 그림자 속에 버려진 그녀를 약혼자 하이몬이 죽음을 각오하고 찾아와, 그녀의 편에 서서 기존의 정치 체제를 소리 높여 비판하는 동시에 그 체제의 굴복시킬 수 없는 힘을 증명하기 때문이다.

마리아 삼브라노María Zambrano의 비극 《안티고네의 무덤 La Tumba de Antigona》에서 소녀는 차갑고 텅 빈 무덤 안에서, 죽기를 그만둘 줄 모르는 죽음과 삶을 뛰어넘은 삶 사이를 오가며 끊임없이 극중 인물들과 대화를 나누고 앎과 망각, 앎과 무지, 삶과 죽음을 결속시키는 그림자 안에 머물면서 자신의 말을 반복한다. 감정의 표면적인 차원에서 바라보면 망상에 불과한 말들이지만 또 다른 각도에서 바라보면 그녀의 말은 법이 걷는 어두운 길을 거부하면서 경이로운 빛을 제시한다.

그것은 곧 사랑의 빛이다.

《안티고네》의 재앙이 중심에 놓는 것은 고통이다. 아들 하이몬의 사망 소식을 듣고 가슴이 찢어지는 것을 느낀 여왕 에우리디케의 고통은 동시에 크레온의 고통이기도 하다. 자신과 아내의 아들을 잃은 왕의 내면에는 아무것도 남지 않는다. 그는 하나의 무無로 변한다. 그가 무대 위에서 남기는 마지막 말은 이렇게 울려 퍼진다. "무를 내게서 멀리 치워라." 그에게 남은 건 권력과 무뿐이다. 왕의 존재는 그의 정체를 떠받치는 막강한 권력과 함께 법의 말과 무게라는 감옥에 갇혀 자신의 나라라는 울타리 밖에 무엇이 있는지 보지 못하고 무로 변한다. 동정이란 감정이 자리할 수 없는 텅 빈 존재, 허무의 허무로 변하고 만 것이다.

인간성의 유린 —
가까이에 있는 '너'

세계대전이라는 공연과 함께 '유럽의 밤'이 도래했을 때 '국가', '이방인', '희생', '승리' 같은 단어들이 도처에서 수개국의 언어로, 극단적인 성격을 띤 일종의 슬로건처럼 울려 퍼졌다. 하지만 머지않아 전선에서 뜬눈으로 보내야 하는 고달픈 밤의 시련과 타오르는 상처와 끊임없는 살생으로 전쟁이 본모습을 드러내며 을씨년스러운 죽음의 승리와 생명의 대량 학살이라는 결과를 가져왔다. 1915년에 지그문 트 프로이트Sigmund Freud는 《전쟁과 죽음에 대한 고찰Zeitgemäßes über Krieg und Tod》을 통해 살상과 공포가 확산되는 현실을 관찰하면서 국가가 전시에 어떤 방식으로 이득을 위해 '불의를 독점'하는지, 즉 '한 개인의 인권을 묵살하고 불의와 폭력을 정당한 것으로 간주하는지' 주목한 바 있다. 프로이트는 이렇게 말한다. "국가는 모든 관행을 폐지하고 주변국과 맺은 모든 조약을 무시하면서 스스로의 탐욕과 권력에의 의지를 천명하는 데 조금도 주저하지 않는다. 시민은 이 모든 것을 애국이라는 이름으로 지지해야 하는 위치에 놓인다." 한 세대가 애국주의를 부르짖으면서 전쟁을 향해 움직였다. 전쟁을 필수적이고 불가피한 요소로, 심지어 정화나 재활을 책임질 수 있는 장치로 봤던 것이다. 유럽의 수많은 아방가르드 문인들이 현란한 문장으로 이 분쟁의 출현을 부추기고 지지했다. 하지만 이들은 자신의 죽음과 맞닥뜨리거나 혹은 살아남아 민족주의 신화의 환영이 산산조각 나는 모습을 지켜봤을 뿐이다. 파괴의 경험을 거치면서 타자의 고통에 다가서려는 움직임이 천천히 구체화되었고, 전쟁의 고함 소리에 짓눌렸던 동정은 하나의 새로운 감정으로 자리 잡기 시작했다. 전쟁의 주도로 동정이 떠들썩하게 묵살된 데 따른 고통의 경험은 바로 전쟁이 강요했던 이념, 즉 프로이트가 타인의 정체와 적의 정체를 동일시하는 이념이라고 지적했던 것을 해체하기에 이른다. 전쟁의 정치적 논리를 버리고 죽음을 앞둔 한 개인에게로, 전쟁의 추상화에 의해 부인된 한 개인의 육체로 방향을 돌린 프로이트의 시선은 전쟁의 폭력적인 면을 적나라하게 드러냈던 많은 작가들에 의해 더욱 값어치 있는 것으로 증명되었다. 이 작가들 중 한 명이 토마스 만Thomas Mann이다. 만은《마의 산 Der Zauberberg》마지막 부분에서 독자와 주인공 카스트로프를 이들의 감각과 환상을 사로잡았던 마법의 산과 요양소에서 전쟁의 폭풍 속으로, 탄환이 빗발치는 진흙탕과 숲 속으로, 죽음이 승리를 외치는 공간으로 데려간다. 이곳에서 병사들은 타오르는 얼굴과 찢겨 나간 몸을 이끌고 적의 진영을 향해 목숨을 걸고 움직인다. 누군가는 쏟아지는 탄환을 피해 바닥에 바싹 웅크리고, 누군가는 숨을 멈춘 채 머리를 진흙 속에 파묻고, 누군가는 잘려 나간 사지를 움켜쥔 채 공중으로 날아오른다. 요양원에 머무른 7년 동안 고통과 깨달음을 통해 내면적 변화를 겪은 주인공이 세상에 안녕을 고하는 곳이 바로 이곳이다. 그는 이 빗발치는 탄환의 굉음 속에서, 죽음의 먼지 속에서 생에 작별을 고한다. 카스트로프의 운명은 이야기 안에 머물 수 없는 운명이다. 그의 삶과 죽음은 더 이상 작가의 소설에 구속되지 않는다. 아마도 저자가 기대했던 것은 주인공의 작별과 문명 세계가 전쟁과 전쟁의 광기에 고하는 작별의 일치였을 것이다.

산 미켈레 산山의 전초 기지인 카르소 고원에서 주세페 웅가레티 Giuseppe Ungaretti라는 젊은 시인은 1915년 성탄절부터 매일 밤낮으로

'자연을 지켜보며, 죽음을 지켜보며' 종이쪽지와 엽서와 신문 여백에 자신의 생각들, 상처 받은 말들, '고통'이라는 주제와 '경악'이라는 리듬을 가진 시들을 기록하기 시작했다. 이 슬픈 시들을 꾸준히 '빵 주머니 안에 뒤죽박죽으로' 보관했다. 그렇게 해서 그의 시집 《묻힌 항구*Il porto sepolto*》가 1916년 우디네에서, 그의 친구 에토레 세라Ettore Serra의 부추김으로 빛을 보게 된다. 초판은 80부를 찍었다. 이 시집은 고통의 언어 속에 타자의 존재와 타자의 고난과 죽음을 담고 있다. 고통 앞에 선 동정의 구도를 그린 시들이다. 전우의 찢긴 몸은 살아남은 자의 말과 살과 호흡으로 변한다(〈철야Veglia〉).

> 보름달을 향해
>
> 으르렁거리며
>
> 양손에 핏줄이
>
> 불끈 솟은 채
>
> 도살당한
>
> 한 전우의 곁을
>
> 밤새도록
>
> 지키면서
>
> 나는 사랑이
>
> 가득한 편지를 썼다.*

감성과 이성이 모두 무너진 밤, 이제 '형제'라는 말은 마치 공기가 '막 자라난 잎사귀'를 스치고 지나가듯, 민족이나 고국의 차원을 뛰어넘어, 모든 인간이 속한 초월적인 영역에 대해 이야기한다. 사막으로 변한 폐허에 답하는 것이 있다면 그것은 실루엣과 시선밖에 없는 얼굴들의 고집스러운 현현이다. 소멸에 대한 저항이 있고, 동시에 이들의 현현을 보살피고자 하는 살아남은 자의 애도가 있을 뿐이다(《카르소의 산 마르티노San Martino del Carso》).

> 하지만 내 가슴속에
> 빠진 십자가는 없다.
> 내 가슴이야말로
> 가장 고통 받은 나라.

폐허의 그림자가 되어버린 인간이 스스로의 나약함을 깨닫고, 그 나약함 안에서 결코 자신만의 것이라고 할 수 없는 삶이 생동하고 있음을, 살아 있는 자들 가운데서 자신 역시 살아 있음을 느끼는 것이다.

시간이 꽤 흐른 뒤에 또 한 권의 책이, 이 '대전'의 폐허에 대한 기억과 그 안에 남아 있던 얼굴의 흔적을 추적했다. 바로 이탈리의 시

---

* Un'intera nottata / buttato vicino / a un compagno / massacrato / con la sua bocca / digrignata / volta al plenilunio / con la congestione / delle sue mani / penetrata / nel mio silenzio / ho scritto / lettere piene d'amore

인 안드레아 잔조토Andrea Zanzotto의《숲속에서의 예의범절Il Galateo in bosco》이다. 시인은 '분해된 뼈들이 봄을 맞이하는 곳'으로, 납골당 주변에 형성된 빽빽하고 컴컴한 숲으로 여행을 떠난다. 그는 단테처럼 인간적인 것이 철저하게 무너진 거대한 폐허의 세계, 다름 아닌 세계대전, 아니 모든 전쟁의 세계로 여행을 떠난다. 시인의 언어 안에서, 파편과 화석과 재의 언어 안에서 모든 문학적 낙원은 무너져 내린다. 비극의 깃발인 소멸의 소용돌이로부터 유령과 잔해와 얼굴들이 피어오르는 사이에 그의 시는 동정의 언어로 변한다. 그것을 더 이상 아무것도 느끼지 못하는 감정의 심장 속에 위치시키기 위해서다.

상당히 많은 시인들이 자신들의 언어로 전쟁의 폭풍 속에 뛰어들어, 에우제니오 몬탈레Eugenio Montale처럼, 전부 '새벽이나 다름없던 백야들'에 대해 이야기했고, 2차 세계대전 동안에도 수많은 시들이 기나긴 밤의 고통스러운 기다림 속에서 탄생했다. 아마도 많은 시인들이, 저항 운동에 참여했던 르네 샤르René Char가 자신의 '은닉처'에서《힙노스의 종이들Feuillets d'Hypnos》을 쓰며 그랬던 것처럼, 시가 적힌 쪽지나 신문지를 새로운 시대의 도래를 기다리며 담장의 벽돌 사이에 숨겼을 것이다.

2차 세계대전, 그 비극의 심연은 집단학살 수용소였다. 이곳에서 육체의 파괴는 더 이상 전술과 전략의 과제가 아니고 방법론과 기술에 의해 구축된 싸늘한 살인 기계의 과제였다. 이를 통해 이루어진 것은 위로가 불가능할 정도로 전적이고 고집스러운 인간 말살이었다. 모두가 기억하는 아우슈비츠라는 이름에는 나치즘과 가스실이 작동시킨 공포의 기계들이 포함되어 있다. 아우슈비츠는 육체적인 고통과 정신적인 모욕을 당하는 인간에게 마지막으로 남아 있을 인간적인 모습까지 지속적이고 치밀하게, 지극히 일관적인 방식으로 발가벗기면서 인간의 생각과 뼈와 기억과 신경과 욕망과 혈관을 허무주의의 텅 빈 세계로 몰아넣었다. 재와 재를 실어 나르는 바람이 아우슈비츠의 유일한 목표였다.

《이것이 인간이라면Se questo è un uomo》에서 프리모 레비Primo Levi는 형식의 아름다움에 극도의 노력을 기울이는 언어를 구사하면서 인간 세계를 지옥으로 만들어버리는 일련의 행동과 순간들을 묘사했다. 그가 표현하고자 했던 것은 감정의 돌이킬 수 없는 소멸과 모든 기다림의 간절함과 기억의 소멸, 인간의 행동 영역이 아무런 목적 없이 행동하는 존재이자 암울한 감시의 대상일 뿐인 노예들의 영역으로 축소되는 현상, 그리고 인간이 시간도 관계도 의식도 존재하지 않는 암흑 속으로 추락하는 냉혹한 현실이었다. 집단학살 수용소에서 모든 건물은 지옥의 고리와 마찬가지다. 희생자들이 '선택'되었기 때문에 텅 비어버린 침대와 막사는 또 다른 '선택'을 위해 도착하는 또 다른 희생자들에게 주어지고, 그런 식으로 멀리 화장터의 굴뚝에선 끊임없이 연기가 피어오른다. 수용소에서 오가는 수많은 언어들은 말의 의미가 소통되지 않는다기보다 존재의 의미가 소통되지 않는 바벨탑을 구축한다. 도살자들이 결코 이해하지 못할 동정이란 감정은 희생자들 사이에서도 가장 먼저 소멸되는 감정들 중 하나다. 잔인함의 과도함이 동정을 가슴속에 받아들일 수 있는 가능성 자체를 앗아 가기 때문이다. 여기서 비인간화의 원리는 동정의 불가능성과 일치한다. 예기치 못했던 말 한마디, 꿈속의 한 장면 혹은 바람 한 점이 느닷없이 떠오르게 하는 기억조차 가슴속에 남아 있을 권리를 지니지 않는다. 기억의 향기는 혹독하고 기억 속의 행복은 잔인하기 때문이다. '침몰한 자들'은 날마다 스스로의 역사에서 해방된다. 과거의 역사와 미래의 역사 모두에서 자유로워지는 것이다. 그리고 이어서 사물로, 그나마 조금씩 힘겹게 움직이는 사물로 변신한다. 나치 친위대와 도살자들이 수용소를 버리고 도주할 때에야 비로소 허탈감으로부터 인간적인 행동의 인간적인 면이 다시 피어오르기 시작한다. 병동의 난방 시설이 다시 작동되기를 기다리는 동안 장티푸스에 걸린 23세의 한 폴란드 청년이 다른 환자들에게, 각자의 빵을 조금씩 뜯어 모아 난방 기계를 수리하는 세 명의 기능공에게 나누어 주자고 말한다. 레비는 이렇게 기록했다. "그건 하루 전까지만 해도 생각조차 할 수 없는 일이었다. 강제수용소의 법은 분명했다. '너의 빵을 먹어라, 그리고 가능하다면, 바로 곁에 있는 사람의 빵을 먹어라.' 공짜는 없었다. 누가 누구에게 먹을 것을 나누어 준다는 건 결국 강제수용소가 죽었다는 이야기였다." 강제수용소의 죽음은 감사하는 마음의 귀환, 동정의 귀환을 의미했다. 그것은 병동에 버려진 환자들에게도, 명령에 따라 수용소를 버리고 떠나면서 결국 죽음의 길을 선택한 이들에게도, 눈 덮인 토굴 밖으로 불쑥 튀어나온 시신들에게도, 체계적인 파괴를 통해 자신이 인간임을 느낄 수 있는 가능성까지, 마지막 순간의 숨소리까지 탈취당한 수많은 여자 아이들과 남자 아이들에게도 마찬가지였다.

아우슈비츠 이후로는 말 자체가, 명상과 기억의 언어 자체가 이 비극의 심연을 이야기하는 데 부적절할 뿐만 아니라 오히려 모욕적인 것으로 느껴졌다. 언어에 고유한 이해가 어쩌면 아우슈비츠에서 모습을 드러냈던 지옥의 혐오스러움을 약화시킬 위험이 있었던 것은 아닐까? 어쨌든 분위기는 침묵하는 대신 증인들의 이야기를 듣는 쪽으로, 위험한 망각 대신 기억으로 맞서는 것이 낫다는 쪽으로 기울었다. 우리는 테오도르 아도르노Theodor Adorno처럼 '아우슈비츠 이후에 시를 쓴다는 것이 도대체 가능한가'라는 질문을 던졌던 이들에게 에드몽 자베스 Edmond Jabès의 다음과 같은 말로 답할 수 있을 것이다. "아우슈비츠에 대해서는 아무런 이야기도 할 수 없다. 모든 말들이 그것에 대해 이야기하기 때문이다." 강제수용소에 대한 쓰라린 기억으로부터 솟아오른 말들은 사실 고통과 상실, 부재의 언어로 변신한다. 자베스와 파울 첼란Paul Celan은 이 비극과 함께 활짝 열린 텅 빈 의미의 공간에 가장 근접한 형태의 글쓰기를 통해 나름대로 이 쓰라린 기억을 표현했다. 자베스는 유대 전통의 완성되지 않은 '책', 동시에 '부재'의 목소리가 활짝 열어젖힌 '책'을 인간적인 목소리로, 예언자와 현자, 상상 속의 랍비와 광인, 시인의 목소리로, 인간의 고통과 무無의 바람에 노출된 개인의 고독에 대해 수많은 방식으로 이야기해온 목소리로 채웠다. 자베스의 글쓰기는 인간의 여정 주변에 존재하는 사막에 대해, 돌의 무게로 인간의 길을 억누르는 하늘에 대해, 인간의 여정을 위협하는 신기루에 대해 질문을 던지면서 근접성의 구체화를, 즉 이방인의 얼굴, 인식되는 데 시간과 공간이 필요한 '너'와의 대화 같은 것들을 추적했다. 동정은 타자의 고통에, 타자의 혼란과 이질적인 존재라는 조건에 가까이 다가서는 움직임이다. 동정은 나눔이다. 동정은 환대다. 자베스는 말한다(《환대의 책 Le livre de l'hospitalité》). "환대의 영토는 열 개의 철자로 이루어진 한마디의 말 '동정compassion'과 한가지다. 이 철자 하나하나를 소중히 다루어라. 왜냐하면 도처에 널려 있는 것이라고는 지옥과 피와 죽음뿐이니까."

  첼란의 시 속에서는 시어 자체가 고통 받는 육체와 다를 바 없는 언어로 등장한다. 이 육체가 망각에 구멍을 뚫어 기억 속으로 돌아올 수 있도록 자리를 마련하는 것이 곧 유령과 갈기갈기 찢긴 이미지와 의미의 섬광과 "무無의 꽃"이다. 첼란은 이 비극이 지닌 돌이킬 수 없는 잔혹함의 전모를 폭로하면서 이 비극에 하나의 언어를, 시라는 음악을 부여했다. 그의 가장 고통스러운 시집《죽음의 푸가 Todesfuge》에서 홀로코스트는 끝없는 사망의 지배하에 꿈틀거리는 죽음의 춤을 통해 표현된다. 그의 시 속에서는 빛이 재로 변하고 얼굴과 욕망, 행위와 꿈들이 파괴의 돌풍 속에서 소용돌이를 일으킨다. 성서의 〈애가〉에서 아름다움을 상징하던 신부 술라미조차 재로 변한 머리카락을 늘어트린 채 파괴의 차갑고 무자비한 의식에 부름을 받는다.

20세기의 비극은 어김없이 또 다른 형태의 혐오스러운 얼굴을 드러
냈고 문학은 일련의 카탈로그를 통해 이 얼굴들을 빠트리지 않고 폭로
했다. 이 공포의 카탈로그에 등장하는 얼굴이란 소련의 노동 수용소
와 망명, 유배, 수만 가지 형태의 고문 등을 말한다. 기술의 완성과 파
괴적 폭력이 하나의 얼굴로 드러난 것이 바로 원자폭탄이다. 파괴와
소멸의 순간은 더욱 짧아졌지만 이 폭력적인 기술의 세계는 두려움과
저항과 고통마저도 단 몇 초 만에 태워버린다. 수백만의 생명을 빼앗
는 행위를 결정하는 일은 한순간에, 단 하나의 버튼에 의탁된다. 이런
식으로 확장된 폭력 앞에서 동정은 아주 낡은 감정에 지나지 않는다.
동정은 원래부터 한 사람의 얼굴과 한 사람의 상처, 한 사람의 고통을
떠올릴 뿐이다. 인류 전체를 바라보며 동정은 그 어느 때보다도 스스
로의 무능함을 절감하지 않을 수 없다.

기술, 계율, 육체

동정이란 감정은 어떻게 움직이는가? 예술과 문학 작품 속의 고통
이 반드시 동정의 눈물과 피에타, 애도와 비명의 언어만을 통해 표현
되는 것은 아니다. 고통의 표현은 좀 더 간접적이고 비뚤어진 길을 걷
는다. 심한 경우에는 통상적인 감정 표현을 깎아내리는 형태를 취하

기도 한다. 이 마모 속에서, 이 감정의 0도 속에서 관람자와 독자는 모든 감정이 억제되는 느낌, 동시에 감정의 냉대로부터 점진적으로 분리되는 느낌을 받는다. 변화를 모르는 음산한 냉기와 열정의 상실에 대한 거부감이 점점 증가하는 것을 느끼는 것이다. 이것이 바로 프란츠 카프카Franz Kafka의 글을 읽는 동안 우리가 경험하는 현상이다. 비인간화에 대한 공포는 동정의 표현을 통해서가 아니라 동정의 부재를 무대에 올리면서 전달된다. 독자는 고통 받는 사람 혹은 형을 선고받은 사람의 정신세계에 참여하는 대신 이들이 처한 상황과 이들의 움직임 속에서 일종의 허무함과 모순투성이의 배경을 감지하고, 전혀 논리적이지 않거나 소름끼칠 정도로 난해한 논리에 의존하는 행동들이 차갑게 전시되는 것을 목격한다. 이 새로운 영토에서 전개되는 이야기를 통해 새로운 형태의 감정이 서서히 피어오르는 과정을 우리는 카프카의 단편 〈유형지에서In der Strafkolonie〉를 읽으면서 경험할 수 있다. 이 소설에서 카프카는 사형 집행을 유보시키고 사형 집행 도구를, 아울러 이 도구와 등장인물들 간의 관계를 소설의 지배적인 요소로 부각하면서 집요하게 모든 종류의 도덕적 질문들을 불가능하게 만들어버린다.

이와 정반대되는 관점이 표출된 예는 먼저 프란시스코 호세 고야 이 루시엔테스Francisco José Goya y Lucientes의 그림 〈1808년 5월 3일의 총살〉에서 찾아볼 수 있다. 여기서 총을 겨누는 행위와 집행의 순간 사이의 시간은 증폭되지도 유보되지도 않는다. 관찰자의 생각 속에서 사형 집행은 어떻게 보면 그림을 바라보는 순간에 이루어진다. 총을 든 병사들과 죽을 차례를 기다리고 있는 죄수 사이에 또 다른 죄수가 쓰러져 있다. 집행의 유보는 오로지 회화적인 차원에서만 이루어질 뿐이다. 그림은 집행 바로 직전의 순간, 죄수의 얼굴과 고함 소리, 그리고 잠시 후면 그림 바깥에서 생명을 잃게 될 죄수의 당당함을 표현하고 있다. 바로 이 순간의 공간에 죄수의 표정과 시선에 대한 동정이 집중된다. 이 찰나의 공간 속에 바로 표도르 마하일로비치 도스토옙스키Fyodor Mikhailovich Dostoevsky가 경험했던, 영혼을 갉아먹는 고통이 담겨 있다. 카프카의 이야기에서도 처형을 기다리는 시간은 처형을 집행해야 하는 기계에 대한 상세 묘사로 채워진다. 멋진 제복 속에 정체를 감춘 장교가 방문자에게 사형 집행 기계의 복잡한 구조를 전시하면서, 그 기계가 수만 개의 바늘로 죄수의 벌거벗은 몸 위에 그가 어긴 법의 내용을 새겨 넣는다고 설명한다. 철자들을 아랍어식 필기체로 장식하기까지 하는 이 기계는 글을 새겨 넣으면서 동시에 파도처럼 쏟아지는 바늘로 고문을 가한다. 육체와 법의 결속은 여기서 극단적인 공모의 형태로 모습을 드러낸다. 법을 어긴 자의 육체가 법을 만나 법에 의해 새겨지고 파괴당한다. 법은 여기서 피 묻은 철자로, 상처받은 철자로, 상처로 쓰인 문장으로 변신한다. 그런 식으로 도래할 죽음은 바로 법과 육체의 물리적이고, 육체적이며, 본격적인 만남의 결과다. 죄수가 거부했던 윤리적인 만남의 보복인 셈이다. 배경으로 등장하는 열대 지방의 모습을(대나무 의자와 외국인 방문자의 존재가 이러한 배경을 예상케 한다) 곧장 불분명하게 만들면서 장교는 지나치다 싶을 정도로 상세하게 기계의 구조를 설명한다. 한편에는 침대가 있고 다른 편에는 바늘이 달린 일종의 써레를 다루면서 글씨를 새기는 사람이 있다. 장교는 죄수가 먼저 침대에 누워 몸이 고정된 다음 천천히 그의 몸에 새겨지는 글의 의미를 떠올리면서 동시에 죽음이라는 심연을 향해 추락하는 과정을 꼼꼼하게 묘사한다. 장교는 기계의 작동 방식을 설명하고 기계의 아름다움이 발산하는 매력과 멋진 구조를 빼놓지 않고 강조하면서 새로 부임한 정부 관리가 이런 종류의 집행 방식에 대해 떠들고 다니는 부정적인 견해에 불만을 늘어놓는다. 장교가 설명을 계속하는 동안 고문과 죽음에 대해서는 아무것도 모르는 죄수와 상황 관리를 위해 배치된 병사 사이에 서로를 이해하는 듯한 모호한 공모 관계가 형성되고, 장교의 설명을 듣는 방문자는 어리둥절해하면서도 궁금한 마음에, 비록 의무는 아니지만 자신이 증인의 역할을 할 수 있지 않을까 하는 기대와 함께 계속 귀를 기울인다. 설명을 계속하면서 장교는 기계가 엉망으로 방치되어 있는 상황에 불만을 표시하며 교체해야 할 부속품이 항상 모자란다고 말한다. 그의 설명 때문이었을까, 상황이 급변하면서 기계가 더 이상 움직이지 않는 사태가 벌어진다. 아무것도 모르는 죄수는 고문용 침대에 얌전히 누워 있을 뿐이다. 어쩔 수 없이 죄수를 침대에서 내려오게 한 장교는 놀랍게도 자신이 침대에 누워, 그때까지 자신이 충실한 보조자 역할을 했던 괴기스러운 기계가 완전히 멈추기 전에 그것의 놀라운 성능을 마지막으로 한 번 더 관람하고 칭송하기 위해 자기의 몸을 희생양으로 내놓는다. 법과 하나가

된 기술의 승리를 다시 한 번 증명해 보이기 위해서였다. 우리는 이 법과 기술의 결속을 위생적인 사형 집행의 승리에, 동정의 폐기에 일조하는 또 하나의 공모 관계로 볼 수 있을 것이다.

그럼에도 불구하고 이 육체와 법, 기술과 법의 사악한 공모 관계 앞에서, 즉 인간적인 것에 대한 인식이 전적으로 유보되는 상황에서 독자는 동정이 아닌 동정에 대한 향수를, 다시 말해 타자의 고통을 타자에게 가까이 다가서야 할 이유로 보는 언어에 대한 향수를 느낀다. 유형지는 자연과 앎이 배제된 공간일 뿐만 아니라 살아 있는 생명의, 즉 느끼고 욕망하는 존재의 모든 종류의 감각이 제거된 공간이다. 인간의 육신은 기계를 위해 존재하고 기계는 법을 위해 존재한다. 인간적인 관계의 이러한 전복 속에서 고통은 비본질적인 요소로 남는다. 카프카가 이야기하는 것은 이 고통을 향한 시선의 부재, 아울러 기술이 인간의 살생을 목적으로 동원되는 동시에 인간이 이 기술을 위해 존재하는 세계의 비극이라고 할 수 있다. 머지않아 한 세대가 탄생시킬 비극을 본질적인 차원에서 예고했던 셈이다.

〈게르니카〉

이제 예술과 함께 전쟁이라는 비극을 이야기해보자. 게르니카는

1937년 4월 26일에 독일과 이탈리아 전투기들의 맹렬한 폭탄 투하로 인해 초토화된 바스크 지방의 한 도시로, 2차 세계대전이 상상을 초월할 정도로 잔인하게 확장시킨 공포의 실험장이자 파괴의 현장이었다. 게르니카는 동시에 이 폭탄 세례의 만행을 폭로하고 이 비극에 형태와 이미지를 부여하기 위해 파블로 피카소Pablo Picasso가 그린, 세로 351센티미터, 가로 783센티미터의 그림이기도 하다. 피카소는 동정에 하나의 이미지를 부여했다. 어떤 이미지인가? 인간과 동물의 찢긴 몸과 일그러진 얼굴과 비명이 불러일으키는 동정의 이미지다. 전쟁을, 모든 전쟁을, 역사적이고 추상적인 설명의 관점이나 정치적인 입장에서 바라보는 것이 아니라 인간과 동물, 살아 있고 감정이 있는 생명체의 찢긴 살을 바라보면서 느끼는 동정의 이미지다. 이 살덩어리들을 투명하게 만들어버리는 전쟁, 이들을 전략의 목표로 변신시키고 얼굴 없는 적으로, 욕망도 이성도 아무런 감정도 없는 원수로 탈바꿈시키는 전쟁에 맞서 피카소는 이들의 삶과 말과 시선과 감정이 섞인 육체의 모습을 드러낸다. 〈게르니카〉는 전쟁을 생명체의 파괴, 인간과 동물과 자연의 순수하고 광적인 파괴로 보고 이를 폭로하는 비판적 예술인 동시에 정치적 비판이라고 할 수 있다. 〈게르니카〉는 문명적 동기와는 아무런 관계 없이 오로지 권력층의 군림을 위해, 권력층의 환영과 전략과 광기를 위해 기술을 활성화하는 전쟁을 비판한다. 이 공포의 전시와 폭로를 위해 피카소는 미술사를 통해 전통적이고 상징적인 의미를 지니는 '색'을 포기함으로써 색의 빛과 명암을, 색의 눈부심으로 고통을 감추기 일쑤였던 아름다움의 유희를 폐지한다. 빛과 그림자 간의 숨 가쁜 대화를 흑백의 리듬과 회색의 변조에 내맡기는 것은 당시의 신문들이 지닌 특징들 가운데 하나였다. 이는 피카소가 당시에 보도되던 비극적인 소식의 특징이었던 색의 부재로 돌아가기를 강렬히 원했다는 것을(엘리오 비토리니Elio Vittorini는 《시칠리아에서의 대화Conversazione in Sicilia》 서두에서 "신문의 학살"이란 표현을 사용한 바 있다. 때는 1937년 4월이었고, 다름 아닌 에스파냐 내전을 염두에 두고 한 말이었다), 아울러 색을 통한 모방의 중재 없이, 색의 열광적인 조화 없이 고통의 문턱에 다가서기를 원했다는 것을 의미한다. 움베르토 보초니Umberto Boccioni가 피카소의 큐비즘에서 목격한 '공간의 강렬한 기하학적 활용'은 여기서 그려진 대상들 사이의 관계를 부각하기 위한, 즉 동일한 파괴의 충격에 빠진 피해자들 사이의 관계를 드러내기 위한 도구로 활용되고, 동시에 형체의 일그러짐 속에서 상실과 굴욕으로 인해 울부짖는 비명의 힘으로 육체를 곳곳에서 부각하는 도구로 사용된다. 전체적인 구성과 강렬한 세부 묘사 사이의 관계만이 유일하게 조화로운 것으로 남아 전쟁에 수반되는 삶과 육신의 난폭한 분해에 대항하도록 배치시킨 것이다.

그림 한가운데서 주둥이를 벌리고 울부짖고 있는 말의 모습은 생명체가 겪는 수많은 비극들을 하나의 이미지로 요약하고 있다. 어쩌면 '피에타'라는 제목의 수많은 예술 작품에서 그리스도가 담당하는 역할을 이 고통스러워하는 말의 형상에 부여할 수 있을지도 모른다. 우리에게 익숙한 말의 이미지는 소설이나 그림에서 흔히 볼 수 있는, 예를 들어 기사나 연인들이 타고 다니거나 마차를 끄는 빠르고 우아한 동물의 이미지다. 하지만 피카소의 말은 고통스러운 울부짖음을 통해 이러한 전통적인 말의 이미지를 단숨에 지워버린다. 이는 고야의 〈개〉가 전통적으로 귀족들과 함께 혹은 사냥을 주제로 하는 그림에서 호화로움을 상징하며 등장하는 개의 이미지를 단숨에 지워버리는 것과 마찬가지다. 쩍 벌린 말의 입 안쪽에서 폭탄의 실루엣이 보인다. 한 생명의 형체와 문명사회의 기술이 창출해낸 파괴의 실상이 공존하는 모습이다. 말 위의 전등이 발하는 빛은, 물론 많은 것을 의미할 수 있겠지만, 빈센트 반 고흐Vincent Van Gogh의 〈감자 먹는 사람들The Potato Eater〉을 암시한다는 측면에서 가정의 평온한 일상을 비추는 빛이라고 볼 수 있다. 이것이 바로 전쟁이 폭력을 통해 꺼트리는 빛이다. 말 오른편에는 쭉 뻗은 팔 하나가 마치 횃불인 듯 호롱불을 들고 있고 팔이 뻗어 나온 창문에서는 얼굴 하나가 겁에 질려 입을 다물지 못하는 표정을 짓고 있다. 이 얼굴의 아래쪽에 짝을 이루는 또 하나의 얼굴이 있다. 이여성은 입을 벌리고 겁에 질려 달려가다 넘어지는 모습을 하고 있다. 맨 오른쪽에서 손을 번쩍 들고 있는 인물은 〈피에타〉에서 고통을 이기지 못해 양손을 들어 보이는 마리아의 모습을 떠올리게 한다. 입에서 검은 하늘을 향해 비명이 솟아오르고 기하학 문양의 불꽃이 그를 휘감는 듯이 보인다. 정면에는 말 아래에 죽은 듯이, 마치 십자가에 매달린 것처럼, 한 사람이(군인 혹은 조각상?) 손에 부러진 칼을 쥐고 드러누워 있다. 그의 머리 위쪽에서는 한 여인이 죽은 아이를 부둥켜안고 절망에 빠져 비명을 지르고 있다. 이 역시 〈피에타〉에 대한 암시가 분명하다. 그녀의 입 위로 눈길을 어디에 두어야 할지 모르는 소가 그려져 있다. 흰색 뿔과 흰 테두리로 감싼 검은색 삼각형의 귀를 가진 이 소에 대해 피카소는 그냥 한 마리의 소에 불과하다고 말한 바 있다. 아마도 소가 의미하는 바를 무의식이라는 해석 불가능한 영역에, 혹은 관찰자의 분석에 맡기겠다는 의도였을 것이다. 말의 입 왼쪽에 또 다른 대상들이, 새와 꽃이 보인다. 많은 평론가들은 이 형상화된 공포의 공간이 전통적인 삼각형과 피라미드형 구조를 지녔다고, 혹은 연접하거나 중첩된 사각형 구조를 지녔다든지, 황금비의 구조를 지녔다고 보았지만 이 그림의 변함없는 주제는 여전히 '유린당한 인간'일 뿐이다(이것이 바로 에스파냐 내란이 열어젖힌 비극의 시대와 이를 통해 드러난 파시즘의 본질을 다루면서 비토리니가 기록한 서사적 명상록 《시칠리아에서의 대화》가 이야기하는 바이다).

〈게르니카〉는 움직이는 형상들을 재료로 구축된다. 이 형상들의 살생과 파괴라는 비극을 바라보는 시선에 아름다운 느낌을 거의 폭력적으로 강요하는 것은 다름 아닌 동정이다. 이 조화의 구도는 고통의 인식을 자극한다. 시에서 행의 운율과 비극이 하나가 될 때처럼.

3장

고통의 신화

필록테테스의 섬—
정치적 과제와 동정 간의 분쟁

렘노스 섬에 버려진 필록테테스는 괴사가 일어난 발을 끌고 가시덤 불 사이를 오가면서 배를 채우기 위해 사냥을 하거나 고통을 줄이기 위해 약초를 찾아 헤맨다. 활쏘기의 명수였고 헤라클레스로부터 활과 화살을 물려받은 그는 허공을 향해 아무도 듣지 못하는 고통의 비명을 지른다. 그의 울부짖음에 답하는 것은 미친 듯이 몰아치는 파도 소리 와 폭풍우와 함께 울려 퍼지는 천둥소리뿐이다.

소포클레스는 비극 작가들과 시인들이 이미 묘사한 바 있는 인물을 무대 위에 올린다. 이 인물은 치료받을 수 없는 고통과 위로받을 수 없 는 절망을 상징한다. 그의 고통은 성서의 〈욥기〉에서처럼 인간의 고 독과 헤아릴 수 없는 신의 뜻 사이에 일어나는 갈등의 양상으로 전개 되지 않는다. 그가 있는 곳에서는 그저 상처로 인한 고통의 외침과 날 카로운 비명이 아무런 응답 없이 울려 퍼질 뿐이다. 그는 자신의 상처 에서 나는 고약한 냄새와 비명을 참지 못해 자신을 섬에 버리고 간 아 카이아인들을 향해 저주를 퍼부을 뿐이다.

먼저 무슨 일이 있었는지 살펴보자. 필록테테스가 님프 크리세이스 의 성전을 침범했을 때 크리세이스는 그를 보고 첫눈에 반하지만, 사 랑을 거부당하자 분을 품고 뱀을 보내 그의 발목을 물게 한다. 부상을 입고 전우들에게 버림받은 필록테테스는 섬에 홀로 남아 불치의 고통에서 헤어나지 못한다. 하지만 오디세우스의 포로로 잡혀 있던 트로이의 예언자 헬레노스가 트로이는 오로지 필록테테스의 활과 화살로만 정복될 수 있다고 천명하면서 오디세우스와 아카이아인들은 무슨 수를 쓰든 그 활과 화살을 섬에 혼자 남아 있는 필록테테스로부터 빼앗아 와야 하는 입장에 놓인다. 오디세우스는 아킬레우스의 아들 네오프톨레모스에게 배를 타고 렘노스 섬을 찾아가 거짓말을 해서라도 필록테테스에게 접근하라는 지시를 내린다. 네오프톨레모스는 필록테테스에게 자신이 아카이아인들의 함대에서 도망쳐 나왔고, 그 이유는 아버지의 무기를 물려받을 권리가 자신에게 있음에도 불구하고 부당하게 오디세우스에게 돌아갔기 때문이라고 이야기한다. 그런 이야기로 필록테테스의 환심을 산 뒤 적절한 기회를 틈타 활과 화살을 빼앗을 속셈이었던 것이다. 하지만 마음 한구석에서 그를 불쌍히 여긴 네오프톨레모스는 망설이기 시작하고, 오디세우스는 자신의 계획대로 필록테테스의 섬을 향해 출발한다. 오디세우스의 전략에 금이 가기 시작하는 것은 그가 섬에 도착한 뒤부터다. 그의 전략에 걸림돌이 되는 것은 다름 아닌 동정이다. 실리에 맞서 정의正義dikaia가 모습을 드러내기 시작한 것이다. 네오프톨레모스의 마음을 움직인 것은 고통받는 필록테테스의 육체다. 오디세우스가 자신의 전략 속에 차갑게 웅크리고 있는 반면에 네오프톨레모스는 타인의 고통을 이해할 필요가 있다는 의무감을 느낀다. 합창도 네오프톨레모스의 감정의 변화를 자극하면서 동정을 호소하는 '엘레이손eleison(불쌍히 여기소서)'의 선율로 필록테테스의 고통 받는 육체에 가까이 다가가야 한다는 일종의 의무감을 불러일으킨다. 네오프톨레모스의 생각이 아리스토텔레스가 동정의 필수적인 토양으로 정의하는 사고의 영역 안에서 움직이는지는 사실상 중요하지 않다. 다시 말해 그의 생각이 과연 타자의 고통에 담긴 진실과 그 진실의 무게에 대한 인식, 고통 받는 자가 무고한 존재라는 인식, 고통 받는 이의 고통이 관찰자에게 전달할 수 있는 고통에 대한 인식의 테두리 안에서 움직이는지는 그리 중요하지 않다. 그에게는 한 언어, 즉 고통의 목소리에 귀를 기울이고 고통에 빠진 육체를 바라보는 것으로 충분하다. 네오프톨레모스는 필록테테스의 상처뿐만 아니라 그가 처해 있는 극단적인 고독의 상황, 고뇌와 고통의 시간과 공간을 바라본다(레싱 역시 《라오콘Laokoon》에서 필록테테스를 언급하면서, 육체적인 고통만으로는 동정심을 불러일으킬 수 없으며 영적 차원의 고통만이 우리로 하여금 이 영웅의 고통 속에서 인간의 비참함을 발견하고 완전한 의미에서의 동정심을 느끼게 해준다고 지적한 바 있다).

네오프톨레모스는 필록테테스의 고통에 동참하는 모습을 보여줌으로써 그의 믿음을 사는 데 성공하고, 필록테테스는 야수들을 향해, 가파른 암벽과 계곡을 향해 고통의 비명을 지르면서 자신의 무기를 네오프톨레모스에게 맡긴다. 네오프톨레모스는 이렇게 말한다. "이 남자에 대한 이루 말할 수 없는 동정심에 사로잡혔다." 이제 상황을 정리하고 문제를 해결하기 위해 모습을 드러낸 오디세우스 앞에서 네오프톨레모스는 활과 화살을 가지고 함대로 돌아오라는 그의 명령에 복종하지 않겠다는 뜻을 내비친다. 정치적 동기가 요구하는 의무감과 고통 받는 인간에 대한 동정심의 대립에서 비롯되는 네오프톨레모스의 갈등은 그의 건강한 연약함과 타자의 고통에 가까이 다가서야 한다는 충동적인 의무감을 증명해주는 요소이다. 네오프톨레모스의 갈등 속에서 결국 우위를 점하는 것은 동정이다. 네오프톨레모스는 필록테테스에게 무기를 되돌려 주고 그를 고국으로 데려다주겠다고 약속한다. 어떻게 보면 네오프톨레모스는 이미 고통 받는 영웅의 편에 서 있었고 일찍이 그 영웅의 운명 안에 들어서 있었다고 볼 수 있다. '데우스엑스마키나deus ex machina'로 등장한 헤라클레스는 필록테테스가 따라야 할 새로운 계획이자 그에게 예정된 운명이 무엇인지 그에게 알려준다. 그것은 네오프톨레모스와 함께 활과 화살로 트로이를 정복한 뒤 아스클레피오스에게 자신의 상처를 치료받는 것이었다. 필록테테스는 드디어 자신이 머물던 섬에 큰 소리로 작별을 고한다. 가파른 암벽과 동굴과 들녘과 바람과 폭풍과 시냇물에게 고하는 작별의 인사였다. 장장 10년 동안이나 그의 고통을 곁에서 지켜본 건 자연뿐이었다. 그가 고통을 이기지 못해 내지르는 비명을 되풀이하던 메아리 역시 대자연의, 나뭇잎과 바람과 파도의 비명이었다.

소포클레스가 필록테테스에 대한 네오프톨레모스의 동정심을 통해 드러내는 것은 계략의 무기력함이다. 오디세우스는 자신의 감각을 억누르고 타자의 고통에 대한 무관심 속에 감정을 묻어버린다. 왜

나하면 오로지 계획과 정치적 목적만이 현실화되어야 하기 때문이다. 오디세우스는 일찍이 고통의 섬이 아닌 세이렌의 섬에서도, 음악과 괴로운 쾌락의 섬에서도 감각을 억제했던 인물이다. 그와는 달리 네오프톨레모스는 자신이 옳다고 생각하는 행동과 옳다고 생각하는 감정의 조화 속에 탈출구가 있다는 것을 아는 인물이다. 그곳에 길이 있다는 것을 아는 것이다.

프로메테우스의 고통과 대자연의 애도

암벽 위에서 쇠사슬에 묶인 채 제우스를 원망하며 하늘을 향해 울부짖는 존재가 있다. 바로 프로메테우스다. 그는 신들에게서 불꽃을 훔쳐 인간에게 전해주고, 나무를 다루고 집을 짓는 법과 계절의 변화를 예감하고 별들의 움직임을 해석하는 법을 인간에게 가르쳐준 신이다. 그는 인간에게 모든 앎의 기원인 숫자를 가르쳐주었고, 기억하는 법, 시의 어머니가 되는 글, 병을 치료하는 방법, 새들의 비행을 해석하거나 동물들의 내장을 관찰하는 점술까지, 아울러 땅 속에 숨겨진 철과 금은을 발견하는 법까지 가르쳐주었다.

아이스킬로스의 프로메테우스 삼부작 중에서 유일하게 살아남은 작품《사슬에 묶인 프로메테우스Prometheus Bond》는 관객이 신적 인물에게 주어진 문명화 과제와 신들의 아버지가 그에게 내린 잔인한 형벌 사이의 극명한 대조에 주목하도록 유도한다. 하지만 여기에는 또 하나의 모순이 숨어 있다. 그것은 이 비극의 뿌리인 동시에 관객들의 동정을 불러일으키는 본질적인 모순, 즉 프로메테우스가 인류를 향해 드러내는 동정심과는 대조적으로 그에게는 '동정의 부재'가 예정되어 있었다는 사실이다. 사슬에 묶인 프로메테우스가 보여주는 것은 결국 권력과 자유의 대립이다. 이 작품은 권력에 대항하는 힘이 어떻게 심지어 올림포스 산의 근접 불가능한 주권까지 위협할 수 있는지를 보여준다.

프로메테우스의 비명은 계곡 전체에 울려 퍼진다. 주변 인물들의 울음과 탄식만이 그의 비명에 답할 뿐이다. 제우스의 명령으로 프로메테우스를 사슬에 묶은 불의 신 헤파이스토스조차 프로메테우스의 고통에 가슴 아파하며 눈물을 흘린다. 합창도 두려움과 눈물이 노래하는 자들의 눈앞을 가린다고 말한다. 합창단을 구성하는 이들은 오케아노스와 그의 딸들이다. 프로메테우스가 머무는 을씨년스러운 계곡에 새를 타고 도달한 오케아노스는 사슬에 묶인 그를 바라보는 것이 너무나 고통스러운 일이라고 말한다. 땅과 심연과 강과 대자연이 모두 프로메테우스의 불행을 슬퍼하며 눈물을 흘린다. 이 대자연의 눈물, 이 우주의 탄식은 바울 사도가 〈로마인들에게 보내는 편지The Epistle to the Romans〉에서 언급한 '신음'을 떠올리게 한다.* 대자연이 '신음'하는 것은 대자연 역시 인간처럼 생명의 한계에 종속되어 있고 속박에서 벗어날 날을 기다리고 있기 때문이다. 이 구원의 약속을 가져온 것이 바로 인간이 된 신, 프로메테우스처럼 못 박힌 신, 사슬이 아닐 뿐 십자가에 못 박힌 신 그리스도다.

죽을 수밖에 없는 존재인 인간의 목소리에 귀 기울이고 무지한 상태에서 살아갈 수밖에 없는 인간의 삶의 조건과 불행을 불쌍히 여길 줄 알았던 프로메테우스의 목소리를 듣는 것은 이제 산과 강과 나무들, 그리고 집요하게 동정의 노래를 부르는 합창뿐이다. 물론 이 노래는 신들의 심금을 울리지 못하는 동정의 구걸에 지나지 않는다. 신들의 이러한 매정하고 무자비한 태도가 바로 프로메테우스로 하여금 제우스의 뜻에 복종하는 대신 자신이 처한 가혹한 상황을 선택하게 한다. 반면에 제우스는 자신의 패권의 종말을 예언하는 목소리를 두려워하며 자신에게 예정된 미래의 비밀을 캐내기 위해 헤르메스를 부른다. 프로메테우스는 미래를 내다볼 줄 알았지만 결국 제우스를 돕는 일에 동참하지 않는다. 이어서 다가올 더 큰 재앙을 의식하며 그가 울부짖는 소리는 대자연의 통곡과 함께 더욱 구슬프게 울려 퍼진다. 쇠사슬에 묶인 신은 자신의 고통이 정의의 여신조차 덜어줄 수 없는 고통이라는 것을 잘 알고 있다. 그가 외치듯이 그의 불행은 "정의의 영역

---

* 〈로마인들에게 보내는 편지〉 8장 22절. "우리는 모든 피조물이 오늘날까지 다 함께 신음하며 진통을 겪고 있다는 것을 알고 있습니다.

을 초월하는" 문제다. 신들의 권력이 가지고 있는 차가운 무관심과 사악하고 잔인한 속성을 또렷하게 부각하는 것 역시 바로 프로메테우스의 이러한 비인간적인 고통이다.

신들의 권력과 프로메테우스의 고통 사이의 극명한 대조를 토대로 이 신화의 다양한 변형이, 때로는 프로메테우스의 고통을 주제로, 혹은 그의 반항 또는 해방을 주제로 이루어졌다. 이들 가운데 하나가 바로 헤라클레스가 프로메테우스를 쪼아대던 독수리를 죽임으로써 그의 고통에 종지부를 찍고 제우스의 동의를 얻어 그를 풀어준다는 이야기다. 이 신화 역시 다른 신화들과 마찬가지로 다양한 형태의 문학적 재창조 과정을 거치게 된다. 오비디우스에서 플리니우스, 조반니 보카치오Giovanni Boccaccio에서 페드로 칼데론 데 라 바르카Pedro Calderón de la Barca, 볼테르Voltaire, 퍼시 비시 셸리Percy Bysshe Shelley, 요한 볼프강 폰 괴테Johann Wolfgang von Goethe, 앙드레 지드André Gide에 이르기까지 이 신화는 오페라 혹은 알레고리를 토대로 하는 문학 작품들을 중심으로 다양하게 해석되었지만, 형태만 다를 뿐 주제는 항상 신적인 것과 인간적인 것의 대립, 권력과 자유의 대립이었다. 고통과 싸우고 권력에 저항하는 프로메테우스로부터 전적으로 인간적인 영웅주의 문학이 유래했고, 문명화된 인간 사회에 자부심을 느끼는 프로메테우스로부터 스스로의 지적 능력에 만족하는 휴머니즘 문학이 유래했다. 그뿐 아니라 날카로운 비평적 자세를 유지하면서 완벽한 문명사회를 꿈꾸는 발전지상주의가, 아울러 인간의 밝은 미래에 대한 맹신주의를 비판하는 태도가 프로메테우스로부터 유래했다. 이 마지막 '비평'의 전통에 속하는 작품이, 비록 패러디라는 점에서 가볍게 느껴지는 것은 사실이지만, 레오파르디의 〈프로메테우스의 내기 La Scommessa di Prometeo〉라고 할 수 있다. 이 작품은 인간의 마을들을 끝없이 돌아다니는 신의 이야기를 다룬다. 신은 여행을 하는 동안 인간이 행복이나 만족을 느낄 수 있는 삶의 조건을 탐색하기 위해 굉장히 다양한 종류의 문화와 문명사회를 관찰한다. 하지만 신의 여행은 부정적이고 씁쓸한 인류학 여행으로 끝난다. 도처에서 신이 발견한 것은 인간의 행복과 문명사회 사이에는 아무런 관계도 없다는 사실뿐이었기 때문이다.

상실의 고통과 방황 —
데메테르의 신화

샘에서 솟아오른 물줄기가 두 갈래, 세 갈래로 나뉘었다가 강에서 다시 만나고 또 작별을 고하듯이, 신화들도 데메테르의 주변에서 태어나 작별과 재회를 맞이한다. 씨앗과 꽃의 여신이자 대지의 여신이며 밀과 보리를 비롯한 곡물의 창조주, 인간으로 성장하는 씨앗의 보호자, 예식과 제례의 창시자, 동물들의 여주인인 데메테르는 빛과 어둠의 대화, 삶과 죽음의 대화를 상징하는 존재다. 과실과 생명체(인간과 동물)를 생성하는 빛의 주인인 동시에 죽은 것들을 품 안에 거두는 어둠의 일부이기도 한 데메테르는 어떤 의미에서는 대자연 자체라고 할 수 있다. 삶인 동시에 죽음과 환생인 '피시스physis'와 일치하는 것이 데메테르다. 땅의 여신 가이아가 우주적인 신이라면 데메테르는 농사와 풍요를 주관하는 여신이다.

신화의 원형을 구축하는 다양한 작품들 가운데 이른바《호메로스 찬가Homeric Hyms》에 수록된〈데메테르 찬가Hymn to Demeter〉와 오비디우스의《변신 이야기Metamorphoses》두 작품을 토대로 끊임없이 재생되어온 것이 바로 우리가 알고 있는 전형적인 데메테르의 이미지, 금발 머리를 땋아 올리고 딸 페르세포네 혹은 코레와 함께 포즈를 취하고 있는 데메테르의 모습이다. 신화는 페르세포네가 꽃을 따고 있는 사이에 지옥의 신 하데스가 그녀를 납치하는 것으로 시작된다. 음모를 꾸민 인물은 제우스다. 자신의 동생 하데스에게 아름다운 소녀 페르세포네가 신부로 잘 어울린다고 생각한 것이다. 어떤 문헌은 이 납치 사건을 시칠리아 시라쿠사의 차네 강가에서 높이 자란 파피루스 사이의 '푸른 물' 부근에서 일어난 것으로 기록하고 있고, 또 어떤 문헌들은 엔나 근교의 제비꽃이 가득 핀 들녘에서, 또 다른 문헌은 엘레우시스 혹은 크레타에서 일어난 것으로 기록하고 있다. 한 소녀가 따사로운 태양 아래서 꽃을 꺾으며 평화롭게 들녘을 거니는 광경이 돌연 중단되고 날카로운 비명이 하늘을 찌른다. 납치당한 소녀의 비명이 어찌나 강렬한지

산꼭대기와 바다 깊은 곳까지 메아리가 울려 퍼진다. 대지에서, 대지를 향해 울부짖는 그녀의 비명 소리가 밀의 이삭들을 스치는 바람처럼 은밀하게 그녀의 어머니인 대지의 여신 데메테르의 귀에 도달한다. 그러나 그 비명이 어디서 들려오는지 그녀에게 말해주는 이는 없다. 신들도 새들도 그저 입을 꼭 다물고 있을 뿐, 신화의 무대 위에는 오로지 딸의 비명과 어머니의 고통이 있을 뿐이다. 〈데메테르 찬가〉가 묘사하는 장면은 정말 연극에 가깝다. 그녀는 머리에 쓴 왕관을 자신의 손으로 벗어 던지고 어두운 색의 베일을 어깨 위로 드리운 뒤 딸을 찾아 땅과 바다를 가로지르는 거의 비행飛行에 가까운 여행에 나선다. 어느 시점에선가 이 여신의 고통에 귀 기울인 헤카테가 그녀를 위로하고 그녀와 동행하기 위해 모습을 드러낸다. 오비디우스의 《변신 이야기》에서도 데메테르는 9일 동안 강가와 들판을 헤매면서 어린 소녀에 불과한 딸을 찾기 위해 이 마을 저 마을 돌아다닌다. 데메테르의 여행은 어둠이 삼켜버린, 아니 어둠이 되어버린 한 순수하고 아리따운 소녀를 찾기 위한 순례에 가깝다. 지혜롭고 너그러운 여신 데메테르가 딸의 실종을 슬퍼하며 눈물을 흘리는 모습과 불안 가운데 지속되는 그녀의 가슴 아픈 방황이 달의 여신 헤카테의 마음을 움직인 것처럼 데메테르의 고통은 하늘과 땅, 인간과 동물, 산 것과 죽은 것을 모두 지켜보는 해의 신 헬리오스의 동정을 불러일으킨다.

여신은 잃어버린 딸을 그리워하며 눈물을 흘린다. 그녀의 눈물과 참을 수 없는 고통 때문에 그녀가 주관하던 논과 밭은 황무지로 변하고 점점 악화되기만 하는 가뭄은 이제 그 누구도 감당할 수 없는 지경으로 치닫는다. 이것이 바로 에우리피데스가 〈헬레네Helene〉에서 페르세포네의 납치와 데메테르의 고통에 뒤따르는 가뭄을 언급하며 주목했던 부분이다. 곡식들이 더 이상 자라지 않고 식물의 생태계가 무너지면서 자연수의 공급이 중단되고 인류의 생존 자체가 위협받는다. 페르세포네의 납치로 인한 고통의 결과는 끝을 모른다.

결국 제우스는 헤르메스를 통해 자신의 뜻을 하데스에게 전달하고 페르세포네가 빛의 세계로 나와 어머니를 만날 수 있도록 허락하라고 명령한다. 그렇게 해서 아름다운 소녀 페르세포네는 석류를 입에 물고 어둠의 왕국을 떠나 지상을 향해, 어머니의 포옹을 향해 출발한다. 페르세포네는 여기서 사랑하는 이의 품을 떠나 암흑에 맡겨진 채 그림자로 변신하는 또 한 명의 여인 에우리디케를 떠올리게 한다(몇몇 신화에서 나타나는 페르세포네와 에우리디케의 특징은 너무 흡사한 나머지 동일한 신화에서 유래한 것으로 간주되곤 한다). 에우리디케 역시 부름을 받아 암흑의 세계에서 빛의 세계로 나아간다. 그녀가 암흑을 벗어나는 것은 노래와 노래로 화한 오르페우스의 사랑 덕분이다. 여전히 두려움을 떨쳐버리지 못한 채 헤르메스의 손을 꼭 붙들고 멀리 보이는 희미한 빛을 향해 움직이는 하나의 그림자가 바로 '영혼들의 광산'에서 탈출하는 에우리디케의 모습이다(이 신화는 아주 강렬한 인상을 주는 라이너 마리아 릴케Rainer Maria Rilke의 시 〈오르페우스, 에우리디케, 헤르메스Orpeus, Eurydike, Hermes〉에서 다시 등장한다). 하지만 에우리디케는 결국 그림자의 먹구름에서 헤어나지 못하고 그녀가 속한 수수께끼 같은 암흑세계에서 벗어나지 못한다. 반면에 데메테르의 어린 딸 페르세포네는 산 자의 세계와 지하 세계 사이에 놓인 문턱을 넘는 데 성공한다. 단지 일 년의 3분의 2에 해당하는 시간을 빛의 세계에서 보내고 나머지 3분의 1은 지하 세계에서 하데스와 함께 보내야 할 뿐이다.

데메테르 신화는 엘레우시스 신비 의식*을 통해 비밀스러운 의례의 형태로 재현된다. 일부 학자들에 따르면 이는 일종의 연극적인 퍼포먼스였고, 데메테르의 신성한 역사와 그녀의 방황과 딸과의 재회를 기념하기 위한 일련의 노래와 주문에 지나지 않았다. 이 외에도 수많은 학자들이 엘레우시스 신비 의식의 형태와 본질에 대해, 당시의 신비주의가 견지하던 시각적인 세계나 환영과의 관계에 대해, 신비 의식의 참가자가 되새기던 탄생과 죽음과 환생의 의미에 대해, 신비 의식이 요구하던 침묵의 의무에 대해(침묵은 삶이 곧 '신비의 부재'라는 점, 아울러 삶에의 신비주의적 입문이 곧 인간으로, 생명으로 남기 위한 것이라는 점에 대한 암묵적인 동의였을까?), 엘레우시스 신비주의와 동물 세계의 관계에 대해, 이 신비 의식과 몇몇 그리스도교 예배 형태의 유사성에 대해 엄청난 양의 글과 연구 기록을 남겼다. 데메테르와 페르세포네의 신화가 이야기하는 여러

---

* 엘레우시스 밀교는 고대 그리스의 마을 엘레우시스에서 탄생한, 그리스 신화의 두 여신 데메테르와 페르세포네의 컬트를 숭배하던 종교이다. 엘레우시스 신비 의식은 엘레우시스에서 매년 개최되던 신비 제전 또는 비전 전수 의식을 가리킨다. 지하 세계의 왕 하데스가 데메테르의 딸 페르세포네를 납치한 신화를 바탕으로 한 이 의식은 '상실', '탐색', '승천'이라는 세 단계를 신비주의적인 차원에서 경험하는 것을 목적으로 했다.

측면들 중에서 우리의 관심을 끄는 것은 오로지 하나뿐이다. 바로 딸의 납치 사건이 어떻게 그녀의 어머니-여신으로 하여금 서글픈 방황을 선택하게 했는지, 어떻게 데메테르가 인간적인 감정에 순응하고 인간 세계로 추락해 고독을 느끼기로 결심하게 되었는지의 문제다.

이 신화는 동정에 대해 어떤 식으로 무슨 이야기를 하는가? 중요한 것은 헤카테와 헬리오스가 데메테르를 불쌍히 여겨 동정의 눈물을 흘릴 뿐 아니라 대자연 전체가 이 상실의 쓰라린 경험에 참여한다는 사실이다. 활짝 핀 꽃이 시들기로 결심하고, 과일과 식물들이 가뭄에 뒷걸음질 치고, 산꼭대기와 들녘과 바다까지 여인들의 비명에 귀 기울이는 것이 바로 우주가 고통에 참여하고 대자연이 상복을 입은 모습이다. 하늘과 바다가 슬픔의 눈물을 흘리는 것은 바로 암흑의 세계가 그녀를 집어삼켜, 지상에서 페르세포네의 해맑은 모습을 빼앗아버렸기 때문이다. 이제 어머니의 고통에 대한 동정과 빛을 빼앗긴 소녀에 대한 안타까움은 하나의 감정으로 녹아든다. 대자연이 어머니와 딸의 고통스러운 이별 앞에서 눈물을 흘리며 숨쉬기를 거부하는 모습은 삶의 침묵으로 이어진다.

4장

마치
사랑인
듯

욕망과
동정

사랑은 타자를 향한 욕망이다. 사랑은 일종의 결핍으로부터 솟아나 채워질 수 없는 것을 향해 움직이는 호흡의 열림이다. 이 열림 속에서 타자의 몸과 마음은 하나의 현실로 변화하고 더 이상 이질적이라고 할 수 없는 은밀한 공간 속에 배치된다. 동일한 욕망에 지배받는 두 존재가 함께하는 세계는 눈앞에서 아물거리는 헤아릴 수 없는 세계지만 동시에 매혹과 쾌락의 시원이기도 하다. 이 붙잡을 수 없고 정의할 수 없는 불안정한 세계를 우리는 사랑이란 이름으로 부른다. 사랑의 세계는 단순히 나와는 다른 존재라는 차원을 훌쩍 뛰어넘어 타자를 인식하고 경험하는 공간이다. 이 세계가 뿜어내는 빛 속에서 서로의 관계는 귀 기울이기라는 형태와 스스로에 대한 질문이라는 형태를 취한다. 스스로의 모습이 타자에게 투영되면서 하나의 앎으로 변화하기 때문이다.

욕망을 하나의 언어로 보고 육체적 결합을 이 언어의 한 과정으로 보는 사랑이란 빛은 수많은 단계의 강도를 지니고 있다. 환히 빛나는 순간이 있는 반면 그림자와 뒤섞이는 순간이 있고 또 희미해지거나 완전히 사라지는 순간이 있다. 이 빛은 느닷없이 이질적으로 변한 타자의 모습 속에서 차갑게 식어버린다.

동정은 이와는 다른 경로를 따른다. 타자의 출현은 쾌락의 가능성을 선사하는 대신 어두운 고통의 문을 열어젖힌다. 이를 계기로 움직이기 시작한 욕망은 타자의 육체를 사랑의 샘으로 보는 대신 가까이 다가가 타자의 고통을 완화해야 할 필요를 상징하는 존재로 바라본다. 타자에게 다가서지는 않더라도 최소한 그의 고통을 이해해야 할 필요성을 느끼는 것이다. 이는 사랑의 상호 관계와는 전혀 다른 차원의 상호 관계 속에서 타자와 마주해야 한다는 것을 의미한다.

열정passione에는 사랑뿐만 아니라 우리가 '동정compassione'이라고 부르는 감정도 포함되어 있다. 사랑의 경우에 고통이 타자의 부재와 연관되고 타자의 어두움, 혹은 욕망과 사랑 사이의 경계나 타자와의 관계에 얽매이는 욕망의 고통스러운 한계와 연관되는 반면, 동정의 경우에는 고통이 타자의 현존, 타자의 상처와 연관된다. 동정은 타자의 고통을 나누어 갖고 타자와 함께 겪어낸다는 것을 의미한다. 오래전부터 많은 철학자들이(스토아학파 철학자들과 르네 데카르트René Descartes, 프리드리히 빌헬름 니체Friedrich Wilhelm Nietzsche) 동정의 주체를 관찰하면서 그가 스스로의 감정에 대한 쾌감을 느낀다는 점과 타자의 인격에 무관심하다는 점, 즉 타자가 자신의 운명과 싸우고 있다는 사실에 무관심하다는 점에 주목해온 것은 사실이지만, 그렇다고 해서 이러한 관점이 사랑과 동정 간에 아무런 영향이 있을 수 없다거나 둘 사이에 아무런 연관도 없고 감정적 간섭이나 중첩 혹은 분쟁도 있을 수 없다는 것을 의미하는 것은 아니다.

사랑의 입장에서 바라보든 동정의 입장에서 바라보든 상황은 마찬가지다. 전자의 경우, 사랑은 타자를 곤경에 빠트린 고통에 대한 이해의 차원에서, 따뜻한 손길과 시선과 위로를 자극하고 동반하는 빛의 차원에서 모습을 드러낸다. 후자의 경우 동정은 쾌락의 차원을 넘어서는 광범위한 사랑의 차원에서, 사랑의 주체들을 지배할 뿐만 아니라 초월하는 무조건적인 욕망의 차원에서 이해된다. 이 사랑과 동정의 관계가, 혹은 에로스와 아가페의 관계가 엮어내는 그물이 얼마나 촘촘하고 복잡하게 얽혀 있는지 보다 구체적으로 드러내는 것은 철학보다는 문학의 세계일 것이다.

'사랑-동정' 혹은
미시킨 공작에 대하여

폭력에 의해 소멸되기 일보 직전의 삶 내지 순간을 경험한다는 것, 다가올 것이 확실시되는 죽음 앞에서 수많은 생각을 떠올리며 조금 있으면 눈앞에서 영원히 사라지고 말 것들을 바라본다는 것, 아마도 이러한 극단적인 상황의 경험이 도스토옙스키로 하여금 《백치Idiot》의 미시킨 공작 같은 인물을 구상하고 창조하게 했을 것이다. 이와 같은 상황에 처한 사람의 관점에서 바라보는 세상은 세상에서 가장 중요한 존재인 인간에 대해 잔인할 정도로 무관심한 세상이다. 한편에는 독특한 형태로 죽음 앞에 선 인간의 모습이 있고 다른 한편에는 언어와 생각과 눈과 열정을 가진 존재, 죽음 앞에 선 인간이 '너'라고 부를 수 있는 존재가 있다.

이 '너'는 그에게 지극히 아름답고 소중하게 느껴질 수밖에 없는 존재다. 초반부에 미시킨은 자기 자신에 대해 무언가를 이야기하고 자신의 생각을 드러내야 하는 순간이면(기차에서 로고진을 만났을 때, 그리고 프로코페브나의 집에서 대화를 나눌 때) 자신이 병 치료를 위해 스위스에 머무는 동안 목격했던 한 사형수의 사형 집행 장면에 대해 이야기한다. 미시킨 공작의 이야기 속에는 저자 도스토옙스키의 개인적인 경험(사형 집행을 기다려본 경험)이 고스란히 남아 있다. 머지않아 다가올 죽음에 대한 인식은 인간관계를 경험하고 관찰하는 행위를 극단적으로 활성화하면서 관심을 타자의 내면적 상황에(무엇보다도 그것이 말로 표현되지 않을 때) 집중하도록 만든다.

임박한 죽음으로부터 타자를 구해야겠다는 의지가 미시킨 공작의 모든 인간관계와 행동을 주도한다. 하지만 이런 상황 속에는 고백되지 않은 불행의 가시가 도사리고 있기 마련이다. 나스타샤에 대한 미시킨의 사랑은 넋을 잃게 하는 그녀의 아름다움에 기인하기보다는 그녀를 구해야겠다는 충동에서 비롯된다. 그 사랑은 미래를 위협하며 짙어지기만 하는 어두운 구름으로부터, 동시에 순응주의자들의 비난을 피하기 힘든 과거의 끈질긴 압박으로부터 그녀를 구하려는 충동적인 행위나 다를 바 없는 것이다. 그의 사랑은 어쨌든 동정과 분리될 수 없는 사랑이다. 이러한 혼란은 아무런 이유 없는 모순적 행동과 감정의 뒤섞임을 조장한다.

이때 동정은 타자의 아름다움 속에서 심화되며 한계를 드러낸다. 타자의 불행이 외면적인 아름다움을 통해 드러날 때 타자를 보호하려는 욕망은 사랑의 감정과 뒤섞일 뿐만 아니라 사랑과 동일한 과정을 밟으면서 발전한다. 물론 어느 날 미시킨이 스위스의 마을에서 병들고 학대받는 마리에게 키스를 선사하는 장면은 동정의 맑고 직선적인 면을 보여준다. 그의 관심 덕분에 마리는 다른 아이들에게 더 이상 조롱받지 않는 아이, 보호받는 아이가 된다. 가난과 병이 관심과 치료에의 참여를 불러일으키고 이것이 결국에는 마을 전체에 커다란 영향을 끼친다. 그가 상트페테르부르크로 돌아와 사회생활을 시작했을 때 동정은 이제 사랑의 과정을 밟고 사랑을 통해 표출된다.

그는 또 다른 여인, 젊고 아름답고 해맑지만 감정을 감추기 좋아하는 여인, 아그라야를 사랑하기 시작한다. 이 사랑은 그가 의도적으로 접근했던 나스타샤에 대한 사랑(동정과는 반대되는 사랑)과는 상당히 대조적이다. 그가 아그라야에게 느끼는 매력은 그가 그녀를 어떤 위험으로부터, 구원까지는 아니더라도 보호하려는 시도와 무관하지 않다. 이득을 노리는 주변 인물들의 기만과 예측할 수 없는 결과로부터 그녀를 지키려는 시도와 무관하지 않은 것이다. 타자를 향한 무한한 관심과 믿음으로 인해 미시킨은 아무런 가면도 쓸 수 없는, 순수하고 무기력한 인간으로 남는다.

　이런 그의 존재 방식이 그를 향한 아그라야의 사랑을 부추긴다. 그
녀는 미시킨이 누구에게든 쉽게 속아 넘어갈 수 있다는 것을, 그가 누
구든 쉽게 용서할 수 있다는 것을 잘 알고 있다. 그런 이유에서 그녀는
어느 시점엔가 자신의 경쟁 상대인 나스타샤에게 자신이 그를 사랑했
었다고 말한다. 사실상 미시킨의 아그라야를 향한 사랑과 나스타샤를
향한 사랑이 공존하거나 조화를 이루지 못하도록 막는 것은 인간관계
와 관례의 구조에 불과하다. 사랑과 동정 사이에 있을 수 있는 조화와
교감을 방해하는 것이 곧 사회 관례. 아름다움을 보호하고 보존하
기 위한 움직임에 걸림돌이 되는 것이 사회다. 도스토옙스키의 서사
는 다름 아닌 이 사회 관례를 내용으로 전개된다.

　도스토옙스키가 펼쳐 보이는 것은 감정의 극장, 인간관계의 대칭
구조, 대화를 통한 반전이다. 얽히고설켜 살아가는 사회의 멈출 수 없
는 리듬을 좇는 이 소설의 슬픈 결말은 결국 두 처녀와 공작을 각자의
운명으로 되돌려 보낸다. 공작이 경험하는 도시 생활(스위스 마을의 평온
한 삶에서 벗어났다가 병이 들어 같은 마을로 되돌아오기까지의 격동적인 과정)은 하
나의 허무하고 퇴폐적인 세계로의 비극적인 하강이었다고 할 수 있
다. 이 과정은 '용서'하는 법을 터득하고 구원의 과제를 모색하기 위해
'병과 악'을(실제로 그는 뇌전증이라는 '병'을 앓고 있다) 그리스도론적인 차원
에서 경험하는 과정으로 그려진다. 로고진의 집에서 발견한 한스 홀
바인Hans Holbein의 그림 〈무덤 속의 그리스도The Body of the Dead Christ in

the Tomb〉를 뚫어지게 바라보며 그는 자신의 과제가 무엇인지에 대한 깨달음을 얻고 이를 선언하기에 이르지만, 그가 그림에서 얻은 인상에는 스스로의 믿음에 대한 의혹의 어두운 위협이 동반된다.* 그 그림 속에서 부활을 전혀 예견할 수 없었기 때문이다(도스토옙스키 자신도 1867년에 바젤에서 홀바인의 이 그림을 굉장히 불편한 마음으로 관찰한 바 있다).

　미시킨은 레오파르디가 《지발도네Zibaldone》에서 "전혀 다른 종류의 피조물"이라고 불렀던 부류에 속한다. 세상에서의 승리에 들뜬 이 기주의와는 전혀 어울리지 않는 인물이기 때문이다. 이타성의 원리가 도스토옙스키의 소설에서 구체적으로 의인화된 것이 바로 미시킨 공작이라는 인물이다. 그는 기만과 가식, 관습과 미신의 갈등으로 복잡하게 얽혀 있는 사회 안에서 평온하고 순수하고 천진난만한 인물로 나타난다. 그의 약함과 이질성 때문에 그는 고여 있는 것을 움직이고 복잡하게 얽혀 있는 것을 풀어 헤치고 감추어진 것을 드러내고 변하지 않는 것을 회개의 장으로 인도한다. 하지만 이는 하나의 과정에 지나지 않는다. 세상은 배가 지나간 자리의 물살처럼 스스로를 자기 안에 가두기 때문이다. 그럼에도 불구하고 이유 없이 일어나는 일은 없다.

---

* 《백치》는 도스토옙스키의 작품 중 가장 난해하기로 정평이 난 소설이다. 도스토옙스키는 이 작품에서 홀바인의 〈무덤 속의 그리스도〉를 인용하기 위해 바젤 미술관에 방문했고, 이 그림의 끔찍함에 압도당해 그림 앞에서 한참 동안 서 있었다고 한다. 《백치》의 등장인물 이폴리트는 로고진의 집에 걸린 〈무덤 속의 그리스도〉를 보고 이렇게 말한다. "거기에는 인간의 시체가 적나라하게 묘사되어 있을 뿐이었다. 십자가에 매달리기 전에 받았던 끝없는 고통, 상처, 고뇌, 십자가를 지고 가거나 넘어졌을 때 행해졌던 보초의 채찍질과 사람들의 구타, 여섯 시간 동안 계속되었던 책형의 고통을 다 참아낸 인간의 시체였다."

모든 과정은 하나의 씨앗을 뿌리기 마련이다.

돈키호테의
보호 본능
──────

　돈키호테 역시 미시킨 공작처럼 모든 것이 한결같이 헐떡이며 돌아
갈 뿐 이상도 전망도 찾아볼 수 없는 세상에서 자신만의 이상과 나름
의 이타적인 사상을 토대로 살아가는 인간이다. 미시킨 공작처럼 돈
키호테도 가까이에 있는 사람을 결코 소홀히 하지 않고 항상 타자의
고통(드러난 고통이든 감추어진 고통이든)에 귀 기울이는 태도를 중요하게
생각한다. 돈키호테의 여정을 뒷받침하는 이성과 열정의 세계, 기사
도의 세계는 모든 것을 포용할 수 있는 세계지만 이 세계 안에서 일종
의 규율이자 문화로서 위력을 발휘하는 것은 동정이다. 실용성이 지
배하는 세계, 교환과 소유에 기초한 세계의 산문 속에서 오래된 기사
도 정신의 덕목들 가운데 하나인 동정이 돈키호테만의 천재적이고 창
조적인 재능과 열정을 통해 선포되고 실천된다. 모든 것이 교환 가능
성으로 타락하면서 동시에 평범하고 균일하게 변해버린 새로운 세계
에서 돈키호테가 표상하는 차이와 그의 활달함과 매력의 날개가 되는
그의 이념은 모두의 무관심 속에 방치된 것들을 뒤흔들고 파고들면서,

이기주의자와 경솔한 인간은 도저히 알아볼 수 없는 도움과 구원의 필요성을 만천하에 드러낸다.

기사도 정신에 입각한 '약자 보호' 행위는 동정을 실천에 옮기는 가장 분명한 형태의 행위라고 할 수 있다. 특별한 이유 없이 불행을 당하거나 고통을 겪는 사람들 앞에서 흘러내리는 눈물이 바로 이 동정의 언어다. 하지만 아이러니하게도 소설의 마지막에 이르러 돈키호테가 이성을 되찾고 다시 알론소 키하노로 돌아왔을 때 애도와 동정의 눈물을 흘리는 것은 오히려 그의 임종을 지켜보는 사람들이다. 이들이 눈물을 흘리는 것은 돈키호테의 방랑 생활과 기사 역할이 비록 허상에 불과했지만 그의 행동이 타자에게 가까이 다가서려는 동정이라는 감정을 토대로 한 것이었음을 모두가 알고 있었기 때문이다.

돈키호테의 끝없는 방황과 모험의 이야기들 가운데 주제를 동정의 일탈 내지 보호 본능으로의 변신으로 볼 수 있는 에피소드가 하나 있다. 이야기는 돈키호테가 양치기 크리소스토모의 장례식에 참여하면서 크리소스토모는 아름답고 도도한 양치기 소녀 마르셀라를 연모하다가 그녀에게 사랑을 거절당하고 실의에 빠져 자결한 청년이다. 사실 그녀에게 사랑을 거절당한 남자들은 상당히 많았다. 장례식에 참석한 크리소스토모의 친구들은 사랑 때문에 생을 마감한 친구의 삶을 불쌍해하며 슬픔의 눈물을 흘린다. 돈키호테가 이 애도에 동참하려는 순간 언덕 위에서 모두의 '원수'이자 수많은 남성들에게 사랑의 상처를 안겨주었던 '잔인한' 여인 마르셀라가 모습을 드러낸다. 그녀는 죄책감을 느끼며 침묵을 지키는 대신에 입을 열어 거만한 자세로 아름다운 사람은 자유로워야 하고 자기가 원하지 않는 이들의 사랑을 거부할 권리를 가지고 있다고 역설하면서 자신만만하게 자기주장을 편다. 돈키호테는 아이러니하게도 배려와 보호를 필요로 하는 사람이 다름 아닌 이 '잔인한' 여인이라고 느낀다.

그녀가 일장 연설을 마친 뒤 숲속으로 사라지자 양치기들이 그녀를 잡으러 숲으로 달려가는 것과 달리 돈키호테는 그녀가 가진 선택의 자유를 보호할 목적으로 그녀의 자취를 추적한다. 힘이 없어서 보호를 받아야 마땅한 사람은 죽은 자가 아니라 산 자라는 것을 알기 때문이고, 아름답다는 이유로 끊임없이 구애와 사랑의 공격을 받는 사람도 보호받을 권리가 있다고 철석같이 믿기 때문이다. 여기서 동정은 스스로의 욕망이 제한되는 상황으로 인해 고통 받는 사람을 향해 있다고 할 수 있다. 결국 돈키호테의 감정은 동정이라기보다는 보호 본능의 충동적인 발현이라고 할 수 있다. 돈키호테가 기사가 되기로 결심하는 데 결정적인 역할을 한 충동과 꿈도 어쩌면 이와 크게 다르지 않았을 것이다.

자비로운 여인,
혹은 사랑의 눈길

중세 연애시의 특징 가운데 가장 눈에 띄는 것은 거의 끊임없이 등장하는 우주론적인 요소들이다. 이러한 특징은 사랑에 빠진 인물이 덧없이 흘러가는 시간과 싸우면서 멈춰 있음이 분명해 보이는 초월적 시간의 보호를 받으려 한다는 느낌을 전달한다. 예를 들어 몸과 눈의 미소에서 발산되어 씻을 수 없는 사랑의 상처를 남기는 빛의 신학적이고 우주론적인 원리가 지속적으로 언급되는 것도 바로 그런 이유에서라고 볼 수 있다. 어떻게 보면 사랑을 고통의 현장으로 표현한다는 점이 중세 연애시의 특징이다. 사랑에 빠진 사람은 누구에게도 도움을 요청할 수 없고 아무런 희망도 품을 수 없는 상황에 놓이고, 결국 자기 자신과의 싸움, 전쟁과 다를 바 없고 전쟁에 비유될 수밖에 없는 내적 싸움으로 인해 기력을 상실한다. 사랑에 빠진 인간은 상처를 입었거나 죄수나 다를 바 없는 인간으로, 죽음에 노출된 인간으로, 텅 빈 욕망에서 비롯된 고독의 포로로 묘사된다.

이제 이 불행을 달래거나 순식간에 기쁨과 승리로 변화시킬 수 있는 것은 동정의 시선뿐이다. 동정의 호소는 세속적인 차원의 기도였다고도 볼 수 있다. 동정의 호소는 곧 사랑의 호소였고(이러한 특징은 이미 마르실리오 피치노Marsilio Ficino가 플라톤의 《향연》 주석서를 쓰기 전부터 이미 사랑의 교

리에 고집스럽게 남아 있던 그리스도교적 신플라톤주의에서도 흔적을 찾아볼 수 있다),
나아가 사랑하는 여인을 향한 동정의 호소였다고도 볼 수 있다. 물론
사랑하는 여인의 모습과 사랑의 경험은 오직 비유를 통해서 묘사될 뿐
이다. 사랑을 갈구하는 욕망은 어떤 주권자 혹은 멀리 있기 때문에 오
히려 혐오스러울 뿐인 존재를 향한 기도로 묘사되기도 하고, 단순히
욕망을 동반하거나 포위하는, 또는 욕망에 충실한 이미지들을 통해 구
체적으로 묘사되기도 한다.

　애정에 기초한 동정을 이끌어낼 수 있는 형상을 묘사하면서 중세
와 르네상스의 시인들은 동정녀 마리아만의 것인 지혜와 겸손의 신성
한 이미지를 지상의 마돈나*에게 부여하게 된다. 사랑을 주제로 하는
시의 대가 프란체스코 페트라르카Francesco Petrarca의 달콤하면서도 씁
쓸한 여정 역시 마지막은 "아름다운 동정녀"를 향한 기도로 장식된다.
"햇빛을 옷으로 입고 별들을 왕관으로 두른" 동정녀에게 바치는 기도
는 "흩어진 시들"**을 통해 드러나는 감정의 열정적인 표출과 그의 시
들이 들려주는 아름다운 사랑 이야기들을 모두 진정한 영감의 원천으
로 되돌려 보낸다는 인상을 심어준다. 하지만 사랑을 주제로 하는 이
야기들이 동정의 호소라는 영역으로 옮아가는 과정 속에는 타자에게

---

* '마돈나madonna'는 중세와 르네상스 시대에 여성에 대한 존칭어였으며, 시어로서는 '사랑
하는 여인'이라는 의미를 가지고 있다. 첫 글자를 대문자(M)로 쓰는 경우에는 흔히 성모 마리
아를 가리킨다.
** 페트라르카 시집의 라틴어 제목 "Rerum vulgarium fragmenta"를 옮긴 표현으로, 페트라르
카의 시들이 가지고 있는 단상적인 특징과 서로 간의 이질적인 성격을 암시한다.

가까이 다가가야 한다는 요구, 타자의 존재에 대한 요구가 담겨 있다. 이제 타자의 존재와 타자에게 다가서는 행위는 채워지지 않은 욕망을 채우기 위한 유일한 해결책으로 간주된다. 사랑의 경험을 '너의 탄생'으로 이해해야 한다는 요구가 들어 있는 것이다.

동정의 호소는 어떻게 보면 사랑에 입문하는 여성 혹은 남성의 입장에서 사랑의 권리를 요구하는 자세와 금으로 장식된 거리감을 버린다는 것을 의미한다. 그런 차원에서 함께 겪으려는 자세를 취하라는 요구는 사랑의 열정을 공유하자는 요구와 크게 다르지 않다. 이는 타자에 대한 앎과 육체적 경험이 이루어지는 동일한 시공간 안으로 들어오라는 일종의 초대와도 같다. '함께 겪기compatire'는, 사랑의 시 속에서는 '함께 즐거워하기congioire'와 한가지다. 페트라르카의 시는 바로 동정에서 기쁨을 향해 움직이는, 동정 어린 시선에서 행복을 향해 움직이는 이 미묘한 여정에의 초대라고 할 수 있다.

단테의 무관심한 여인, 점점 잔인한 모습을 드러내고 왕처럼 거만한 자세를 취하는 여인에게 가까스로 다가가 동정에 귀 기울이라고 간절히 호소하는 과제는 항상 '고별congedo'이라 불리는 마지막 연에 주어진다. 〈무정한 여인을 위한 시Rime petrose〉에서 단테는 강렬한 비유와 인상과 외침을 통해 사랑의 잔인함과 전쟁 같은 사랑의 무대를 적나라하게 표현했다.

나를 바닥에 쓰러트리고 내 위에서

디도를 죽인 칼로 나를 위협하는

사랑은 내가 소리 높여 자비를

구걸하고 고개 숙여 빌건만

어떤 종류의 동정도 허락하지 않는 듯하다.*

　　〈무정한 여인을 위한 시〉에서 단테의 의도가 언어의 명쾌하고 창조적인 힘으로 사랑이 달콤함이라고는 전혀 찾아볼 수 없는, 경멸조의 씁쓸하고 협소한 감정의 길로 접어드는 과정을 보여주는 반면, 또 다른 사랑의 시에 등장하는 동정 어린 시선은 이른바 '돌체 스틸 노보'** 양식을 따라 움직인다. 돌체 스틸 노보 양식의 정체를 가장 잘 보여주는 것은 아마도 귀도 카발칸티 Guido Cavalcanti의 칸초네 〈이제 당신에게 말할 수 있는 내 눈의 이야기 Posso degli occhi miei novella dire〉의 마지막 연일 것이다.

　　발라드여, 나의 여인을 찾아가 다오.

　　가서 그녀에게 동정심이 있는지만 물어다오.

---

* "E' m'ha percosso in terra, e stammi sopra / con quella spada ond'elli ancise Dido, / Amore, a cui io grido / merce / chiamando, e umilmente il priego: / ed el d'ogni merzé par messo al niego."
** 돌체 스틸 노보 Dolce stil novo 양식은 1200년대 중반에 시작되어 페트라르카가 등장할 때까지 이탈리아의 시 문화를 주도한 중요한 문학 사조로, 중세 이후에도 우아하고 고귀한 표현을 이상으로 하는 모든 시학에 지대한 영향을 끼쳤다.

온갖 믿음을 전적으로 그녀에게 의지하는 남자를 위해

그녀가 너를 가여운 눈으로 바라보는지 알고 싶구나.

자비롭게도 그녀가 이를 허락한다면

그녀가 네게 경의를 표했다는 걸 알리기 위해

즐거운 괴성을 질러다오.*

　이런 식의 주제들을 받아들이면서 페트라르카는 《칸초니에레 *Canzoniere*》를 통해 지적 우아함과 사랑의 감정적 풍부함을 호소하며 사랑과 동정의 요소를 다양하게 변화시켰다. 페트라르카의 시에서 부각되는 것은 욕망이다. 이 욕망은 때로는 사랑의 탄식이라는 형태로 배치되어 페트라르카가 동정을 호소하는 상대 여인의 마음을 움직인다. 유사한 예를 아래의 소네트에서 발견할 수 있다.

뜨거운 탄식이여, 차가운 가슴에게 가서

동정과 대적하는 얼음을 깨트려라,

그리고 이 죽을 수밖에 없는 존재의 기도를 하늘이 듣는다면

죽음 아니면 자비가 나의 고통에 종지부를 찍으리라.**

---

* "Va' ballatetta, e la mia donna trova, / e tanto li domanda di merzede, / che gli occhi di pietà verso te mova / per quei che 'n lei à tutta la sua fede, / e, s'ella questa grazia ti concede, / mandiàne voce d'allegrezza fore / che mostri quella che tt'à fatto honore."
** "Ite, caldi sospiri, al freddo core, / rompete il ghiaccio che Pietà contende, / et se prego mortale al ciel s'intende, / morte o mercé sia fine al mio dolore."

시 속에서 여주인공 라우라*는 세상을 떠난 뒤에 동정심 많은 여인으로, 아니 동정을 상징하는 여인으로 변신한다. 이어서 꿈과 기억을 통해 떠오르는 그녀의 모습은 동정을 자극하는 분위기와 자세를 취하기에 이른다. 동정의 목소리는 그런 식으로 완전히 천상의 보호 아래 놓인다. 쓸쓸히 흘러가는 시간과 삶을 뒤로하고 언어와 시와 기억을 통해 하나의 부재가 달콤한 존재로 변신하는 것이다.

반면에 토르콰토 타소Torquato Tasso는 〈예루살렘 해방Gerusalemme Liberata〉을 통해 전쟁터에서 실체를 드러내고 동시에 최후를 맞이하는 사랑의 강렬하고 극적인 이미지를 제시했다. 모습을 드러냄과 동시에 가치가 전도되는 사랑을 그린 것이다. 이 변화와 함께 동정은 순식간에 천상의 열정으로 옷을 갈아입고 사랑하는 이들의 만남이 이루어질 하늘나라로 자리를 옮긴다. 치명적인 상처를 입고 죽어가는 한 적군의 목소리에서 주인공 탄크레디는 '왠지 처량하면서도 감미로운 느낌'을 받는다. 세례 요청을 받고서 투구를 들고 달려가 시냇물을 떠온 그는 그 적군에게서 자신이 사랑하기를 꿈꾸던 사람의 얼굴을 발견하고 한순간에 사랑과 죽음이 하나가 되는 광경을 목격한다. 사랑을 확인하는 순간 작별에 이르게 된 것이다.

떨리는 손으로 투구를 벗기고

---

* 소네트의 여주인공으로 '차가운 가슴'을 소유한 여인이 바로 라우라다.

그때까지만 해도 알아볼 수 없었던 여인의 얼굴을 눈으로 확인하
고는
그녀를 발견하고, 그녀를 알아보고는 아무 말도 못하고
딱딱하게 굳어버리고 말았다. 아, 무엇을 보았는가! 누구를 보았는
가!*

이 구절을 화려하고 달콤한 음악으로 표현해낸 클라우디오 몬테베
르디Claudio Monteverdi의 작품 속에서 이 치열한 전투 장면은 승자가
패하고 희생자가 시간을 초월하며 빛으로 변신하는 광경으로 대치된
다. 결말을 장식하는 피에타는 더 이상 사랑의 시에서처럼 사랑받는
여인만의 피에타로 남지 않고 대자연의 피에타로 확장된다. 태양이
여인의 얼굴을 향해 그녀의 극적이고 눈부신 변신을 지켜보며 허리를
굽히는 듯이 보인다.

그녀의 하얀 얼굴은, 마치 백합에 자주색이 섞인 것처럼

---

* "Tremar sentì la man, mentre la fronte / non conosciuta ancor sciolse e scoprio. / La vide, la
conobbe, e restò senza / e voce e moto. Ahi vista! Ahi conoscenza!" 이 시구는 〈예루살렘 해방〉
중 탄크레디와 클로린다의 비극적인 사랑을 다룬 대목에 나온다. 십자군의 영웅 탄크레디 왕
자는 예루살렘 성전을 수호하던 클로린다를 보고 첫눈에 반한다. 어느 날 십자군의 혼란을 꾀
하려 적의 진영에 비밀리에 뛰어든 클로린다는 갑옷을 입고 얼굴을 가린 채 탄크레디와 혈투
를 벌이다 치명상을 입고 쓰러진다. 인용된 시구는 죽기 전에 세례를 받기 원하는 클로린다의
요청을 받아들여 그녀의 투구를 벗긴 탄크레디가 투구 아래서 사랑하는 여인의 모습을 발견
하는 장면을 묘사한 것이다.

황홀한 창백함으로 뒤덮여 있다.

그녀는 하늘에 시선을 고정한다.

이를 측은히 여긴 하늘과 태양도 그녀를 바라보는 듯하다.*

    기사들의 사랑과 궁정 연애를 다루는 문학 전통은 사랑과 동정 간의 관계를 중심으로 수많은 주제들을 발전시켜왔다. 이러한 문학 작품들 가운데 가장 슬픈 것은 존 키츠John Keats의 발라드 〈자비를 모르는 미녀La belle dame sans merci〉일 것이다. 이 여인은 기사들을 상대로 화려한 유혹의 기술을 펼쳐 보이면서 이들을 정복하고 사랑의 광기 안으로 끌어들인 뒤 끝내는 죽음이라는 차가운 유혹의 칼을 그들에게 겨눈다. 키츠는 에로스와 타나토스의 고전적인 공모 관계와 이를 드러내는 낭만주의적인 표현 방식에 대화와 서사의 형태뿐만 아니라 유혹과 체념이라는 기사도의 주제를 도입했다. 〈사랑과 죽음Amore e Morte〉의 시인 레오파르디에게는 "아름답기 짝이 없는 소녀"였던 여인이 여기에선 "사뿐사뿐 걷는, 야생적인 눈을 가진" 부인으로 등장한다. 매혹적인 노래와 숲에 마련된 달콤한 채소와 꿀로 기사를 유혹하는 이 여인은 결국 그를 마법의 동굴로 인도해 잠들게 한 뒤 악몽에 내맡긴다.

---

* "D'un bel pallore ha il bianco volto asperso, / come a' gigli sarian miste viole, / e gli occhi al cielo affisa, e in lei converso / sembra per la pietate il cielo e 'l sole."

환대에
관하여

<hr>

환대의 영토는 열 개의 철자로 이루어진 한마디의 말
'동정 compassion'과 한가지다. 이 철자 하나하나를 소중히 다루어라.
도처에 널려 있는 것이라고는 지옥과 피와 죽음뿐이니.
에드몽 자베스,《환대의 책》

환대의 사유, 환대의 이야기 속에는 하나의 여정이, 하나의 길이 존재한다. 환대받는 사람은 정처 없이 길을 걷는 사람과 같다. 그는 자신이 어디에 위치하는지 모르는 사람이다. 자베스는《환대의 책》시작 부분에서 이렇게 말한다. "환대는 여정이 교차하는 갈림길과 같다." 환대는 교차로를 닮았다. 하지만 좀 더 거슬러 올라가 보면, 환대는 오히려 방랑자에 가깝다. 텐트의 임시방편적인 특성과 그것이 바람과 비에 노출되어 있다는 사실을 알아보는 사람만이, 아울러 찾아가야 할 오아시스의 형상과 신기루를 멀리서 볼 줄 아는 사람만이 길을 가는 누군가의 상황과 자신이 처한 상황의 유사성을 발견할 수 있다.

방랑자의 발걸음은 존재 자체의 영상 혹은 존재의 물리적인 표상을 담고 있다. 눈에 띄거나 안전해 보이는 곳에서는 펼쳐지지 않는 길 위에 남은 발자국이 그의 발걸음 안에 담겨 있는 것이다. 그런 이유에서 길을 걷는 사람과의 만남에는 어떤 형제애의 이미지가 빛을 발할 가능성이, 일시적이지만 방황을 위로할 수 있는 형제애의 가능성이 잠재해 있다. 아직은 인정과 포용의 단계에 이르렀다고 볼 수 없지만 바로 이러한 가능성의 인식으로부터 다름 아닌 환대의 행위가 시작된다.

스스로의 상황과 타자의 상황 사이에 어떤 관계가 있음을 느낀다는 것 자체가 동정com-passione의 시발점이라고 할 수 있지 않을까? 어떻게 보면 모든 종류의 여정에는 고통의 경험이 담겨 있다. 자베스는 《질문의 책》에 이렇게 기록했다

> 나의 여정은 고유의 위대한 시간을,
> 고유의 장애물과 고유의 고통을 가지고 있다.
> 나의 여정은 고유의 정상과 고유의 격동하는 파도를,
> 고유의 모래와 고유의 하늘을 가지고 있다.
> 나의 여정은 너의 여정이다.

누군가를 환대한다는 것은 무언가를 공유한다는 것을 의미한다. 환대는 '나'와 '너' 사이에 서로를 끌어안고 보호할 수 있는 언어가 탄생할 수 있도록 시간과 공간을 할애한다는 것을 뜻한다. 이곳이 바로 만남이라는 술이 무뎌진 감각을 녹이고 지혜로운 대화에 귀 기울이게 하는 공간이다. 자베스에 따르면, 현자란 바로 "형제애는 하나의 눈길을, 환대는 하나의 손을 가지고 있다는 것을 발견한" 사람이다(《환대의 책》).

신화 속에서도 환대는 한 행객과 그의 여정에서 비롯되는 불편함을 통해 모습을 드러낸다. 네 마리의 개가 지키고 있는 돼지치기 에우마이오스의 울타리 앞에 오디세우스는 불쌍한 거지의 모습으로 나타난다. 오디세우스를 페넬로페 곁으로 데려가 줄 마지막 여행이 시작되기 전에 아테나 여신이 아무도 그의 정체를 알아볼 수 없게 만들어버렸기 때문이다. 그는 거적을 입고 주름 가득한 피부에 머리카락도 없고 눈에 생기도 사라진 모습으로 나타난다. 《오디세이아Odysseia》 14장 첫 구절을 보면 에우마이오스는 개들이 울타리 한쪽에 서 있는 거지를 향해 짖어대는 것을 보고 개들의 입을 다물게 한 뒤 그에게 다가간다. 그리고 그를 자신의 오두막으로 초대한다. 그가 이방인인데다가 굶주리기까지 했다는 것을 알게 되었기 때문이다. 그는 바닥에 부드러운 짚을 깔고 그 위에 자신이 침구로 사용하던 양털 가죽을 펼쳐 손님에게 누울 자리를 제공한다. 오디세우스가 그의 환대에 감사의 말을 전하면서 제우스가 집주인의 소원을 꼭 들어주기를 기원한다고 말하자 에우마이오스는 이렇게 대답한다. "주인이나 가난한 손님이나 모두 제우스에게서 옵니다."

'집주인과 가난한 손님', 이들을 하나로 묶어주는 것은 먼 곳에 위치한 기원인 동시에 보호자인 존재다. 에우마이오스의 말 속에는 이방인이라는 말을 뛰어넘는 무언가에 대한 암시가 담겨 있다. 미지의 존재를 두려움의 대상이 아니라 어떤 신비의 전령으로 등장시키는 신성함에 대한 암시가 담겨 있는 것이다. 그는 헤아릴 수 없이 멀게 느껴지는 존재지만 바로 그런 이유에서 환대할 만한 존재다. 여기서 인정되는 것은 이름도 역사도 없는 존재, 바로 이방인의 존재다. 샤를 보들레르Charles Baudelaire가 《산문시집 poèmes-en-prose》의 첫 번째 시에서 보여주었듯이 이 이방인은 뿌리도 목적도 가족도 없는, 그러나 이 막막한 상황이 불러일으키는 공허함 속에서도 어떤 공모 관계에 놓여 있는 존재다. 그가 유일하게 소속감을 느낄 수 있는 곳이 있다. 바로 "경이로운 구름 les merveilleux nuages", 만질 수 없는, 끝없는 변신의 나라 '구름'이다.

에우마이오스의 눈에 이방인으로 보일 수밖에 없는 오디세우스의 말은 어떻게 보면 연기에 가깝다. 오디세우스는 전형적인 이방인, 이질적인 인물이다. 실제로 그의 모든 여정은, 그가 이방인으로서 이타카에 도달한다는 사실 자체가 그렇듯이, 그가 만나는 모든 인물들의 장점과 단점을 드러내고 그들을 시험대에 올린다. 그의 회귀는 존재의 폭풍이 먼지로 뒤엎어버린, 그래서 더 이상 알아볼 수 없고 이질적으로 변해버린 것들을 되찾기 위한 귀향이다.

에우마이오스의 행동이 어떤 시각적인 묘사에 힘입어 떠오르게 하는 것이 있다면 그것은 오비디우스가 《변신 이야기》 8장에서 이야기하는 필레몬과 바우키스의 신화일 것이다. 오디세우스처럼 제우스와 헤르메스도 변장을 하고 나타난다. 언제나 그랬듯이 신들은 자신의 본성을 감추기 위해 인간의 모습을 취한다. 어느 날 프리기아의 구릉지에 있는 한 호수 근처에서 신들이 길 잃은 여행자의 모습으로 나타난다. 날이 저물자 쉴 곳이 필요해진 이들은 돌아다니면서 집집마다 문을 두드렸지만 문을 열어주는 사람이 아무도 없었다. 유일하게 문을 열어준 사람은 조그만 초가집에 사는 한 쌍의 노부부였다. 아주 젊었을 때부터 줄곧 같이 살아온 이 노인들은 가난하지만 남을 대접할 줄 알았고, 가벼운 마음으로 살아가고 있었다. 손님들을 위한 두 노인의 극진한 대접이 시작된다.

바우키스가 두꺼운 천을 의자 위에 얹어 손님들에게 앉을 자리를 마련해준다. 필레몬은 꺼져가는 장작불을 힘겹게 입으로 불어 불씨를 살린 뒤 그 위에 마른 나뭇가지들과 이파리들을 얹어 불을 지핀다. 바우키스는 불 위에 냄비를 올려놓고 남편이 방금 따 온 채소들의 이파리를 떼어내기 시작한다. 남편은 갈퀴가 두 개 달린 쇠스랑으로 시커먼 대들보 위에서 훈제된 돼지 어깨살을 꺼낸 뒤에 한 덩어리를 잘라 끓는 물에 집어넣는다. 그러는 가운데 두 노인은 여행객들과 천천히 대화를 시작한다. 손님들을 위해 밤나무 침대를 준비한 뒤 식사를 대접한다. 식탁에는 두 가지 색깔의 올리브와 가을 산수유, 꽃상추, 치즈, 재에 살짝 익힌 달걀이 올라오고, 나무로 만든 잔들 사이로 신선한 와인이 담긴 은주전자가 등장한다. 이 외에도 말린 무화과 열매, 호두, 자두, 사과, 포도, 꿀 등이 식탁에 오른다. 식사를 하는 동안 은주전자에서는 채워 넣지도 않은 와인이 끊임없이 흘러나왔다. 그건 하나의 기적이었고, 여행객들이 신이나 다름없는 존재라는 증거였다.

오비디우스의 이야기는 회화를 통해 익히 알려진 장면들의 묘사로

이어진다. 바우키스가 식탁을 좀 더 풍성하게 하기 위해 단 한 마리 남은 오리를 잡으러 뛰어들지만 그녀의 손아귀를 빠져나온 오리가 제우스 뒤로 몸을 숨기는 장면이 묘사되고, 필레몬과 바우키스가 신들의 인도를 받으며 산기슭을 걷는 장면, 늪지대로 변한 계곡을 배경으로 두 노인의 허름했던 집이 번쩍이는 금과 대리석으로 뒤덮인 궁전으로, 아니 휘황찬란한 광채를 발하는 신전으로 변모하는 장면이 묘사된다. 이어서 두 노인은 이 신전을 지키다가 같은 날 죽을 수 있기를 신들에게 기원하고, 이들의 요청을 귀담아들은 신들의 뜻에 따라 피나무와 참나무로 변신함으로써 새로운 모습으로 영원히 같이 지낼 수 있게 된다.

환대의 신화에서는 이야기가 시작되면서부터 항상 어려운 상황에 놓인 이방인 혹은 여행자와의 만남이 주어진다. 이 만남이 곧이어 공유의 공간으로 변신하는 것은 오로지 '내가' 타자의 어려운 상황에 동참하고 어떤 식으로든 타자의 고통을 같이 겪음으로써 결국 타자가 이질적인 존재라는 위상을 벗어나 '너'의 문턱을 뛰어넘고 '나'에게 가까이 다가오기 때문이다.

보들레르의 시 〈백조Le cygne〉의 후반부에서 우리는 대도시의 혼잡함과 무관심 속에서 움직이는 존재들을 발견한다. 이들에 대한 동정은 자연스럽게 환대의 행위를 요구한다. 신화의 먼지 속에서 튀어 오른 안드로마케, 그녀의 유배를 상징하는 백조, 진창에서 허우적거리며 안개 너머로 위대한 아프리카의 야자수를 떠올리는 바싹 마른 흑인 여자, 돌이킬 수 없는 운명의 고통에 갇혀 살아가는 이들과 생기를 잃은 고아들, 외딴 섬에서 잊혀가는 뱃사람들, 포로들, 패배자들, 그 밖의 수많은 사람들이 시인의 언어를 통해 망각의 숲에서 벗어난다. 이들은 형상화된 기억이다. 이들 모두는 시어를 통해 새로운 모습과 새로운 시간을 획득하면서 의인화된 기억이다. 기억은 환대, 즉 언어의 환대와 일치한다. 언어는 배려의 공간이다. 언어는 곧 잃어버린 시간과 도망치는 시간을 구원하는 시간이자, 모더니티가 이름과 희망을 빼앗고 망각과 무소속의 상태로 방치해둔 것들을 현존의 위상으로 끌어올리는 힘이다. 여기서 시인의 동정은 환대, 즉 언어의 환대와 일치한다.

5장

동정의 시학

모더니티의 심장 —
고통의 꽃

우리가 여전히 속해 있는 모더니즘 시대의 출발을 알린 시인 보들레르, 그의 시에서 우리는, 물거울 위에 비친 그림자처럼, 동정의 다양한 형태를 관찰할 수 있다. 그의 시에는 고통을 경험하고 악과 병의 유혹적이고 파괴적인 향기와 힘 때문에 괴로워하는 육체의 모습이 그려져 있다. 뜨겁게 타오르는 태양이 저 높은 곳에서 모든 것을 굽어볼 때 태양빛이 비치는 곳에는 악취를 풍기면서 썩어가는 동물의 시체가 있고, 부패한 살덩어리가 강제로 떠오르게 하는 또 다른 부패의 이미지가 여성의 아름다움 속에 씨앗과 불길한 징조처럼 숨어 있다. 부패를 감추는 아름다움은 시인이 가까이서 보고 느끼는, 그와 함께하는 여인의 아름다움, '축복의 여왕reine de grâces'이나 다름없는 여인, 그의 눈에는 별과 같은 존재로 보이는 여인의 아름다움이다. 그런 식으로 광채와 시체, 아름다움과 악취, 사랑과 벌레가 짝을 지어 등장하고, 이 극단적인 형태의 공존과 대조 속에서 인간의 조건 자체에 대한 조용한 동정의 바람이 불기 시작한다. 이 바람이 더욱더 강하게 몰아치는 곳이 있다. 바로 〈키테라 섬으로의 여행Un voyage à cythère〉이다. 시인이 탄 돛단배가 푸른 하늘을 배경으로 따스한 햇살을 받으며 사랑의 섬에 가까이 다가가고 있다. 하지만 시인은 해변에 "사이프러스처럼 시커

멓게 솟아오른" 교수대에 사람이 매달려 있는 것을 발견한다. 사나운 새들이 오싹한 분위기의 시체를 쪼아대고 있다. 훗날 보들레르는 이 광경을 떠올리며 이렇게 말했다. "두 개의 구멍은 눈이었고, 뻥 뚫린 아랫배에서 / 허벅지 위로 창자가 흘러내렸다." 하지만 그의 시선은 동정의 시선이다. 이 시선은 단숨에 자신을 향한 시선으로 변모한다. 한편에는 눈부신 하늘이, 또 한편에는 찢긴 몸이 있다. 이러한 상정은 존재 자체에 대한 비유다. 하지만 이 비유에는 타자와 자신에 대한 동정심으로 오열하는 보들레르의 마음이 담겨 있다. "아! 내 마음은 무거운 수의에 싸인 듯 / 이 비유 속에 파묻히고 말았다." 사랑의 여신 비너스의 섬에 고통의 상징인 교수대가 마치 십자가의 그림자 혹은 투영인 듯 우뚝 솟아 있다. 이 교수대, 고통의 나무에 다름 아닌 시인 자신의 이미지가 매달려 있다. 이제 이 타자로의 전이는 거리감을 사라지게 하고 삶이 선사하는 전율을 모두 기도로 만들어버린다. "오! 주여! 저에게 이 마음과 몸을 혐오하지 않고 바라볼 힘과 용기를 주소서!"

스스로를 향한 이 시선은 독특한 형태의 동정을 주도한다. 스스로를 대상으로 하는 동정은 허무한 기다림에 얽매이는 상황을 대상으로 하는 동정이다. 이 기다림을 보들레르는 〈돌이킬 수 없는 것 L'irréparable〉의 마지막 연에서 이렇게 표현한다. "내 가슴은… / 베일을 날개로 지닌 그 존재를 언제까지나, 언제까지나, 헛되이 기다리는 극장!" 보들레르의 시 속에는 권태에서 고뇌로 발전하는 움직임이 있다. 이 움직임이 내면적 긴장의 증폭과 함께, 아울러 어둡고 고통스러운 의인화와 이미지의 증폭과 함께 무대에 오르는 지점이 바로 〈우울 Spleen〉이다. 보들레르는 인간의 고통스러운 조건을 집요한 질문의 무대로 삼는다. 악의 꽃은 병든 꽃인 만큼, 고통에 지배된다. 고통을 중심으로 자신의 시와 철학적 이론의 대부분을 구축한 레오파르디가 말했듯이, 인간은 고통을 빚으면서 고통받는 존재다.

보들레르가 천사에게 고유한 상실의 흔적이 있다고 보았다면, 이 상실은 인간에게 고유한 것의 상실, 즉 고뇌와 병과 두려움과 악습의 상실이다(〈돌이킬 수 있다는 것Réversibilité〉). 이 상실은 천사의 완벽함에 그림자를 드리운다. 아니 오히려 천사에게 고독을 선사한다고 할 수 있다. 하지만 보들레르가 동정을 호소하는 현상들을 목격하는 것은, 그가 형언할 수 없는 무한함을 느끼고 도달할 수 없는 곳의 신비로움과 정처 없이 흘러가는 시간의 경계 없음을 느끼는 도시, 왁자지껄한 거리, 모더니티의 심장 속에서다. 다양한 단계를 통해 움직이는 이 동정심은 모더니티가 사회 바깥으로 추방하는 것들, 또는 고통이 불러일으키거나 망각이 스스로의 감옥 안에 가두는 것들, 또는 망명의 기억이 머나먼 곳에서 놓아주지 않는 것들, 이 모든 것에 대한 환대의 형태를 취한다. 망명의 시인 빅토르 위고Victor Hugo에게 헌정된 〈백조〉의 시구들은 왜 현대의 도시가 혼란에 내맡기고 망각 속에 가두는 것들을 시와 시의 언어가 거두어들여야만 하는지 보여준다. 보들레르의 〈백조〉에 대해서는 뒤에 가서 좀 더 자세히 살펴보기로 하자.

모더니티를 상징하는 도시, 오래된 근교 마을들을 초토화하고 대로

를 열어젖히면서 솟아오른 파리의 차가운 **거리**와 **아케이드**와 싸늘한 분
위기의 조명이 감싸 안는 것은 오로지 유리창을 통해 행인들의 시선
에 노출된 상품들뿐이다. 그 외에 눈에 들어오는 것들은 모두 시의 언
어에 다가서며 시의 품 안에 받아들여지기를, 리듬과 소리로 만들어진
시의 시간 속에 보존되기를 요구한다. 시집《악의 꽃 *Les fleurs du mal*》의
심장이라고 할 수 있는 파리 풍경이 숨 막히는 만남의 떨림으로 제시
하는 것은 어떤 언어로 표현되든 읽을 때마다 생생하게 되살아날 수밖
에 없는 장면들이다.

　구부정한 허리와 절뚝거리는 다리로 "의연하게, 불평 없이" 거리
를 걷는 왜소한 노파들이 도시의 혼돈 속에서 번뜩이는 빛에 현혹되
어 지나간 시절을, 눈이 부시도록 젊었던 시절과 물불을 가리지 않았
던 사랑과 한이 없었던 욕망의 계절을 떠올린다(〈왜소한 노파들Les petites
vieilles〉). 보들레르는 이 아무 말 없이 잊혀가는 노파들에게 가까이 다
가가 이 여인들의 내면에서 요동치는 과거의 삶에 귀 기울이며 이들의
소리 없이 무거운 발걸음을 꿈과 기억으로 생동하게 만든다.

　텅 빈 시선으로 멀리 하늘을 응시하는 장님들의 걸음도 도시의 숨
가쁜 고함 소리나 욕지거리와 대조를 이룬다. 그러나 그들에게 가까
이 다가가는 시인의 눈길과 상상 속의 배려는 결국 씁쓸하면서도 긴장
감을 불러일으키는 질문과 함께("이 장님들은 도대체 하늘에서 무엇을 찾고 있
는가?") 장님들의 공허한 시선과 하늘 사이의 관계를 부각하기에 이른
다. 이 관계란 인간이 곧 내면의 빛, 잃어버린 공간에 은밀하게 소속되

어 있음을 가리킨다(⟨장님들Les aveugles⟩).

떠들썩한 거리를 배경으로 수많은 사람들 사이를 한 여인이 지나간
다(⟨지나가는 어느 여인에게À une passante⟩). 마치 상을 당한 사람처럼, 고통에
찌든 사람처럼, 고통의 여왕인 듯이. 우아하고 "조각상 같은 다리로 민
첩하게" 걷는 그녀의 눈이 뿜어내는 섬광, 그 날카로운 빛이 시인의 영
혼에 또 다른 시간을, 사랑의 계절을, 언제나 가능하고 동시에 거부되
는 사랑, 절대적이면서 언제 사라질지 모르는 사랑, 경험하지 않았는
데도 정말로 경험한 듯 강렬한 힘을 뿜어내는 사랑의 계절을 열어젖힌
다. 그녀의 눈이 뿜어내는 섬광, 반복되는 이미지들의 지루함을 깨고
사진의 한순간처럼 단숨에 사라져버리는 그 섬광 속에서 시인은 그가
알지 못하는 이 여인의 고통과 만난다. 이 고통은 예측할 수 없는 접근
을 통해, 대도시의 굉음으로부터 갑작스레 이루어지는 상상의 고립 속
에서 사랑과 함께, 즉 경험한 적이 없는 것들의 세계와 이 세계의 뼈아
픈 경험 속에 시간과 공간을 간직하고 있는 사랑과 함께 발견된다. 마
지막 구절("Ô toi que j'eusse aimé, ô toi qui le savais!" 불가능한 사랑에 대한 확신을
강조하기 위해 이렇게 옮겨본다. "난 틀림없이 그대를 사랑했을 텐데, 그대도 알지 않는
가!")에서 '그대'는 그가 포옹을 기대하며 간절히 팔을 뻗는 곳, 타자와
타자의 신비로운 고통을 향한, 그녀의 도주하는 듯한 아름다움을 향한
움직임이 도착하는 지점이다.

고통의
은밀함

보들레르의 시에서 우리는 동정의 독특한 형태를 그리기 위한 이중의 움직임을 엿볼 수 있다. 한편에는 부재하는 인물을 향한 움직임이, 다른 한편에는 '자아'를 살아가는 한 존재를 향한 움직임이 있다. 어느 방향으로 움직이든 보들레르의 동정은 감미롭고 내면화된 배려로 가득한 접근의 형태를 지닌다. 이러한 특징은 예를 들어 "마음씨 고운 하녀"에게 다가가며 쓴 시나, 보들레르가 마치 귀 기울여 경청하는 듯한 자세로 스스로의 의인화된 고통과 대화를 나누는 아름다운 시구들에서(〈명상Recueillement〉) 찾아볼 수 있다.

"죽은 이들에겐, 가엾이 죽은 이들에겐 커다란 고통이 있으니." 보들레르가 어렸을 때 항상 다정하게 자신을 감싸고돌았던 유모 마리에테, 즉 '하녀'의 이미지를 떠올린 뒤에 이어지는 이 구절은 바람이 몰아치는 을씨년스러운 가을 묘지를 묘사한다. 썩어서 뼈만 남은 육체와 따뜻한 이불 속에서 잠을 청하는 살아 있는 육체의 비교는 망자를 기억하고 배려하는 마음에 대한 인간의 망각과 경솔한 태도를 고발하고 이러한 태도가 바로 살아 있는 자들이 눈앞의 현실을 초월하는 것과 대화하지 못하고 그것에 대한 무관심 속에 머물도록 조장한다는 사실을 상기시킨다. 보들레르는 망각에 매몰된 망자에게 감정과 존재의 가능성을 부여한다. 계절은 망자와 그의 고독을 안타까운 눈으로 지켜보며, 마치 살아 있는 자들의 싸늘한 방심을 조롱하듯 지나간다. 〈마음씨 고운 하녀Servante au grand coeur〉가 머무는 곳이 바로 이 망각의 땅이다. 보들레르는 그녀에 대한 배려의 필요성을 느낀다. "그녀에게 꽃다발이라도 가져가야지." 시의 후반부에 가면 상상이 곧장 물리적인 현실로 변하면서 "마음씨 고운 하녀"가 모습을 드러낸다. 그녀는 방 한구석에서 깊은 생각에 잠긴 채, 여전히 어머니의 눈길로 이제는 어른이 된 아이를 감싸 안으며 조용히 눈물을 흘린다.

> 어느 날 저녁 장작불이 불꽃을 토하며 노래 부를 때,
>
> 그녀가 조용히 안락의자에 와서 앉는 모습을 본다면,
>
> 시퍼렇고 싸늘한 어느 겨울밤에 그녀가
>
> 자신의 영원한 잠자리에서 벗어나
>
> 내 방 한구석에 웅크린 채 깊은 생각에 빠져
>
> 이제는 어른이 된 이 아이를 다정한 눈길로 지그시 응시한다면,
>
> 그녀의 움푹 파인 눈에서 떨어지는 눈물을 바라보며,
>
> 이 겸허한 영혼에 나는 무어라고 답할 수 있겠는가?*

---

* "Lorsque la bûche siffle et chante, si le soir, / calme, dans le fauteuil je la voyais s'asseoir, / si, par une nuit bleue et froide de décembre, / je la trouvais tapie en un coin de ma chambre, / grave, et venant du fond de son lit éternel, / couver l'enfant grandi de son oeil maternel, / que pourrais-je répondre à cette âme pieuse, / voyant tomber des pleurs de sa paupière creuse?"

보들레르가 에드거 앨런 포Edgar Allan Poe나 아버지와 함께 개인적
으로 기린 희생자 목록에 들어 있던 인물이 바로 하녀 마리에테다. 그
녀가 끼친 정서적 영향과 기억의 강렬함이 불러일으킨 감미로운 현실
앞에서, 그녀의 눈물 앞에서 보들레르가 유지하는 침묵은 더 이상 존
재하는 않는 것에 대한 배려와 부재하는 것에 대한 동정의 표상인 동
시에 망각으로부터 구해내야 하는 존재의 표상이기도 하다. 바로 이
독특한 형태의 동정을 통해 유지되는 것이 망각에 대한, 망각의 유혹
에 대한 저항(이브 본느푸아Yves Bonnefoy는 이 저항이야말로 보들레르의 시가 지닌
독특한 힘이라고 말한다)이고 부재하는 이에 대한 배려이고 살아 있는 자
들의 질서에 더 이상 동참하지 않는 이들과의 대화다. 이 내면적인 배
려는 부재하는 이에게 감정과 시선, 눈물까지도 선사할 수 있다.

1861년에 쓰였지만 《악의 꽃》 두 번째 판본에 수록되지 못한 시
〈명상Recueillement〉에서 주요하게 작용하는 것은 고통과 고통의 현실
을 하나의 형상으로 바라보는 동정의 사유다. 보들레르의 언어가 감
미로운 손길과 정감 어린 배려로 접근하는 대상이 바로 이 형상이다.
처음부터 보들레르는 이렇게 간청한다. "잠잠하기를, 오 나의 고통이
여Sois sage, ô ma Douleur." 그는 고통에게, 자신의 친구인 '고통'에게 얌
전히, 조용히 귀 기울일 것을 권고한다. 고통의 의인화는 이러한 방
식으로 대화의 색채를 부여하기도 한다. 예를 들어 보들레르가 사랑
의 형상을 열정적으로 부르는 순간이 있다. 〈여행에의 초대L'invitation
au voyage〉 도입부에서 그는 이렇게 외친다. "나의 아이여, 누이여Mon

enfant, ma soeur." 〈명상〉에서 동정은 스스로의 고통스러운 내면을 향해 움직이면서 어떤 이중화를 통해, 즉 고통 받는 자아의 유령적인 실체화를 통해 표현된다. 바로 이러한 이중화가, 명상의 고전적인 방식이 그렇듯이, 스스로와 대화를 나누는 자의 정신적 훈련에 활력을 제공한다. "내 고통이여, 내게 손을 다오Ma Douleur, donne-moi la main." 고통에 직접적으로 접근하는 방식은 시각적이고 육감적인 반면 의인화Prosopopoeia와 상세 묘사hypotyposis 같은 수사적인 기교는 내용이 지니는 차가움으로 환원된다. 그런 식으로 고통의 움직임에는 고통의 가볍고 신중한 길들이기가 뒤따른다. 언어 자체가 환대의 공간이 되듯, 고통의 형상 앞에서 입을 여는 사람의 육체 또한 포용의 자세를 취하는 것이다. 한계에 대한 인식, 한계로서의 고통에 대한 인식이 자아에 대한 앎과 스스로에 대한 명상에 길을 마련한다. 그런 식으로 고통은 고유의 언어를 펼쳐 보이면서 본래의 모습을 드러낸다. 그것은 이제 더 이상 존재하지 않는 것의 등장과 일치한다. 하늘의 발코니에 매달려 죽은 '세월'과 해저에서 미소와 함께 솟아오른 '회한'과 다리 밑에 누워 죽어가는 '태양'으로 등장하는 것이다. 이러한 형상들을 관찰하는 것은 바로 그녀의, 고통의, '고통 받는 누이Soror Dolorosa'의 눈이다. '고통 받는 어머니Mater Dolorosa'가 아니라 고통 받는 누이의 눈, 이 고통스러운 시선 때문에 이러한 형상들은 마치 본연의 자리로 돌아가는 듯이, 다시 말해 고통의 과정과 유한성, 살아 있는 생명체의 본질적인 요소, 시간의 불가역성이 지배하는 지대로 환원되는 것처럼 보인다.

그런 식으로 명상은 긴장을 다스리고 고통을 마법 속에 가두는 데 성공한다. 고통이라는 이 침묵 속의 친구 앞에서 모든 감각이 자세를 가다듬고 명상에, 일종의 고요한 모순 안으로 접어드는 것이다. 그리고 막연히 기다리며 또 다른 소리에, 감미로운 밤이 지나가는 소리에 귀를 기울인다.

> 보아라, 죽은 '세월'이
>
> 낡은 옷을 입고 하늘의 발코니 위에 매달려 있다.
>
> 해저에서 솟아오른 '회한'이 미소를 짓고
>
> 죽어가는 '태양'이 다리 밑에 몸을 눕힌다.
>
> '동녘'을 향해 끌려가는 긴 수의처럼,
>
> 그대는 들어보아라, 감미로운 '밤'이 걸어가는 소리를.*

---

* "Voici se pencher les défuntes Années, / sur les balcons du ciel, en robes surannées ; / surgir du fond des eaux le Regret souriant ; / le Soleil moribond s'endormir sous une arche, / et, comme un long linceul traînant à l'Orient, / entends, ma chère, entends la douce Nuit qui marche."

장님과
동정

———

거의 즉각적으로 동정을 불러일으키는 장님을 두고 미술과 문학은 오랜 세월 동안 고민을 거듭해왔다. 빛의 상실, 시각의 상실은 세상으로부터의 소외와 단절을 표상하는 듯이 보인다. 지평선과 풍경과 사람들의 제스처와 움직임을 통해 드러나는 시각적 세계와의 단절을 의미하고, 사물과 인간의 모습, 살아 있는 미소, 들판에 펼쳐지는 색의 향연, 도시의 모습, 흘러 지나가는 구름과 함께 자태를 드러내는 시각적 세계의 현란한 승리로부터 소외됨을 의미하는 것이다. 이는 하나의 상실, 시각적 세계와 소통하는 가장 뚜렷하고 일반적인 방식의 소멸을 의미한다. 이 상실은 동시에 모든 상실을 표상하는 상징적 이미지로 발전한다. 예를 들어 조제 사라마구José Saramago의 《눈먼 자들의 도시Ensaio sobre a Cegueira》에서 시각의 상실은 이성의 상실에 대한 하나의 메타포로 등장한다. 이 소설은 '백색실명'이라는 무시무시한 전염병으로 인해 한 사회가 인간성을 상실해가는 과정을 보여준다.

우리의 관심사는 실명과 동정의 관계다. 실명이 어떻게 다행히도 시각을 계속 유지하고 있는 이들의 동정 어린 시선을 유발하는지, 다시 말해 어떻게 타자의 입장에서 시각의 상실이라는 경험에 가능한 한 가까이 다가서려는 태도를 유발하는지가 우리의 관심사다.

〈연옥purgatorio〉의 두 번째 '환도環道'에서 단테는 시기와 질투로 눈이 멀어 죗값을 치르는 사람들의 영혼을 만난다. 시기와 질투라는 죄를 범한 이들이 벌을 받아 눈이 멀었다는 것은 곧 단테가 '적대적인 눈으로 바라보다', '시기하다'라는 뜻의 라틴어 동사 'invidere' 안에 포함되어 있는 '보다'라는 뜻의 동사 'videre'와 정반대되는 의미의 징계를 고안해냈다는 것을 의미한다(중세에 'invidere'는 타자의 선과 행복을 볼 줄 모르거나 보려 하지 않는다는 의미를 내포하고 있었고 반면에 동정은 타자의 고통을 바라보며 그 고통이 사라지기를 바란다는 의미를 가지고 있었다). 〈연옥〉 13곡에서 단테가 시기심으로 가득한 인간들을 만나는 곳은 동굴이다. 이곳에 드리워진 그림자는 시퍼런 망토로 뒤덮인 것처럼 보이기도 하고 그림자가 깔린 바위와 같은 색깔에 물든 것처럼 보이기도 한다. 베르길리우스의 권고로 이들에게 좀 더 가까이 다가선 단테는 불쌍한 영혼들이 울부짖으며 기도하는 소리를 들으면서 그들에게 부과된 형벌의 모양새와 그들이 겪는 고통의 특별한 잔인함을 목격한다.

> 그때 내가 본 것을 목격하고
> 동정을 느끼지 못할 정도로 잔인한 인간이
> 이 땅에 존재하리라고는 믿지 않는다.*

---

* 《신곡》, 〈연옥〉 13곡 52~54절. "Non credo che per terra vada ancoi / omo sì duro, che non fosse puntó per compassion di quel ch'i' vidi poi."

이제 이들을 아주 가까이서 마주한 단테는 한 사람 한 사람의 얼굴과 행동을 자세히 관찰하다가 갑자기 눈시울이 붉어지는 것을 느낀다. 다름 아닌 눈이, 장님들에게는 수치나 상처와 다를 바 없는 눈이 붉어지는 것을 느낀 것이다. 그들의 눈은 어둠 속에, 꿰맨 눈꺼풀 속에 갇혀 있다.

> 모두의 눈꺼풀을 철사로 뚫고
> 눈을 꿰매니, 이는 성난 야생 매를
> 다루는 것과 다를 바 없었다.*

성난 매 취급을 받으면서 형벌로 시력을 잃은 이들의 영혼은 마치 축일에 교회 앞에서 구걸을 하며 자비를 구하는 장님들, 서로에게 몸을 의지하면서 오로지 누군가의 눈에 띄기 위해, 동정을 구하기 위해 뒤질세라 굽실거리는 장님들의 영혼과 크게 다르지 않다. 하지만 이들은 피터르 브뤼헐Pieter Bruegel 1세가 〈장님들의 우화The Parable of the Blind〉를 통해 보여주는 장님들과는 사뭇 다르다. 정신없이 길을 걷는 장님들의 눈이 하늘을 향하고 있는 모습을 표현한 브뤼헐과 보들레르**에게 빛을 잃은 장님들이 찾아 헤매는 것이 끝없이 펼쳐지는 푸른

---

* 《신곡》, 〈연옥〉 13곡 70~72절. "Ché a tutti un fil di fero i cigli for a / e cuce sì, come a sparvier selvaggio / si fa però che queto non dimora."
** 보들레르, 〈장님들Les aveugles〉. "하늘에서 무엇을 찾고 있는가, 저 장님들은? Que cherch-

하늘이나 지평선, 곧 무한한 세계와의 관계였다. 반면에 단테의 장님들은 지상에 집착한다. 이들은 교회 앞에서 신도들에게 동냥과 자비를 구하는 간절한 '눈길'로 동정심을 불러일으킨다.

단테의 작품을 가장 먼저 해석하기 시작한 야코포 델라 라나Iacopo della Lana는 이런 설명을 내놓았다. "가난에 찌든 장님들이 교회 앞에서 자비를 호소하며 동냥을 구하고, 서로를 지탱하며 항상 무리를 지어 자신들의 어둡고 처참한 삶이 사람들에게 동정심을 불러일으키고 그로 인해 그들이 자신들에게 선을 베풀 수 있도록 고개를 숙인다." 단테는 앞 못 보는 영혼의 모습을 바라보며 그 앞에서 모든 것을 볼 수 있는 자신의 상황이 거의 "모욕"에 가깝다고 느낀다. '나'는 볼 수 있지만 보기 위해 안간힘을 쓰는 누군가가 나를 볼 수 없다는 것, 이 강렬한 대조, 상황과 입장의 극명한 차이가 동정이란 감정을 움직인다. "나를 못 보는 이들을 바라보며 가는 것이 모욕처럼 여겨졌기에"* 머릿속으로나마 타자의 입장에 서서 타자의 고통을 떠올려보지만 동시에 스스로의 특혜에 가까운 상황을 의식하고 타자가 처한 상황과 거리가 먼 자신의 위치를 확인한다는 것, 이러한 대조 자체를 슬프고 어쩌면 부당하게 느끼는 것이 동정의 움직임이 내딛는 첫걸음이다. 차별화된 상황 속에서, 특권적인 위치에 서서 만족과 희열을 느끼는 대신 부당

---

ent-ils au Ciel, tous ces aveugles?"
* 《신곡》, 〈연옥〉 13곡 73~74절. "A me pareva, andando, fare oltraggio, / veggendo altrui, non essendo veduto."

한 축복을 가시처럼 느끼는 것, 고통 받는 타자와의 거리를 전시한다는 것 자체가 일종의 월권행위로 경험될 수 있다는 것을 감지하는 것이 동정이다. 이러한 감정싸움이 타자와 '나'의 거리를 좁히는 데 기여하며, 아울러 타자가 스스로의 고뇌를 덜고 누군가가 곁에 있다는 것을 감지하고 대화에 참여할 수 있도록 만든다. 단테가 묘사하는 동정 속에는 이러한 대화의 가능성과 동정의 지평을 넓히는 또 다른 요소가 들어 있다. 앞 못 보는 이들의 상실, 빛의 상실이 일시적이라는 생각, 언젠가는 이들도 "드높은 곳의 광채를 볼 수 있는" 때가 올 것이기 때문에 형벌의 시간은 순간에 지나지 않는다는 생각이다. 단테를 자극하는 것은 동정뿐만 아니라 모든 인간이 "눈부신" 구원을 기다린다는 사실, 이에 기인하는 어떤 인간적인 소속감이다. 이것이 바로 한 여인과의 대화를 가능하게 만드는 요인이다. 시력을 잃은 죄인들 가운데 한 여인이 단테를 부르면서 "오 나의 형제여"라고 말한다. 이 목소리의 주인공은 시에나 출신으로 결코 지혜롭지 못했고 자신의 행복보다는 남의 불행을 보고 훨씬 더 즐거워했던 사피아라는 여인이다. 1269년 6월 8일, 프로벤찬 살바니Provenzan Salvani가 이끄는 황제파 시에나 군대와 교황파 피렌체 군대가 전투를 벌였을 때, 사피아는 자신의 출신지인 시에나의 군대가 전멸하는 모습을 보고 일종의 희열을 느꼈다. 이를 위해 기도까지 했던 그녀는 신에게 도전장을 던지면서 "나는 더 이상 당신이 두렵지 않아"라고 외쳤다. 하지만 이제는 희열과 도전 모두 한낱 후회할 일에 지나지 않는다.

저승의 문턱이 보내는 신호,
혹은 되돌아올 수 없는 길

저승의 문턱에서 작별을 고하는 순간, 누군가가 어둠의 세계에 발을 들여놓는 순간 한 줄기의 빛, 기억으로부터 솟아오른 빛이 무언가의 실루엣을 집요하게 불러일으킨다. 바로 그런 이유에서 고대 그리스와 로마, 비잔틴 시대에 제작된 수많은 벽화와 부조들이, 아울러 근대에 들어와 이 그림들을 재생해낸 또 다른 수많은 작품들이 삶에 작별을 고하면서 되돌아올 수 없는 길을 떠나는 이들의 고통을 끊임없이 표현해왔다. 이 작품들 속에 저세상에서 이 세상으로, 세상의 환영을 비추는 빛의 세계로 되돌아올 수 있는 에우리디케는 더 이상 존재하지 않는다. 그녀는 그림자와 그림자가 된 사랑으로 빚어진 존재에 불과하다.

누군가가 되돌아올 수 없는 길을 떠나는 장면은 감정적인 고통의 이중적인 측면을 보여준다. 살아남은 자가 겪는 상실의 고통이 있는 반면에 떠나는 자가 삶 자체의 상실로 인해 겪는 고통이 있다. 비록 꽃이 만발한 눈부신 저세상의 모습이 이 세상과의 작별에 마지막 의미를 부여하고 고통을 완화한다 해도 상황은 변하지 않는다. 그러나 이 양면적인 고통의 밑바탕에는 어떤 확실성의 불안한 그림자가 깔려 있다. 누군가가 작별을 고하는 모습을 지켜보는 사람도 언젠가는 죽음의 문턱을 넘어서야 한다는 확고부동한 사실의 그림자가 드리워져 있는 것이다. 이러한 복잡한 감정의 무대 위에 날개처럼 내려앉는 것이 바로 동정이다. 타자가 삶에 작별을 고하는 모습이 불러일으키는 고통은 분명 '동同-정情'의 일종이다. 타자의 작별이 스스로의 작별에 대한 예감을 고통과 연결시키기 때문이다. 더 이상 살아 있지 않은 이들에 대한 사유와 경배 의식儀式이 생겨난 것도 아마 이러한 감정들의 복잡한 뒤섞임 속에서였을 것이다. 그런 식으로 산 자의 땅을 대기처럼 에워싸고 있는 죽음의 세계와 대화, 상상, 기억을 토대로 소통하는 관계가 탄생했을 것이다.

레오파르디의 〈무덤의 노래Sepolcrali〉에서 생에 작별을 고하는 한 소녀의 모습은 '가슴 벅차게 하는 강렬한 동정의' 이중적인 움직임을 보여준다. 한편에는 생명을 주기도 하고 빼앗기도 하는 자연, 성장하게 하면서도 상처를 주고 운명을 창조해낸 뒤에 그 운명을 잔인하게 잘라버리기도 하는 자연의 수수께끼에 대한 집요하고 고통스러운 질문이 있고, 다른 한편에는 다름 아닌 젊음과 희망이 막 꽃을 피우려는 순간 아름다움이, 삶 자체가, 삶과의 행복한 관계가 사라지는 것에서 비롯되는 고통스러운 경악이 있다.

〈무덤의 노래〉에서 피어나던 꽃이 꺾이고 희망이 단절되는 장면은 무無와의 잔인하면서도 육감적인 공모 관계를 드러낸다. 여기서 강조되는 것은 아름다움과 진흙, 광채와 재의 싸늘한 대조다. 죽음과 삶의 대조를 토대로 무상無常에 대한 오래된 사유가 다시 고개를 든 셈이다("그렇게 사라진 숙명이란, 차라리 하늘의 가장 생생한 이미지나 다름없는 얼굴이었으니"). 젊어서 삶에 작별을 고한 이의 불행에 대한 동정은 모든 생명의 숙명적 움직임에 대한 관찰로 확장된다. 그러나 동정은 우리가 존재하고 숨 쉬는 세계의 한계에 의해 무너진다. 어떻게 보면 고통의 보편적인 측면이, 고통의 계율과 리듬이 강조되면서 동정은 개개인의 (무덤을 바라보는 관찰자든 무덤의 부조에 새겨진 여인이든) 영역을 포기한다고도 말할 수 있다. 고통은 타자와의 관계로부터, 타자의 개별성으로부터 떨어져 나와, 생명체를 자연적인 탄생과 소멸의 끊임없는 움직임에 속하는 것 내지 자연의 일부로 보는 보편적인 사유로 변신한다. 열정은 삶의 호흡 그 자체다. 이 열정을 하나로 묶는 공통분모, 즉 동정同情 compassione의 '동同com'이 모든 생명체의 구조, 우주 자체의 구조라고 할 수 있다.

포스콜로 같은 시인에게서는 작별이 불러일으키는 감정이 조금 다른 형태로 나타난다. 고향 땅과 지중해의 신화나 신화 자체로부터 유지되는 거리가 어떤 식으로든 그의 인격 형성에 일조한 것으로 드러나는 반면, 시와 시의 개화는 이 거리감의 정체와 배려를 동시에 표현해낸다. 동생의 무덤과 자신의 "눈물 젖은 무덤"처럼 결국 사라지고 말 형상들이 불러일으키는 기억 속에는 어떤 후회의 흔적도 남아 있지 않다. 이 기억은 오로지 시 속에서만 조화와 안정을 찾을 수 있는 내면의 풍랑을 향해 열려 있을 뿐이다. 포스콜 로의 〈무덤 I Sepolcri〉에서 무덤이나 비문처럼 시의 기억을 간직하고 있는 공간들은 다른 한편으로는 삶이 어떤 식으로 극단적인 과정을 통해 완전히 새로운 형태의 존재에게 의탁될 수 있는지 이야기해준다. 이 새로운 존재를 바탕으로 스스로의 지평을 뛰어넘어 시와 예술과 과학을 통해 창의적인 모험에 뛰어들었던 이들은 여전히 시간의 파도를 타고 있는 누군가와, 여전히 풍랑의 격동 속에 남아 있는 누군가와 대화를 나눈다. 열정을, 결과적으로 동정을 찾아볼 수 없는 이 대화 속에서, 귀가 열린 자들에게는, 반복과 무관심과 노예근성의 둔탁함을 깨부술 수 있는 또 다른 열정의 가능성이 구체화된다. 산 자의 세계에 속하지 않는 누군가와의 관계, 그를 향해 가까이 다가서는 움직임은 더 이상 고통의 공유를 통해 이루어지지 않고 인간의 희망의 가치를 높이 살 줄 아는 문화적 유산을 받아들이면서 가능해진다.

'동고'의 낭만주의

동정은 동정을 받는 이에게 위로가 될 수 있는가? 동정심은 고통을 누그러뜨릴 수 있는가? 이런 질문에 철학자들은 동정이 무엇보다도 그것을 느끼고 드러내는 사람의 심적 부담을 덜어주는 감정이라고 대답한다. 나아가 동정이란 감정 속에는 일종의 만족감 같은 것이 숨어 있다고 주장하기도 한다. 실제로 철학자들은 오랫동안 동정을 의혹의 눈길로 바라봐 왔고, 오히려 고통 받는 사람의 입장에 서서 그의 자존심이라는 측면을 바탕으로, 그가 보여주는 고통을 참고 견뎌내는 성향과 요행을 바라지 않는 도전적인 자세, 자신의 상처를 인정하고 이에 대해 책임을 지려 하는 자세, 자신의 상처를 자신의 인간적인 조건이나 한계 혹은 장점을 극복하거나 확인하기 위한 도구로 삼는 태도를 더 중요하게 생각해왔다. 그러나 이러한 철학자들의 설명에는 문학이 이질적으로 느낄 수밖에 없는, 예를 들어 낭만주의자들의 산문과 시, 좀 더 일반적으로는 시인들의 언어가 이질적으로 받아들일 수밖에 없는 부분이 있다. 시인들의 입장에서 감각은, 한 개인의 감각을 기준으로 말하자면, 반향과 돌발과 감정이입을 동반하기 마련이다. 열정도 마찬가지다. 그들에게는 일종의 카탈로그나 윤리적 교훈의 형태로 나타나는 것이 아니라 언어의 생생함 속에, 상상력의 열기 속에 살아 있어야 하는 것이 바로 열정이다. 그런 이유에서 열정은 다른 생명들 사이에서 살아가는 한 생명의 존재 방식이나 마찬가지다. 무엇을 느끼는 것만이 소통의 전부는 아니다. 세상에 존재한다는 것을 타자와 함께 경험하는 것이 소통이다. 모든 고독은 또 다른 고독의 흔적을 간직하고 있다.

예를 들어 포스콜로의 《야코포 오르티스의 마지막 편지들Ultime Lettere di Jacopo Ortis》을 살펴보자. 자살을 결심한 주인공 오르티스는 작별을 고하기 위해 존경하는 시인 주세페 파리니Giuseppe Parini를 방문한다. 이제 이 늙은 시인의 말과 절망에서 결코 헤어나지 못할 이 젊은 주인공의 반응을 읽어보자.

> "네게 위로의 말을 전할 수가 없구나. 할 수 있는 말이라곤 결국 동일한 문제에서 시작된 내 고통에도 전혀 위로가 되지 못할 말뿐이니. 비록 나이가 들어 사지가 얼어붙었지만 내 심장은 여전히 지켜보고 있단다. 내가 네게 줄 수 있는 유일한 위로는 나의 동정뿐이야. 그걸 간직하렴. 이제 나는 더 이상 이 세상 사람이 아니야. 하지만 내 재가 어떤 감정을 불러일으킨다면, 내 무덤 앞에서 괴로워하다 마음이 한결 가벼워지는 것을 느끼게 된다면, 그때 오거라." 나는 눈물을 펑펑 쏟아내며 몸을 일으켰다. 기다란 복도를 걸어 나오는 동안 나는 그래도 그가 나를 향해 울먹이며 "안녕"이라 말하는 걸 느낄 수 있었다.

안녕! 오르티스의 극단적인 편지들을 고통스럽게 채우고 있는 이 수많은 '안녕'들 가운데 그의 연인 테레사에게 고하는 작별 인사는 이렇게 시작된다. "테레사 안녕! 우주여 안녕!" 시인 파리니와의 만남은 자신 앞에 생의 밤 외에는 아무것도 두고 있지 않은 한 노인과 시간도 내용도 없는 사랑의 화염에 떠밀려 스스로 죽음의 심연을 택한 한 젊은이의 만남이다. 파리니는 죽음을 앞둔 한 노인의 동정을 선사한다. 자신의 재 앞에서 청년이 눈물을 흘리고 무거운 마음을 덜 수 있도록

하기 위해서다. 오르티스 역시 노인의 선물과 작별 인사를 눈물로 받아들인다. 노인과 청년을 하나로 묶어주는 것이 눈물이라는 언어다. 찰나에 불과하지만 고통을 만남의 시간과 공간으로 만드는 것이 눈물이다. 눈앞에 펼쳐지는 공허함에 압도되어 두 사람은 서로를 동정 어린 눈길로 바라본다. 하지만 그것이 약하기 그지없고 아무것도 할 수 없는 감정이라는 것을 두 사람은 잘 알고 있다.

이 만남의 시에는 아울러 욕망과 무無를 대비시키는 지극히 낭만주의적인 태도의 흔적이 남아 있다. 사랑에 대한 거부와 이에 대응하는 사랑의 무시무시한 힘을 대비시키려는 경향, 삶의 에너지와 삶에 묻어 있는 허무와 몰락의 흔적을 대비시키려는 낭만주의적인 태도의 흔적이 남아 있는 것이다. 동정은 그 공허함의 문턱에서 여전히 어떤 근접성의 기호로 남아 있다.

오르티스에게 사랑받은 여인 테레사, 그러나 또 다른 사랑이 강요하는 감옥에 갇혀 살아가는 그녀는 주인공의 작별 인사를 받아들이면서 이미 선고된 자신의 불행에 대한 동정을 요청한다("그녀가 울먹이며 힘없는 목소리로 내게 말했다. '나를 불쌍히 여겨주세요. 안녕.'"). 하지만 그녀는 이제 없는 것이나 마찬가지인 사람에게, 머지않아 눈물로 기억해야 할 사람에게, 자신의 기억 속에서 동정을 불러일으킬 수밖에 없는 사람에게 안녕을 고한다는 것을 잘 알고 있다. 이미 자신의 미래를 예감한 테레사는 여동생을 부둥켜안으면서 이렇게 말한다. "이 소녀가 내 날들의 동반자가, 내 고통의 위로가 되어줄 거예요. 나는 항상 이 아이의 친구이자 내 친구에 대해 이야기할 거예요. 이 소녀에게 당신을 축복하며 눈물을 흘리는 법을 가르쳐줄 거예요." 테레사가 주인공에게 선사하는 것은 그가 목에 걸고 가슴속에 간직할 수 있는 자신의 초상화다. 이어지는 포옹과 온몸을 진동케 하는 키스와 빠르게 멀어져가는 두 연인의 실루엣이 눈물이 동반된 작별의 회화를 장식한다. 이들은 동고同苦와 동정을 욕망의 공허함과 사랑의 종말에 대한 예고와 전주곡으로 바라보는 고통스러운 욕망의 형상들이다. 낭만주의 문학에서 동정은 위에서 아래를 바라보는 행위가 아니라, 다시 말해 평화로운 곳에서 풍랑을, 행복한 곳에서 불행을 바라보는 행위가 아니라 고통스러운 감정에, 그 안에서 부들부들 떠는 욕망과 그 욕망의 심연과 한계에 서로가, 모두가 소속되어 있다는 것을 확인하는 언어로 등장한다.

동정과
회심
———

감정의 곡류천에 침투해 들어가는 동정이 존재한다. 이 동정은 이를테면 고정관념이나 습관, 삶의 선택이나 고착된 성향 등을 뒤흔드는 감정이다. 이런 종류의 동정은 그것을 느끼는 사람의 의식에 일종의 회심回心을 자극한다. 이것이 바로 만초니가 《약혼자들》21장에서 주인공 루치아가 납치되어 고성의 음산한 골방에 감금되어 있는 동안 인노미나토를 만나는 장면을 통해 묘사하는 영혼의 동요다. 그녀의 영혼을 뒤흔드는 동기는 이미 전 장에서 예고된다. 저자는 니비오를 비롯한 자객들에게 붙잡힌 루치아가 고성을 향해 달리는 마차 안에서 불안해하는 모습과 그녀의 한숨과 현기증과 간절한 기도에 관한 상세 묘사를 갑자기 중단하고 이렇게 말한다. "이 장황한 묘사는 더 이상 누구도 견디지 못할 것이다. 이 여행이 빨리 끝나기만을 바라게 할 정도로 그녀의 간절함은 가슴이 찢어지게 만든다." 수사적인 기교에 불과하지만 이 문장이 예고하는 동정의 무대는 이어지는 에피소드와 서사 자체를 점점 더 분명한 방식으로 장악하게 된다. 니비오에게서 불쌍한 루치아를 인계받으며 예기치 못한 두려움과 불안감에 휩싸이기 시작한 인노미나토가 니비오와 나누는 대화를 통해 우리는 이 동정의 무대가 펼쳐지는 것을 목격할 수 있다.

니비오 : "제가 하고 싶은 말은, 이곳까지 오는 그 긴 시간 동안 내내… 동정심을 얼마나 많이 느꼈는지 모릅니다."

인노미나토 : "동정심이라! 네가 동정에 대해 뭘 아느냐? 뭘 가지고 동정이라고 하는 거냐?"

니비오 : "전 이번처럼 분명하게 동정을 느껴본 적이 없습니다. 동정은 약간은 두려움과 같습니다. 동정에 사로잡힌 사람은 더 이상 남자라고 할 수 없어요."

인노미나토 : "어떤 점에서 그녀가 그런 동정심을 유발할 수 있었는지 한번 들어보자."

니비오 : "오, 존경하는 주인님! 그토록 오랜 시간 동안 울고 기도하고 불쌍한 눈으로 쳐다보면서 죽은 사람처럼 창백한 얼굴로 훌쩍이고 측은한 말만 하는데…."

이것이 바로 극악무도한 짓도 서슴지 않는 한 자객의 감정 속에 동정이 둥지를 트는 모습이다. 그런 식으로 갑작스레 표출되는 동정이 어두컴컴한 고성의 성주를 당황스럽게 만든다. 성주는 납치한 처녀를 곧장 돈 로드리고에게 보내 귀찮은 의무에서 빨리 벗어나는 편이 좋을지 아니면 처녀를 만나보는 것이 현명한 일일지 결정을 못 내리고 계속해서 똑같은 말을 반복한다. "니비오가 동정을!" 그러다가, 처녀를 한번 봐야겠다는 쪽으로 마음이 이미 기울었음을 느낀다. 루치아는 한쪽 구석에 몸을 잔뜩 웅크리고 앉아 얼굴을 손으로 가린 채 부들부들 떨고 있다. 겁에 질렸다는 것을 알리는 것 외에는 아무 말도 하고 싶지 않은 듯이 보인다. 스스로를 불쌍히 여기며 신세 한탄을 하던 중 루치아는 성주의 복잡해진 심경에 돌을 던지며 이렇게 내뱉는다. "신의 이름으로!"

인노미나토가 끼어들며 말했다. "신, 신! 그놈의 신이라는 말뿐이로군. 꼭 힘없는 사람들이 신을 끌어들인단 말이지, 신하고 말이라도

해본 것처럼. 그런 말로 내게서 뭘 얻으려는 거지? 나더러…." 그는
더 이상 말을 잇지 못했다.

   루치아가 다시 신을 언급하는 것을 듣고("신은 자비를 베풀어 많은 것을
용서하십니다"), 성주는 니비오가 루치아를 데려온 뒤 내뱉었던 말을 다
시 떠올리면서("저 짐승 같은 녀석의 말이 맞아. 더 이상 남자라고 할 수 없어. 맞
아, 더 이상 남자가 아니야") 이루 말할 수 없는 혼란에 빠진다. 그는 복잡하
게 뒤섞인 이미지와 수많은 생각들, 변덕과 계획, 작심과 후회의 기억
들이 무질서하게 떠오르는 독백의 소용돌이에 빠져들어 밤을 지새운
다. 밤이 새벽을 향해 달리는 동안, 인노미나토는 갑자기 "멀리서 들려
오는 요란한 종소리"를 들으면서 뿌연 안개를 배경으로 많은 남자와
여자들이 도처에서 한곳으로 모여드는 모습을 지켜본다. 모든 사람을
두려움에 떨게 만들던 한 남자는 자신의 성을 버리고 파도처럼 밀려드
는 새벽의 행인들과 함께 페데리고 보로메오 추기경을 만나기 위해,
회개를 통한 삶과 영혼의 구원을 위해 움직인다.
   동정과 회심, 만초니의 소설에서는 이 두 종류의 감정 변화가 서로
뒤얽히며 진행된다. 한편에는 그리스도교 신앙을 바탕으로 하나님의
뜻이 일련의 사건과 만남이 전개되고 교차되는 과정을 통해 회개라는
하나의 결정적인 지점을 향해 나아가도록 하는 보이지 않는 계획이 있
고, 다른 한편에는 어떤 만남을 기점으로 떠오르는 지나간 삶의 역정
과 과거의 선택, 행동, 과정이 눈앞에 아른거리면서 사라졌다가 어떤

본질이나 의미를 되찾기 위해 다시 고개를 드는 시간이 있다. 다시 말해, 그 본질과 그 의미가 결국 매번 고통을 가져왔고 기만과 삶 자체의 부인이라는 처참한 결과를 가져왔다는 사실을 목격하면서 서서히 어떤 변화의 필요성을 좀 더 분명하게 느끼고, 심지어 어떤 행동을 통해 죗값을 치를 수 있는 회개의 가능성을 엿보는 것이다. 이러한 종류의 감정 변화에 계기를 마련하는 것이 바로 동정이라는 감정이다. 동정은 타자의 고통을 가까이에서 감지할 때 발생하며, 이렇게 발생한 동정은 나름의 언어와 감각을 지닌 육감적인 감정이다. 하나의 감정이 동정으로 발전하는 방식과 양상은 본질적으로 고통을 관찰하는 이의 방식과 일치한다. 그런 식으로 관찰자는 일종의 현기증에 사로잡히고, 이 현기증이 그를 아무렇지도 않게 내면의 울타리 밖으로 내던지면서 타자의 몸과 정신이 머무는 곳으로 데려간다. 이 전이 속에서 그는 일종의 소속감과 고통의 대체 가능성, 입장 교환의 가능성을 경험한다. 바로 '생명'에 타자와 '함께' 소속되어 있다는 사실의 발견, 생명뿐만 아니라 생명의 유한성과 비참한 현실에도 '함께' 소속되어 있다는 사실의 발견이 스스로에 대해 질문을 던지도록, 특히 《약혼자들》의 경우 스스로가 저지른 일들을 점검해보도록 부추기는 것이다. 만초니가 성주 인노미나토의 에피소드를 통해 보여주는 동정은 삶의 근본적인 변화를 가져오는 전이와 일치한다. "동정에 사로잡힌 사람은 남자라고 할 수 없어요." 니비오가 한 말이다. 동정에 얽매이는 사람은 귀신에 홀린 것과 같다는 의미에서 한 말이다. 귀신이 동정에 홀린 사람으로부터 천천히 때로는 잔인하기도 한 인간의 힘을 빼앗아 그를 약한 존재로 만들고 모든 무기를 내려놓게 만든다는 의미다. 동정심으로부터 스스로를 지킨다는 것은 자신의 갑옷 안에 머무는 것과 같다. 성주는 방어 자세를 천천히 포기한다. 성주는 자신의 무기를 내려놓음으로써 약자에게 다가가는, 새로운 인간 조건으로 나아가는 움직임을 분명하게 보여준다. 그런 식으로 한밤중에 자신을 괴롭혔던 말, 니비오가 동정에 대해 했던 "더 이상 남자라고 할 수 없어. 맞아, 더이상 남자가 아니야"라는 말에 전혀 새로운 의미, 그리스도교적 차원에서의 회개의 의미를 부여하게 된다.

동정은 인간으로 존재하기 위한 또 다른 방식을 향해, 또 다른 윤리를 향해 움직이는 과정이다.

6장

변신

전이

변신은 현존의 위상 변동과 일치한다. 그것은 한 물체가 또 다른 물체 속으로, 혹은 또 다른 생명의 형체 속으로 사라진다는 것을 의미한다. 신화 속에서 변신은 소멸과 부활, 소모와 재생의 움직임, 한 생명과 또 다른 생명의 공존을 칭송하는 형상들, 인물들의 피어오름과 같다.

변신을 주제로 하는 문학은 타자 앞에서, 타자를 계기로 시작되는 감정적 전이 혹은 전이의 필요성에 대해 이야기한다. 이는 어떻게 보면 최초의 감정, 즉 스스로의 몸과 감각, 이미지와 기억에 대한 감정을 자신의 바깥에 위치시키고 그것을 타자에 대한 인식의 지평으로 옮겨가는 변화의 필요성이라고 할 수 있다. 그러나 자기 배려와 내면에 대한 고대인들의 사고에 따르면 자아의 변신은, 타자의 감정에 다가가지만 스스로에 대한 질문과 내적 여정에 몰두하는 것도 결코 게을리하지 않는 변신이다.

변신의 땅 신화는 변신의 형식과 지식의 계보를 구축하고 감정과 상상력의 상당히 광범위한 영역을 묘사하지만 동시에 자연physis의 숨결을 간직하고 있다. 자연이 그 자체로 존재하고 변화한다는 특징과 함께 외관이 허락하는 제한된 시간을 통해서만 사람의 눈앞에 모습을 드러낸다는 특징을 고유의 신화적 언어 속에 간직하고 있는 것이다.

뒤바뀌는 조건과 형상에서 솟아오르는 이미지들의 세계에 대한 예술의 배려와 열정은 변신을 묘사하는 언어 자체가 일종의 끝없는 변신이라는 사실에 뿌리를 두고 있다. 시의 가장 설득력 있는 언어가 비유인 것도, 비유가 변신과 깊은 관계를 가지고 있는 것도 바로 그 때문이다. 폴 발레리Paul Valéry는 《노트Cahiers》에서 비유는 "변화의 가능성이 지니는 형태의 다양성"에 상응한다고 기록했다.

우리의 상상력을 뒤흔드는 것은 변신을 통해 드러나는 '나의 상실', 나의 모습과 언어의 상실이다. 이러한 전이에 대한 애도의 감정과 변신에 뒤따르는 허무와 정신적 혼란이 증명해주는 것이 있다면 그것은 결국 문제로 떠오르며 뒤흔들리는 것이 자아의 문제라는 사실, 자아는 자아에 소속된다는 사실, 예를 들어 스스로의 감각에 대한 집요한 믿음이나 스스로의 개성에 대한 또렷한 인식, 자신이 누구에 의해서도 대체될 수 없다는 믿음이다.

독자와 관찰자에게 동정의 형태와 방식을 점차적으로 제시하는 것이 변신의 본능이다. 동정의 형태는 놀라움에서 침묵으로, 침묵에서 눈물로 이어진다. 이 모두가 동정의 다양한 얼굴들이라고 할 수 있다. 그러나 카프카가 위대한 문학 작품의 냉철한 구도를 통해 보여주었듯이, 변신은 지극히 정상적인 것 속에 잠들어 있는 잔인함의 냉기를 폭발시킬 수 있다.

나르키소스의 죽음을
슬퍼하는 요정들

———————

오비디우스가 전하는 나르키소스와 그의 변신 이야기는 이 미소년을 땅에 묻기 위해 달려온 요정들의 통곡과 함께 결말을 맺는다. 나르키소스를 사랑했지만 그에게 외면당해 그의 품에 안기지 못한 요정 에코, 형체 없는 하나의 순수한 목소리로 변해버린 에코의 탄식 소리를 쫓아 계곡과 숲을 빠져나온 물과 나무의 요정이 부산하게 불을 지피고 나르키소스의 화장을 준비하지만 눈부신 나르키소스의 모습은 온데 간데없고 한 송이 꽃만 남아 있을 뿐이다. 요정들은 이제 금빛 심장과 하얀 꽃으로 변해버린 연인의 죽음을 안타까워하며 비탄에 빠진 목소리로 애가를 부른다.

"자신을 모를 수만 있다면 오래 살 수 있을 것이다." 예언자 테이레시아스가 어린 나르키소스를 두고 한 말이다. 강의 요정과 강의 신 사이에서 태어난 나르키소스의 운명이 거울과 같은 물의 표면 위에서 결정되리라는 것이었다.

제우스가 사랑했던 요정들의 유혹까지 뿌리칠 줄 알았던 나르키소스는 물에 반사된 자기 모습의 유혹을 떨치지 못한다. 맑은 물 위로 허리를 굽힌 그는 누군가의 눈과 머리카락과 하얀 목과 입술, 빨갛게 상기된 볼의 순결함을 목격한다. 이 타자의 모습을 등장시키는 것은 바로 물의 투명함이다. 거울이 아니라 투명할 뿐인 물이 거짓말처럼 그의 모습을 반사한 것이다. 그런 식으로 가까이 다가온 타자의 모습과 아름다움이 그의 시선을 사로잡고, 욕망의 기회조차 주어지지 않는 시간 속에 그를 멈춰 세운다. 이 시간의 상실 속에서 신화의 무대를 완전히 장악하는 것은 타자의 모습이다. 두 존재의 만남은 만남 자체가 불가능하고 사랑이 머물 수 없는 공허한 공간의 열림과 일치한다. 입맞춤에 답하는 것은 입맞춤에 결코 도달할 수 없는 입술의 움직임에 지나지 않고, 포옹에 답하는 것은 살도, 떨림도, 아무런 욕망도 없는 표면의 냉기 속에서 사라지고 말 포옹의 일방적인 움직임에 지나지 않는다. 나르키소스는 이 살과 욕망의 상실을 슬퍼하며 눈물을 흘린다. 그가 우는 것은 가까이 다가가려는 순간에 다가오는 상실, 이 가까이에 있는 머나먼 거리 때문이다. 그의 눈물은 결국 '그대'의 모습을 흐트러트리고, '그대'가 허구적인 존재라는 사실, 하나의 반사된 영상에 불과하다는 사실을 폭로한다. 여기서 '그대'는 액체로 변하면서 물의 이미지와 함께 물과 물의 떨림으로 이루어진 허무 속으로 사라져버린다. "그가 바로 나다. 난 그걸 느낀다. 내 모습이 나를 속이지는 못한다." 여기서 고개를 드는 것은 스스로에 대한 동정심, 유령이나 다름없는 타자의 모습을 보고 자아의 울타리 안으로 되돌아와 이제는 짝을 잃고 사랑을 잃은 육신의 포로가 되어버린 스스로의 모습에 대한 동정심이다. 이제 이 사라진 '그대'의 모습이 그리워 흘리는 눈물에 응답하는 또 다른 눈물이 형체 없는 하나의 목소리로 등장한다. 이것이 바로 에

코가 숲속에서 '그대'와 하나가 될 때까지 자신의 사랑할 수 없는 신세를 한탄하며 흘려보내는 탄식의 목소리다.

나르키소스 신화는 결국 스스로의 이미지에 불과하다고 볼 수밖에 없는 타자의 이미지에 투영되는 자아의 우화다. 이 신화는 아울러 환영幻影으로부터 욕망의 출발점이었던 욕망의 울타리 안으로 되돌려진다는 점에서 불가능한 욕망의 우화이기도 하다. 반면에 나르키소스가 사라지면서 태어난 꽃의 향기는 이 잃어버린 욕망의 흔적을 간직하고 있다. 감미로우면서도 허약하고 일시적인 욕망, 손으로 움켜쥘 수 없는 욕망의 흔적, 한순간에 허망하게 사라져버린 존재의 숨결만으로 살아가는 욕망의 흔적을 간직하고 있는 것이다. 이 꽃은 만남의 불가능성에 대한, 아울러 더 이상 존재하지 않는 '그대'에 대한 탐색과 전적으로 일치하는 마법의 영원함을 상징한다.

반면에 보들레르는 자아의 시커먼 수면 위에 비친 '나'의 모습에 대해 이야기한다. 여기서 부각되는 것은 사랑이 아니라 무관심, 욕망이 아니라 지식, 바로 악에 대한 지식이다. 우리는 〈돌이킬 수 없는 것〉에서 '추락'의 이미지들이 자아의 심연을 향한 시선과 일치하는 것을 보게 된다.

> 맑고 흐림이 대적하는 곳
> 마음이 이제는 스스로를 비추는 거울이 된다.
> 밝기도 어둡기도 한 '진리'의 우물 속에서

창백한 별 하나가 떨고 있다.*

스스로의 내면이라는 우물 속으로 시선을 옮길 때 발견되는 것은 추락의 보편성이다. 세상을 집어삼킨 어두움에 대한 이 철학적 설명 속에는 멀리서 비스듬히 달려오는 한 줄기의 빛이, 하나의 창백한 광선이, "악의 의식意識"이 남아 있다. 그래서 보들레르의 꽃은 고유의 향기와 고유의 빛을 가진 한 송이의 "악의 꽃"이다.

"왜 나를 찢는가?"
침묵을 종용하는 피에타

형체 없는 목소리, 형체의 그림자조차 없는 목소리, 나뭇잎 사이로 부는 바람에 지나지 않는 탄식의 목소리. 미로와 같은 숲을 뒤흔들고 가로지르는 탄식과 통곡의 목소리. 누군가가 나무 뒤에 숨어 있는 것이 아니다. 신음 소리와 말을 내뱉는 건 다름 아닌 나무들이다. 자살한 영혼들이 나무가 되어 이룬 숲 속에서(《신곡》, 〈지옥〉 13곡) 이 인간의 음

---

* "Tête-à-tête sombre et limpide / qu'un cœur devenu son miroir! / puits de Vérité, clair et noir, / où tremble une étoile livide".

성과 식물의 음성이 뒤섞인 목소리를 들으며 단테는 혼란에 빠진다. 베르길리우스는 단테에게 의혹에서 벗어나고 싶으면 나뭇가지를 하나 꺾어보라고 조언한다. 단테가 가지를 부러트리자 나무가 고통스럽게 소리치며 묻는다. "왜 나를 꺾는가? 왜 나를 찢는가?" 이렇게 덧붙인다. "그대에겐 자비로운 마음이라곤 조금도 없는가?" 하나의 질문인 동시에 질책이다. 고민에 빠진 단테는 드디어 그 목소리들이 죄를 짓고 식물로 변해 그 안에 갇힌 영혼들이라는 것을 깨닫는다. 어떤 부러진 나무의 영혼이 말을 이으면서 이 슬픈 변신의 역사를 단 하나의 구절로 요약한다. "우리는 사람이었지만 이제는 나무가 되어버렸네." 부러진 가지에서 말과 피가 동시에 흘러나온다. 베르길리우스의 회유와 설득으로 시인이자 정치인인 피에르 델라 비냐가 자신의 역사를, 자신을 결국 자살로 이끈 시기와 누명의 역사를 털어놓으며 이렇게 말한다. "나는 정당한 나를 상대로 부당한 일을 저질렀소." 한 존재의 비극을 한 행의 시에 모두 담아내는 시인 피에르 델라 비냐의 언어는 나뭇가지들이 서로를 휘어 감는 소리, 식물들이 뒤엉키는 소리를 모방한다. 그의 시어는 그 자체로 변신의 언어다. 그의 이야기를 들으며 단테는 의혹과 두려움에서 벗어나 씁쓸하고 고통스러운 침묵 속으로 빠져든다. 너무나 고통스러운 나머지 그는 입을 열지 못한다. 저세상을 여행하며 길을 잃고 고통 받는 영혼들의 비밀을 파헤치기 위해 그들에게 질문하기를 서슴지 않던 단테가 정작 피에르 델라 비냐 앞에서는 아무런 질문도 던지지 못한다. "너무 마음이 아파서", 동정이 침묵을 종용했기 때문이다. 타자의 고통을 지켜보며 참담한 마음을 억누르지 못하고 괴로워하며 감정의 동요를 느끼는 것, 이것이 바로 동정의 경험이다. 목메어 말을 잇지 못하는 단절의 경험은 바로 자살한 영혼들의 숲에서 부서진 나뭇가지의 단절과 유사하다. 동정은 고통 받는 이에 대한 강렬한 모방을 전제 조건으로 한다. 기꺼이 받아들인 고통스러운 상황이 다른 말을 하지 못하도록 방해하는 것도 바로 그런 이유에서다. 답답해하는 단테를 위해 베르길리우스는 피에르 델라 비냐에게 "어떻게 영혼이 이 나무들 속에 갇혀 있을 수 있는지"에 대한 설명을, 즉 변신의 과정과 방식에 대한 설명을 요구한다.

단테가 입을 열지 못하도록 만든 고통을 통해 드러나는 것은 피에르 델라 비냐라는 인물의 두 가지 특징이다. 한편에는 세속적인 정신과 여파에 물들지 않은 황제 프리드리히 2세에 대한 충성심을 여전히 유지하고 있는 한 정치인이 있고, 다른 한편에는 단테를 비롯한 시인들이 받아들이고 재창조하게 될 시어를 사용하는 한 시인이 있다.

결국 단테의 동정은 나뭇가지들의 한탄과 고통스러운 탄식의 언어에 대한 동정인 동시에 시의 창조자를 끝내 구하지 못한 한 편의 시에 대한 동정, 의심받는 것을 견디지 못했던 한 시인의 믿음에 대한 동정이다. 이러한 동정은 프란체스카 다 리미니의 경우에서처럼 감각의 상실이나 죽음의 모방을 동반하는 대신 언어의 상실을 가져올 뿐이다. 왜냐하면 주인공의 이를테면 대외적이고 역사적인 정체성이 사랑의 열정이 아니라 언어 속에 있기 때문이다.

그레고르 잠자의 변신과
동정의 죽음

———

어느 날 아침 침대에서 눈을 뜬 그레고르 잠자는 "거대한 벌레로" 변해버린 자신의 모습을 발견한다. 몸으로 느끼는 것들은 여전히 인간적인 감각이라고 할 수 있지만 목소리는 이미 벌레의 그것으로 변해 있다. 그가 출근하지 않았음을 확인하고 근무 태만을 지적하기 위해 그의 집을 방문한 매니저가 문밖에서 공무원의 단조로운 일상을 연상케 하는 말들을 내뱉는 동안 문 안쪽에서는 한 마리의 바퀴벌레가 인간은 도저히 분간할 수 없는 소리들을 무질서하게 내뱉는다. 방 안에서 문을 향해 움직이는 주인공 벌레인간의 느리고 둔한 움직임이 문밖에서 이루어질 괴물의 출현을 지연하고 있을 뿐이다. 주인공과 가족의 만남을 기다리는 가운데 독자는 주인공의 변신이 이미 이루어졌고 결과적으로 그의 본모습을 확인할 수 있는 요소들이 전혀 주어지지 않기 때문에 냉정한 관찰자의 시선을 유지한다. 하지만 벌레인간의 모습을 드디어 목격한 가족들의 다양한 반응으로 인해 독자는 이를테면 외롭게, 모두와 분리된 상태로 남는다. 독자가 동정을 향한 감정의 움직임을 감지하는 것도 이러한 분리 속에서 이루어진다. 매니저도 주인공이 모습을 나타내자 손으로 입을 가리고는 바람 소리에 가까운 감탄사를 내뱉으며 감당할 수 없다는 듯이 뒤로 물러선다. 주인공의 어머니는 머리를 풀어 헤친 채 남편을 바라보다가 치마폭 속으로 머리를 파묻으며 바닥에 쓰러진다. 아버지는 주먹을 불끈 쥐고 마치 주인공을 방 안으로 다시 밀어 넣으려는 듯이 공격적인 자세를 취한다. 하지만 주변을 둘러본 뒤 곧장 흐느껴 울기 시작한다. 한쪽 벽에는 주인공이 군복 차림으로 소박한 미소를 짓고 있는 사진이 걸려 있다.

상황을 정리해보자. 한편에는 습관적으로 반복되는 일상과 아직까지는 제대로 파악하지 못한 어떤 새로운 상황 사이에서 숨 막혀 하는, 그럼에도 아무런 감정적 반응을 보이지 않는 존재가 있고, 다른 한편에는 여러 가지 사물들, 가구와 그릇들, 테이블 위에 쏟아진 커피 등을 배경으로 주변 인물들이 나타내는 반응이 있다. 아버지가 예기치 못했던 괴물의 등장에 방어 태세를 취하고 상당히 인간적인 '야만성'을 드러내며 지팡이를 집어 들고 벌레인간의 몸을 걷어찬다. 아버지의 감정 변화는 동정이 아닌 공격적인 행동으로 전환되지만, 그 이후로는 공포에서 벗어나기 위한 정상적인 탈출구를 찾기 시작한다. 단지 아무 길도 발견하지 못할 뿐이다.

이야기가 전개되고 시간이 흐르면서 독자는 소설의 무대 위에 등장하는 어느 누구의 관점과도 일치하지 않는 시선으로 상황을 관찰하게 된다. 이 시선에 의해 서서히 포착되는 것이 바로 직접적으로는 드러나지 않고 가족 구성원들과의 대조 속에서만 형태를 갖추기 시작하는 하나의 감정, 동정에 가까운 감정이다. 동정의 일종이지만 변신에 대한, 즉 한 인간이 동물로 추락하는 모습에 대한 동정이 아니라, 이미 진행이 시작되었고 점점 격화될 것이 예상되는 모든 인간관계의 파멸에 대한 동정이다. 고통은 주인공을 향한 모든 정감 어린 행동과 주인공에게 가까이 다가가려는 시도를 집어삼키는 공포의 넉넉함에서 비롯된다. 벌레인간에게는 부모의 사랑과 형제애의 용해라는 상실의 형벌이 내려진다. 공포로부터, 동시에 주인공과의 정감 어린 관계로부터 거리를 유지하려는 가족들의 시도는 단계별로 이루어진다. 여동생은 불결하고 추한 오빠의 음식 그릇을 손으로 만지지 않는 조심스러운 자세를 취한다. 가정부는 오히려 주인공에게 가까이 다가갈 방법을 모색하지만 오로지 자신의 의혹과 궁금증을 해소하기 위해서일 뿐이다. 화가 난 아버지는 주인공에게 사과를 집어던지고 사과는 그로테스크한 벌레인간의 몸에 들어박힌다. 어느 날 여동생이 세 들어 사는 사람들을 위해 거실에서 바이올린을 연주하는 동안 벌레인간이 느닷없이 모습을 드러내고, 이 사건은 가족들의 혐오감을 배가하는 결정적인 계기가 된다. 결국 주인공은 침실에서 물건들을 쌓아두는 창고로 쫓겨난다. 주인공을 통해 나타나는 인간으로서의 정체성 상실, 사람에서 쓰레기로 추락하는 변신에 상응하는 것이 가족과 주변 인물들이 드러내는 '동정의 상실'이다. 어느 날 아침 발견된 벌레인간의 존재와 그의 죽음을 알리는 가정부의 목소리 사이에 진행된 이야기는 인간의 육체가 쓰레기로 추락하는 과정의 이야기다.

악몽이 끝나고 주인공의 아버지와 어머니, 여동생은 기차를 타고 시골로 향한다. 가족 간의 대화는 평소와 다를 바 없는 분위기 속에서 감정의 미세한 변화에 의존하는 지극히 일상적인 대화로 이어지고, 가족들은 모두가 알고 또 인정하는 모두의 무관심 속에서 조용하고 '혐오스러울 정도로' 정상적인 삶의 리듬을 되찾기 시작한다.

　카프카의 이야기는 행위와 사건의 논리적이고 차가운 전시에 불과하다. 카프카의 《변신Die Verwandlung》은 주인공의 육체를 인간에서 동물로, 동물에서 쓰레기로 걷잡을 수 없이 추락하는 공간 내에 위치시킴으로써, 이 추락을 지켜보는 가족들을 통해 인간적인 감정이 오히려 비인간화되는 과정을 노출시킨다. 이것이 바로 독자가 감지하는 내용이다. 여기서 독자의 마음을 움직이는 동정은 감정이입을 통해서가 아니라 하나의 형이상학적 구도를 통해 도입된다. 카프카의 동정은 인간의 생각과 욕망과 행위를 토대로 하는 정체성의 잔인한 상실에 인간의 육신이, 우리의 육신이 고스란히 노출되는 상황에 대한 동정이다.

7장

히말라야, 혹은 동방의 동정

천둥의 목소리와
세 가지 덕목

우파니샤드(고대 인도에서 계시적 앎을 전파하기 위해 이를 탐구하고 해석하며 쓰인 시와 산문으로 이루어진 이론서로, '베다의 책'이라고 불린다)에서 동정을 의미하는 말 '카루나Karuna'는 모든 피조물에 대한 공통적인 감정을 가리키는 동시에 종교적 삶의 근본적인 원리를 가리킨다. 그러나 가장 오래된 우파니샤드 중 하나인 《브라하다라냐카Brhadāranyaka》에서 동정은 '다야daya'라는 또 다른 이름을 가지고 있다. 다야는 우주를 창조한 창조주 프라자파티와 그의 아들들, 즉 '삼원론적 세계'를 구축하는 천상의 신들(데바), 인간들, 악령들(아수라)이 나누는 아주 독특한 대화에서 다음과 같은 방식으로 거론된다.

어느 날 천상의 신들이 창조주에게 이렇게 말한다. "아버지여 말씀하소서." 창조주는 응답하는 대신 '다da'라는 음절만 발음한 뒤 그들에게 그 뜻을 이해했는지 묻는다. 그들은 이렇게 대답한다. "물론입니다. 다미야타damyata, '절제하라'라고 말씀하셨습니다." 창조주는 이렇게 결론을 내린다. "그래, 너희가 내 뜻을 이해하였구나." 이제는 인간들의 차례다. 인간들이 창조주에게 질문을 던지자 창조주는 다시 한번 '다'라고만 대답한 뒤 인간들에게 그 뜻을 이해했는지 묻는다. 그러자 인간들은 이렇게 대답한다. "물론입니다. 다타datta, '관대하라'라고 말씀하셨습니다." 창조주는 이렇게 결론을 내린다. "그래, 너희가 내 뜻을 이해하였구나." 이제 악령들이 창조주의 답을 요청하고 나선다. "아버지여 말씀하소서." 창조주는 다시 '다'라고만 말한 뒤 악령들에게 그 뜻을 이해했는지 묻는다. "물론입니다. 다야드밤dayadhvam, '동정하라'라고 말씀하셨습니다." 창조주는 다시 대답한다. "그래, 너희가 내 뜻을 이해하였구나."

뒤이어 하늘, 인간, 지옥으로 이루어진 세상과 창조주 사이의 대화를 짧게 해설하는 글에 하나의 자연적인 요소가 등장한다. 이것이 바로 '하늘의 목소리'로 정의되는 천둥이다. 천둥은 소리를 낼 때마다 이렇게 말한다. "다, 다, 다." 다시 말해 "절제하라, 관대하라, 동정하라"라는 뜻이다. 이는 인간이 지켜야 할 세 가지 덕목, 즉 자기 절제, 관대함, 동정을 말한다.

세 가지 덕목을 단 한 번의 호흡 속에, 창조주와 천둥에 의해 반복될 뿐인 단 하나의 음절 속에 모두 담아내고 있는 이 이야기의 여백에 어떤 의견을 남길 수 있을까? 아마도 자기 제어, 즉 스스로에 대한 앎, 스스로의 성격과 한계와 욕망에 대한 앎이 바로 타자를 이해하기 위한 조건, 즉 타자를 이질적이거나 동떨어진 존재가 아니라 동일한 유사성의 영역에 속하는 존재로, 아울러 상호 인식을 통해 구축되는 관계의 한 측면으로 이해하기 위한 전제 조건이라고 말할 수 있을 것이다. 관대함은 이러한 관계를 표상하는 언어 또는 행위다. 다시 말해 관대함은 타자가 고통을 받거나 상실을 경험할 때, 욕망의 허무함에 사로잡힐 때 동정으로 변할 수 있는 잠재력을 지닌 언어라고 할 수 있다. 스스로에 대한 앎 또는 자기 절제, 관대함, 동정은 동일한 호흡을 가지고 있다. 이것이 바로 '나'와 '너'를 함께 묶는 호흡이다.

동정을 선포한
왕
—

한때 알렉산드로스 대왕이 일부를 점령했던 마가다 왕국의 광활한 영토에서 대략 기원전 270년에서 230년 사이에 프리야다르신Priyadarsin이란 이름의 왕이 나라를 다스리고 있었다. 이 왕의 이름은 산스크리트어로 '친절한 눈길을 지녔다'는 뜻이지만 당시에 인도 대륙에 살던 다양한 종족들은 이 왕을 아소카란 또 다른 이름으로 불렀다. 아소카는 자신이 다스리던 마우리아 제국의 수많은 도시에서 자신이 내린 칙령을 돌에 새기게 했다. 아소카의 칙령은 많은 사람들이 이해할 수 있는 보통 수준의 인도어와 여러 지역에서 사용되던 알파벳을 사용해 주로 바위나 비석에 새겨졌다. 또한 왕의 칙령은 다양한 지역의 방언으로 기록된 판본들을 통해 널리 보급되었다. 칙령은 그리스어와 아람어로도 기록되었다. 칙령의 내용은 모든 생명체에 대한 존중과 비폭력, 부모와 친구, 선생과 고행자에 대한 의무의 중요성,

모두에 대한 관용 등을 기초로 하는 도덕적인 가르침이었다. 이 가르침은 왕의 회심에서 비롯되었다. 벵골 만의 칼링가를 정복하는 도중에 벌어진 대학살 사건에 대한 뼈저린 죄책감에서 시작된 왕의 깨달음이 이 가르침의 토대를 이룬다. 가르침의 본질은 흔히 '동정의 의례'라는 표현으로 함축되는 친절, 관대, 관용 같은 몇몇 덕목을 실행에 옮기는 데 있다. 가장 많이 권고되는 것들 중 하나는 '살아 있는 모든 존재에 대한 자비심'이다. 어떤 구절은 왕이 두 종류의 의료 기관, 즉 사람을 위한 의료 기관과 동물을 위한 의료 기관을 설립했다고 언급하면서 "그는 사람에게든 동물에게든 유효한 약초가 전혀 자라지 않는 땅 도처에 약초를 심게 했고, 과실나무가 자라지 않는 곳에도 나무를 가져다가 심게 했다. 그는 길가에 우물을 만들고 사람과 동물들이 쉬어 갈 수 있도록 나무를 심게 했다"라고 밝힌다. 아소카가 설파한 다르마dharma(법)는 부처의 가르침에서 깊은 영향을 받았다. 다르마의 그리스 번역어는 '에우세베이아eusebeia'이며, 이는 라틴어의 '피에타스pietas'와 상당히 비슷한 뜻을 가지고 있다. 아소카가 구축한 세계는 유연한 문화적 침투와 소통이 가능한 세계, 인도와 동양 문화 연구가들과 고전 문화 연구가들이 오랫동안 관찰해온 대로 놀라운 교류의 가능성을 가진 세계. 널리 알려진 바와 같이 타자를 보살펴야 한다는 동양의 도덕적 원칙과 헬레니즘 철학의 몇몇 윤리적 주제들 사이에는 그만큼 또렷한 유사성이 존재한다. 동정의 형식은 언어와 문화를 통해 다른 지역으로 전파되기 마련이다. 그것이 생명을 향한 시선, 또 다른 생명에 가까이 다가갈 수 있다는 느낌이라면, 그만큼 하나의 시선, 한 번의 느낌만으로도 이 동정이란 감정에 생기를 불어넣는 것이 사실상 얼마든지 가능하다.

《자타카》,
설화의 화관

《자타카Jâtaka》라는 제목으로 전해 내려오는 교화적 환상 설화 모음집 《붓다의 전생 이야기》는 동물들이 사람처럼 말을 하고 행동하고 토론하고 지략을 발휘하며, 그 덕분에 왕들이 권위를 잃고 오히려 농부들이 왕으로 추앙되고, 마치 사람처럼 식물들이 생각을 하고 강과 바위와 하늘이 감정을 표현하는 설화들의 모음집인 동시에 접근하기 쉽고 매혹적인 상상 문학의 진정한 보고寶庫다. 고대의 시구들이 오랜 전통과 수많은 판본을 거쳐 전달되는 동안 산문과 뒤섞이면서 탄생한 격언, 금언, 경구가 이 이야기들을 꾸미고 있다. 석가모니가 열반에 들기 전에 경험한 수많은 삶에 대한 이야기들이 풍부한 환상과 지혜의 세계를 배경으로 펼쳐진다. 이 세계에서 동정을 실행에 옮기는 일은 결코 드물지 않았다. 간단히 두 에피소드를 예로 들어보자.

브라마다타가 바라나시를 다스릴 때(이 표현은 도입부에 항상 고정적으로 등장한다) 미래의 붓다가 한 마리의 영양으로 환생한다. 보석 같은 눈과 보라색 입, 은빛 뿔을 가진 멋진 영양으로 태어난 붓다는 영양들의 왕이 되었고, 숲에서 500마리의 영양들을 다스리고 있었다. 사냥을 좋아하던 바라나시의 왕은 빈번히 백성들에게 일을 멈추고 자신과 함께 사냥에 참여하라는 명령을 내렸다. 하지만 매번 하던 일을 멈출 수 없었던 백성들은 어느 날 왕에게 많은 영양들을 사냥터로 몰아넣으면 사냥이 훨씬 수월해질 거라고 조언했다. 백성들의 제안을 받아들인 왕은 이를 곧장 실행에 옮겼다. 어느 날 사냥터로 나간 바라나시의 왕은 두 마리의 영양이(그중 한 마리가 사실은 미래의 석가모니였고 또 한 마리는 제석천帝釋天이었다) 금빛을 발하는 모습을 발견하고는 앞으로 사냥이 열릴 때마다 영양 두 마리의 생명을 살리겠노라고 선포했다. 사냥 도중에 영양들이 다치거나 이로 인해 오랫동안 고통에 시달리는 경우가 비일비재했기 때문이다. 반면에 니그로다(이것이 영양왕, 즉 미래의 붓다의 이름이다)는 영양들에게 순서를 정해 희생을 감당하자고, 자기 차례가 된 영양은 스스로 도마 위에 오르자고 제안했다. 그렇게 하면 혼란스럽고 잔인한 공격으로 인해 많은 영양들이 다쳐 고통스러워하는 상황을 피할 수 있었기 때문이다. 그러던 어느 날 새끼를 밴 암컷이 희생할 차례가 되자 이를 불쌍히 여긴 니그로다가 암컷 대신 자기가 왕의 식탁에 오르겠다고 나선다. 이어서 왕궁의 요리사가 도마 위에 영양왕의 목이 올라온 것을 보고 이 사실을 왕에게 알린다. 스스로의 목숨을 아끼지 않는 그의 희생정신에 감동한 왕은 영양왕뿐만 아니라 새끼를 밴 암컷의 목숨까지도 살려주라고 명령한다. 하지만 미래의 붓다는 이렇게 묻는다. "두 마리의 영양은 목숨을 건지겠지만 나머지 영양들은 어찌합니까?" 그러자 왕이 대답한다. "그럼 모두 살려주마." 그렇게 해서 시작된 바라나시의 왕과 영양왕의 대화는 오랫동안 지속되었고, 결국에는 온 세상의 네 발 달린 짐승과 모든 종류의 새와 물고기까지 다 니그로다 덕분에 목숨을 건지게 된다. 그런 식으로 미래의 붓다는 모든 피조물의 구원을 성취했고, 왕에게 또 다른 덕행을 청하기 위해 사냥터에 며칠 동안 더 머물다가 모든 영양들과 함께 자신들이 살던 숲속으로 돌아갔다.

또 하나의 에피소드는 미래의 붓다가 토끼로 태어났을 때의 이야기다. 토끼에게는 세 친구가 있었다. 바로 원숭이, 자칼, 수달이었다. 저녁이 되어 네 친구가 모두 한곳에 모이면 토끼는 친구들에게 지혜와 교훈을 선사하곤 했다. 어느 날 저녁 하늘을 조망하고 달을 관찰하던 토끼는 다음 날 금식을 하는 것이 좋겠다고 생각한다. 세 친구도 모두 토끼의 의견을 따르기로 한다. 그런데 다음 날 수달은 돌아다니다가 강에서 일곱 마리의 물고기를 발견한다. 수달은 이를 알리려고 주변에서 낚시꾼들을 찾아봤지만 헛수고였고, 결국 금식이 끝난 뒤에 먹을 요량으로 물고기를 잡아 집으로 가져간다. 자칼도 어떤 오두막에서 걸쭉한 우유와 도마뱀 한 마리와 구운 고기를 발견한다. 세 번이나 주인을 불러봤지만 아무도 대답을 하지 않자 다음 날 먹을 요량으로 음식을 집으로 가져간다. 망고를 딴 원숭이도 금식이 끝난 뒤에 먹을 요량으로 과일을 집에 보관한다. 그러나 토끼는 혼자 남아 이렇게 중얼거린다. "이 성스러운 금식의 날에 거지가 나타난다면 그에게 대접할 것이 아무것도 없지 않은가. 어쩌면 나 자신을 희생해서라도 음식을 대접해야 한다는 뜻이겠지." 그러자 이 말을 엿들은 제석천이 토끼의 진심을 시험해보기 위해 수도승으로 변장하고서 토끼를 찾아가기로 한다. 먼저 다른 친구들을 방문한 제석천은 모두가 미리 마련해두었던 음식을 자신에게 기꺼이 내주려 했음을 기억하면서 드디어 수도승의 모습으로 토끼 앞에 나타난다. 그러자 토끼는 수도승에게 밖으로 나가 불을 지필 나무를 구해 오라고 말한다. 손님의 음식을 마련하기 위해서 자기 몸을 불에 던져 희생할 각오를 하고 있었던 것이다. 하지만 토끼가 불 속으로 뛰어들었을 때는 눈 더미 위로 내려앉는 것이나 마찬가지였다. 제석천은 자신의 본모습을 드러내고 토끼를 칭찬하며 그의 덕행을 온 세상에 알리겠다고 천명한다. 이어서 제석천은 산을 뒤흔들어 추출해낸 진액으로 토끼의 모습을 달에 그려 넣었다. 그래서 보름달이 뜰 때마다 달과 함께 모습을 드러내는 이 토끼는 자기를 바라보는 모든 이들에게 동정심과 자비심을 선물한다고 전해진다.

이 외에도 동정을 주제로 하는 수많은 이야기들이 547편의 《자타카》를 채우고 있다. 하지만 이른바 팔리어 문헌이라 불리는 《자타카》는 이런 종류의 이야기들이 시간이 흐르면서 여러 언어로 번역되고 전파되는 과정을 통해 생산된 수많은 설화 모음집들 중 하나에 불과하다. 매혹적이고 환상적인 이야기와 도덕적으로 모범이 되는 이야기가 한데 어우러져 나타나는 까닭에 극단적인 형태의 이야기들이 끊임없이 이어졌던 것으로 보인다. 예를 들어 제물로 희생될 순간을 기다리는 염소 한 마리가 울다가 웃는 일도 얼마든지 벌어지고 자기 목에 칼을 들이댈 사람이 환생을 통해 자신과 똑같은 운명에 처하게 되리라는 사실 때문에 슬프고 괴로워서 울거나 동시에 드디어 자신의 마지막 환생을 끝낼 순간이 다가오고 있기 때문에 웃을 수도 있는 것이다. 또 예를 들어 어느 고행자가 높은 암벽 위에서 밑을 내려다보며 굶주린 사자 한 마리가 먹을 것을 찾지 못한 채 배고파 우는 새끼들 사이에 웅크리고 앉아 있는 모습을 관찰하다가 사자를 불쌍히 여긴 나머지 그 사이로 뛰어들어 자기 생명을 사자 먹이로 선사하는 일도 벌어진다. '설화의 화관'이라 할 《자타카》를 통해 상상의 언어를 토대로 살아 있는 모든 생명에 대한 자비와 형제애를 권유하는 것은 언제나, 인간으로 등장하든 동물로 등장하든, 전생 속의 붓다다.

8장

신이 인간에게 동정심을 느낀다면

하늘과 땅
사이에
———

유한성이라는 폐쇄된 영역에서 멀리 하늘나라라는 하나의 신기루가 떠오른다. 이 하늘나라는 인간의 고통에 대한 동정을 기반으로 움직이는 빛의 형상이거나, 아니면 감정이 메마른 인간, 혹은 타자의 상처를 감싸 안지 못하는 무능력한 인간을 방문하기 위해 멀리서 찾아오는 바람이다. 동정이란 감정도 바로 이 바람과 함께 솟아난다. 그러나 이 바람은 이름과 형체를 가진 신이거나, 아니면 땅을 감싸는 대기와 우리의 생각 속에서 돌아다니는 한낱 유령일 뿐이다. 인간의 말은 기도의 형태로 높은 곳을 향해 솟아오른다. 이것이 바로 인간의 눈에 보이지 않는 구원의 길이다. 그리고 이 길을 열린 채로 유지해온 것이 바로 종교와 신화라고 할 수 있다. 신화 속에서 신들은 불쌍한 인간과의 거리를 좁히기 위해 인간으로 둔갑해왔고, 때로는 인간과 지상에서 일어나는 모든 덧없는 일과 인간의 죽을 수밖에 없는 운명에 대해 짜릿한 동정심을 발휘하기도 했다. 하지만 훨씬 더 빈번했던 것은 인간의 입장에서 번제를 드리고 신의 관심과 보호와 자비를 구하는 일이었다. 종교를 통해 보이지 않는 것과 보이는 것, 즉 하늘과 땅 사이를 오가는 감정과 생각의 흐름을 포화 상태로 만든 것은 사실상 하늘이 바라보는 시선에 대한 인간적인 묘사였고, 높은 곳에서 인간의 삶을 인도하고 인간의 한계와 불행을 보완할 수 있다고 믿는 무한한 지혜와 힘에 대한 상상이었다. 고통 받는 타자와의 관계 속에서도 천상의 보호에 의존하려는 경향은 헤아릴 수 없이 깊은 인간적 고독의 상처를 간직하고 있다.

그리스도교는 신이 인간에게 느끼는 동정심을 숭고하면서도 비극적으로 서술했다. 여기서 신은 인간이 되어, 모든 인간이 받아야 할 벌과 고통을 스스로 짊어진다. 보이지 않는 세계로부터 불어오는 바람의 도움 없이, 하늘의 중재 없이 타자의 고통에 다가선다는 것은 하나의 커다란 모험이다. 이는 동정의 근본과 기원이 오로지 모든 생명이 똑같이 중요하다는 사실을 인식하는 데 있고, 타자에게 다가서려는 노력과 타자를 자기 정체성의 구축 원리로 받아들이는 자세에 있다는 것을 의미한다. 여기서 중요한 것은 '당신'이다. 오로지 '당신'만이, '당신'의 몸과 생각과 얼굴만이 '저 높은 곳'의 시간과 공간을 대신할 수 있다. 이때 동정은 또 다른 지평이나 정당화, 혹은 보호나 구조의 손길을 필요로 하지 않는다. 동정은 오로지 이 '당신'의 가슴속에 머물 뿐이다.

여기서 우리가 주목해야 할 것은 물리적인 고통을 감당하는 어떤 감정의 특징, 즉 하늘보다는 땅과 더 친밀한 고통의 특징과 한계를 받아들이고 이 한계를 하나의 지평으로 삼을 줄 아는 그런 감정의 특징이다.

물론 하늘나라에 사는 신들이 사악한 자들을 향해 분노만 터트리는 것은 아니다. 다양한 문명권의 우주생성론이나 신화를 살펴보면 신의 완벽한 세계에 존재하는 달콤한 결핍과 상처에 관한 이야기, 말하자면 인간의 불행에 대해 가슴 아파하는 신들의 모습에 관한 이야기들이 항상 등장한다. 모든 종류의 종교 경전에는 근접할 수 없는 신과의 거리감을 무너트리면서, 고통에 빠진 인간을 불쌍히 여기는 신들의 동정 어린 처사와 애틋한 관심과 배려를 드러내거나 때로는 신이 근심에 빠진 모습을 묘사하는 장면들이 어김없이 등장한다. 이러한 장면들은 인간적인 떨림과 숨 가쁨을 완전하고 불변하는 축복 속에 투영하려는 시도일 수도 있고, 아니면 단지 땅에서는 아무것도 기대할 수 없는 인간의 고통이라는 한계와 고독에서 벗어나기 위해 하늘의 구원을 기대하는 희망의 표현일 수도 있을 것이다.

그러나 동정은 인간이 어떤 도덕적 윤리나 보호의 상징으로 경험하는 '저 높은 곳'에 뿌리를 둔다거나, 어떤 초월적 존재에 대한 종교적 믿음의 표현이나 표출, 혹은 단순히 타자의 현존과 인간의 존엄성이 불러일으키는 감정을 토대로 한다기보다는, 이와는 무관하게, 우선적으로 어떤 만남의 언어, 하나의 관계가 발하는 빛에 가깝다.

자비에
관하여

자비, '미세리코르디아miséricordia'는 구약 성서와 신약 성서를 통틀어서 신과 인간의 관계를 지배하는 감정이다. 성 히에로니무스Saint Jérôme가 성서를 라틴어로 번역하면서 사용한 '미세리코르디아'는 동정을 뜻할 뿐 아니라 동정을 뛰어넘어 광범위한 영역에서 활용되었다. 유대교와 그리스도교는 사실 자비를 구하는 아주 다양한 형태의 기도문들을 가지고 있었다. 자비롭다는 것이 바로 신의 특성 중 하나였기 때문이다. 중세 교부 철학에 따르면, 신의 본질을 결정하는 세 요소, 즉 선함Bonum과 유일함Unum과 진실함Verum 가운데 선함의 일부를 차지하는 것이 바로 자비이다.

〈시편〉 51장은 다음과 같은 구절로 시작된다. "나를 불쌍히 여기소서Miserere mei, Deus." 그리스도교 의례에 활용되기 시작하면서 기도문으로 발전한 〈시편〉은 기도를 통해 신에게 자비를 구하면서 인간 세계와 신의 완벽한 세계, 타락한 인간 세계와 에덴동산, 땅과 하늘 사이의 거리가 얼마나 까마득하고 좁히기 힘든 것인지를 시사해왔다.

교회 음악 역시 성가 〈미제레레Miserere〉와 화성의 끝없는 변화를 통해 이 거리감을 간접적으로 경험하게 하고 그런 식으로 예술이 이 간극을 오히려 좁힐 수 있다는 가능성을 보여주면서 이 까마득함에 대한 이야기를 나름대로 지속해왔다. '천상의celestiale'라는 형용사는 교회 음악이 성가 자체를 수식하는 데 사용했던 말이다. 〈미제레레〉의 음악 세계는 기도와 음악의 조화가 이루어낸 높은 경지의 세계를 보여주었다. 폴리포니의 승리라고 할 수 있는 그레고리오 알레그리Gregorio Allegri의 〈미제레레〉는 조반니 피에르루이지 다 팔레스트리나Giovanni Pierluigi da Palestrina의 카덴차와 그레고리오 성가의 변주를 비상과 외침이나 다름없는 뜨거운 목소리의 조화 속에 화려하게 배치했고(이 곡이 14세의 볼프강 아마데우스 모차르트Wolfgang Amadeus Mozart가 아버지와 함께 로마를 방문했을 때 시스티나 성당에서 연주를 듣고 암기했다가 고스란히 악보로 옮겼던 작품이다) 가에타노 도니체티Gaetano Donizetti의 〈미제레레〉는 합창과 관현악의 조화롭고 끈질긴 대화를 통해 모든 변주곡을 고통스럽고 명상적인, 장엄한 파도 속에 가라앉혔다. 음악뿐만 아니라 미술 분야에서의 노력도 주목할 만하다. 예를 들어 조르주 루오Georges Rouault는 20세기의 비극이 진행되던 시기에 그리스도와 인간의 고난을 그린 강렬한 느낌의 판화 58점을 〈미제레레〉라는 제목으로 발표했다.

복福에 대한 복음서의 설명은 사랑을 토대로 하는 상호 관계의 핵심이 자비임을 보여준다. "자비를 베푸는 사람은 복이 있으니 자비를 입을 것이다"(〈마태오 복음서〉 5장 7절). 이와 유사한 관계를 우리는 구약 성서에 신이 인간에게 베풀고 인간이 다시 신에게 보답하는 형태로 등장했던 사랑의 관계에서 발견할 수 있다. 이것이 바로 히브리어 '헤세드'

*에 내포된 사랑(〈호세아〉 2장 21절, 〈예레미야〉 2장 2절), 서로를 긍휼히 여기는 사랑, 더 나아가 하늘과 땅의 언약으로 확장되는 사랑이다. 《셉투아진타Septuaginta》**가 '헤세드'의 번역어로 선택한 그리스어는 '엘레오스'다.

　여기서 인간에 대한 신의 '자비'는 사랑의 범주에 속한다. 자비는 하나의 원리로서의 사랑이며, 그리스도교에서 인간의 형상을 한 신이 말하는 내용의 본질이다.

　이 자비의 지상적 표현이라고 할 수 있는 것이 축복을 비는 것에 응답하는 형태의 자비, 즉 박애carità나 배려, 혹은 구조의 손길이다. '일곱 가지 자비로운 행동'***은 그리스도교 윤리의 역사 속에서 드러난 박애의 능동적이고 자비롭고 열성적인 측면을 다양한 형태로 보여준다. 이 시점에서 우리는 얼핏 모순적으로 느껴지기도 하는 쇠렌 어뷔 키르케고르Søren Aabye Kierkegaard의 말에 주목할 필요가 있다. "자비는 곧 사랑의 행위다." 키르케고르가 강조하는 바는, 부자들이 자비를 베

---

* '헤세드'는 그리스어로는 자비 혹은 동정을 뜻하는 '엘레오스'로 번역되고, 라틴어로는 '미세리코르디아'로 번역된다. 또한 헤세드는 박애를 뜻하는 그리스어 '아가페'와 라틴어 '카리타스'에 상응하는 말이기도 하다.
** 구약 성서의 가장 권위 있는 그리스어 번역본으로, 기원전 3세기 중엽에서 기원전 1세기까지 알렉산드리아, 팔레스타인 등지에서 번역해 집대성한 판본이다.
*** 가톨릭교회가 말하는 일곱 가지 자비로운 행동은 자비를 얻기 위한, 즉 지은 죄를 용서받고 천국에 들어가기 위한 행동으로 ① 주린 자에게 먹을 것을 주고 ② 목마른 자에게 마실 것을 주고 ③ 헐벗은 자에게 옷을 입히고 ④ 나그네를 영접하고 ⑤ 병든 자를 돌보고 ⑥ 옥에 갇힌 자를 찾아가고 ⑦ 죽은 자를 장사 지내는 것을 말한다(〈마태오의 복음서〉 25장).

풀어야 한다는 점에는 모두가 동의하는 편이지만, 진정한 의미의 그리스도교적 실천에서 가장 중요한 것은 자비를 금전으로부터 완전히 분리시켜야 한다는 것, 즉 자비가 아무런 조건 없이 이루어지는 하나의 순수한 행위이자 태도라는 점을 잊지 말고 온갖 종류의 계산과 계량 및 모든 외부 요소로부터 자유로운 자비의 자세를 유지해야 한다는 것이다. 그런 이유에서 부자들에게 자비를 설파한다는 것은 쓸모없는 짓이라는 것이 키르케고르의 생각이다. 자비가 금전과 무관하다면 가난한 사람들도 얼마든지 자비로울 수 있다. 아무것도 베풀 수 없는 사람이 사실은 아주 많은 것을 베풀 수 있는 것이다. 키르케고르는 동정 어린 행위의 순수함과 그것이 아무런 조건 없이 행해져야 한다는 점을 강조함으로써 상업적인 것의 속박에서 벗어난 자비의 기초가 사랑이라는 것을 보여준다. 자비는 본질적으로 한 주체의 내면을 완전히 사로잡는 감정이다. 자비가 확장하는 것은 선사膳賜만이 보여줄 수 있는 형식과 자세다. 가격과 단위가 없고 측량 불가능한 것이 자비다.

하락,
고통 속으로

사랑, 자비, 박애, 동정 같은 말들은 동일한 성좌에 모여 있다. 그리고 이 성좌가 새롭게 빛을 발하기 시작한 것은 세상의 죄를 짊어지기 위해 스스로 인간이 된 그리스도의 형상을 통해서다. 그리스도의 육화는 스스로에게 무한한 고통을 허락하며 이루어진다. 겟세마니 언덕의 이미지는 어느 누구도 위로할 수 없는 이 고통의 고독 속으로 곤두박질치는 추락의 이미지다. 하늘마저 외면한 고통, 아득한 곳에 머무는 절대적인 존재 아버지의 침묵으로 인해 더욱더 가중되는 고통의 이미지, 인간들에게 인간의 모습으로 나타난 신의 행위 못지않게 극단적인 두려움과 절망이 뒤따르는 심연의 이미지다.

미술이 그리스도의 고난을 표현하면서 어떤 주제들을 좀 더 집중적으로 다루었다면 교회와 전통문화는 이러한 주제들을 또 다른 이미지와 이야기를 통해 보다 풍부하게 꾸미는 데 기여했다. 성서 해석자들의 다양한 해석과 함께 "십자가의 길"에 등장하는 에피소드들은 이미지를 통해 미술로 발전했고, 이를 통해 구체화된 다양한 창작 형식들은 종교적 명상 자체의 리듬으로 발전했다. 채찍질당하는 예수의 모습과 겟세마니 언덕을 지배하는 예수의 고독, 십자가에 못 박히는 예수의 모습 등은 피에로 델라 프란체스카Piero della Francesca, 안드레아 만테냐Andrea Mantegna, 디에고 로드리게스 데 실바 이 벨라스케스Diego Rodríguez de Silva y Velázquez를 비롯한 수많은 화가들의 다양한 회화 작품 속에서 인간의 여정과 신의 여정이 만나는 지점으로서의 죽음, 벌거벗음, 추락, 고독의 이미지로 표현되었다.

예수의 고난은 신성 자체의 전복, 신의 추상적 근접 불가능성의 전복에 대한, 즉 인간이 되어 인간이 겪는 고통의 모든 관문을 통과하는 신에 관한 이야기다. 십자가는 신성의 추락, 심지어 신성 모독의 상징이기도 하다. 이 고통의 심연으로 곤두박질치는 추락에 기반을 두고 그리스도교는 스스로의 신학적 원리를 구축했다. 단지 이 원리가 필연적으로 부활을 하나의 눈부신 거울로 가지고 있을 뿐이다.

이미지와 이야기의 형태로 변신한 예수의 고난은 일상과 명상의 무대 위에 의례로 등장했다. 수세기에 걸쳐 사람들은 해마다 자신의 신앙과 전통문화에 대한 기억 속에 살아 숨 쉬는 성서의 인물들로 분장하고 거리로 나와 이 수난의 장면들을 다양한 방식으로 연출해왔다.

까마득한 어린 시절, 밤의 적막을 깨고 울려 퍼지던 목수, 대장장이, 농부들의 목소리를 다시 떠올려본다. 해질 무렵, 남자들과 얼굴을 가린 여인들이 무리를 지어 꽃과 새싹으로 장식된 묘지를 찾아간다. 그리고 광장을 향해 출발한다. 광장 어디에선가 몇몇 사람들이 크게 외치는 소리가 들려온다. "바라바!" 사람들이 모여 있는 곳 저편에서 침묵 가운데 불안한 모습으로 어깨에 붉은 망토를 걸친 채 지켜보던 누군가가 큰 소리로 "무엇이 진실인가?"라고 외친 뒤 손 씻는 자세를 취한다. 머리카락을 바람에 휘날리며 숨을 몰아쉬는 젊은 죄수는 커다란 십자가의 무게를 이기지 못하고 몇 번이나 바닥에 쓰러진다. 모두가 아는 사람들이 배우로 등장하고 모두가 익히 아는 말과 행동을 연기해 보이지만 그럼에도 불구하고 마치 시간이 멈춘 듯한 분위기 속에서, 봄날의 밤바람과 함께 전해지는 한마디의 말, 누군가의 시선, 하나하나의 장면이 모두 새롭게 느껴지고 그것이 반복되는 무대라는 사실을 경이로운 기운으로 잊게 만든다. 다음 날, 대장장이와 목수는 다시 일을 시작하고 농부들도 밭으로 나가지만 이들이 수난극에서 연기해낸 인물의 이름은 이들의 본래 이름을 오랫동안 따라다니고, 심지어 그 이름을 대체하기도 한다.

수난극은 우리의 언어와 문화의 기억 속에 깊이 뿌리박혀 있다. 민속극의 형태로 묘사된 예수의 수난은 지금과 마찬가지로 나의 유년기에도 종교적인 메시지를 지니고 있었다. 그 장면들을 나는 아직도 또렷이 기억한다. 저녁이 되면 거리로 수난극 행렬이 들어서고, 행렬에 참여하지 않는 수많은 사람들이 집 앞으로, 광장의 구석구석으로 나와 선다. 갑작스러운 침묵이 집과 거리에 내려앉으면서 죽은 그리스도를 어깨에 메고 무겁게 걷는 이들의 발소리가 들리기 시작한다. 그 뒤를 이어 '슬픔에 잠긴 마리아상Mater dolorosa'이 등장하고 가로등과 창문에서 새어 나오는 불빛이 그리스도와 마리아상 위로 내려앉는다. 사람들이 느릿느릿한 걸음을 완전히 멈추는 순간, 더욱더 무겁게 가라앉는 침묵을 뚫고 검은 옷을 입은 여인들의 합창 소리가 울려 퍼지기 시작한다. 부드러운 비명인 듯 고통스럽게 밤공기를 찢으면서 하얀 골목길로 파고든 여인들의 목소리는 부드럽고 관능적인 마드리갈 성가로 변하면서 선율을 따라 움직이다가 가시처럼 날카로운 소리를 낸 뒤 머뭇거리듯이 고통스러운 기도 속으로 빠져든다. 사람들은 어린 시절에 처음 보고 들었던 장면과 노래들을 떠올리며 생각을 멈추고 감격에 젖어 귀를 기울이다가, 침묵 속에서 서서히 집으로 돌아간다. 밤바람이 불어오는 가운데 고통스럽게 "들어라, 딸들아, 들어라"라고 울부짖으며 서막을 알렸던 노래는 그렇게 끝을 맺는다.

자비로운 세 여인

단테가 《신곡》의 서두에서 언급하는 동정, 즉 인간에게 길을 보여주기 위해 등장하는 천상의 동정에 대해 살펴보자. 단테는 숲에서 길을 잃는다. 그 숲은 구원의 길을 방해하는 세 마리 짐승*이 다스리는 곳이다. 그런 처지에 놓인 단테를 불쌍히 여겨 이 세 짐승을 무찌르기 위해 등장하는 세 천상의 여인이 바로 동정녀 마리아와 루치아와 베아트리체다. 단테를 구하라는 동정녀 마리아의 명령을 받드는 여인은 베아트리체다.

　　자비로운 천상의 여인께서 이 장애물을 슬피 여겨

---

* 세 마리 짐승은 표범, 사자, 암늑대다. 표범은 '음란'을 상징하고, 사자는 '오만'을, 암늑대는 '탐욕'을 상징한다. 이것이 사람들을 죄의 길에 들어서도록 유혹하는 세 가지 주요 악덕이다.

그것을 무너뜨리기 위해 그대를 보내니*

혼란에 빠진 단테를 보고 가슴 아파하는 동정녀 마리아의 근심에 화답하는 것이 바로 베아트리체의 동정pietà, 머나먼 지상적 사랑으로부터, 이제는 전부 신학적 앎의 차원으로 승화된 근본적인 사랑으로부터 솟아오른 동정이라고 할 수 있다. 이제 베아트리체의 말을 단테에게 전하는 인물은 베르길리우스다. 천상의 여인들이 단테를 구해야 한다고 의견을 모으자 결국 베르길리우스가 지옥의 고리와 연옥의 환도를 여행하는 단테의 안내자로 나서게 된다.

《신곡》의 도입부에 등장하는 세 여인의 동정은 사실 은총의 모습, 혹은 여러 단계에서 다양한 형태로 인간의 고통에 가까이 다가서는 은총의 발현이라고 할 수 있다. 저세상을 돌아다니는 단테의 여행은 전부 이 은총의 지평 위에서 이루어진다. 시의 도입부에서 정화를 위한 단테의 여행, 즉 순례의 여정을 활짝 열어젖히는 것은 길 잃은 단테를 측은히 여기는 하늘의 연민이다. 여정이 막바지에 이르렀을 때 단테가 도달하게 될 눈부신 세계의 극단적인 아름다움 역시 은총을 구하는 기도로 가능해진다. 이것이 바로 베르나르도가 동정녀 마리아에게 간절히 구하는 은총이다. 기사도 정신을 토대로 쓰인 듯이 느껴지는 이

---

* 《신곡》, 〈지옥〉 2곡 94~95절. "Donna è gentil nel ciel, che si compiange / di questo impedimento ov'io ti mando." '천상의 여인'은 동정녀 마리아를, '장애물'은 세 마리 짐승을, '그대'는 베르길리우스를 가리킨다.

하의 기도는 모순적이면서도 신비한 조합을 유지하는("동정녀 어머니여, 당신 아들의 딸이여") 한 여인의 아름다움과 고귀함을 강조하는 동시에 동정의 고유한 특징들을 중요한 요소로 부각한다.

> 당신 안에 자비가, 당신 안에 동정이
> 당신 안에 너그러움이 있으니, 당신 안에
> 피조물의 모든 장점이 모여 있습니다.*

"그에 어울리는
꿈의 민족을 창조했으니"

레오파르디가 《교훈적 소품들Operette morali》의 첫 번째 이야기로 인류의 기원을 다루며 쓴 〈인류의 역사Storia del genere umano〉라는 글에서, 제우스와 신들은 인간을 창조한 뒤 얼마 지나지 않아 '인간의 불행에 대한 동정심'에 사로잡힌다. 인간은 세상이 유한하고 끝없이 반복될 뿐이라는 것을 금방 깨달았다. 불변하는 회색 땅은 항상 동일한 모

---

* 《신곡》, 〈천국〉 33곡 19~21절. "In te misericordia, in te pietate, / in te magnificenza, in te s' aduna / quantunque in creatura è di bontade."

양새를 유지하고 동일한 경계 안에 머물면서 아무런 변화도 허락하지 않았다. 저세상에 대한 예견을 가능케 하는 세계관은 허락되지 않았다. 모든 것이 똑같고 끝없이 반복될 뿐이라는 사실에서 오는 슬픔과 괴로움은 견딜 수 없이 컸다. 이러한 인간의 불행과 한계에 동정심을 느낀 제우스는 땅의 경계를 넓혀 인간을 끝없이 반복되는 세계로부터 탈출시키겠다고 결심했다. 이를 위해 제우스는 풍경을 다채롭게 하고, "광대함에 대한 살아 있는 비유"로 바다를 창조하고, 산의 정상을 더 높이 끌어 올리고, 하늘을 별로 장식하고, "인간들이 그토록 욕망하는 무한한 세계의 허상들을" 도처에 창조한 뒤, 끝으로 이러한 구도와 잘 어울리는 "꿈꾸는 민족"을 창조했다. 그런 식으로 인간들이 꿈의 헛되고 변화무쌍한 상상력을 통해 실제로는 인간에게 주어지지 않은 행복의 환영에 빠질 수 있게 만들었던 것이다.

> 제우스가 세상을 넓히고 그에 어울리는 꿈의 민족을 창조한 것은, 인간의 생각을 다양한 형태로 기만하는, 지적으로 이해하기 불가능한 행복, 제우스 자신도 현실로 환원할 방법을 찾지 못한 그런 행복의 충만함을 떠올릴 수 있도록, 그 불안정하고 당혹스러운 환영들을 마음껏 떠올릴 수 있도록 하기 위해서였다. 이 환영 자체에 대해서는 제우스 자신도 실질적인 예를 창조해낼 수 없었다. 그럼에도 불구하고 인간들은 그것을 간절히 원했다.

하지만 인간에 대한 제우스의 동정에는 한계가 있다. 인간의 본성을 본질적으로 바꾸지 못하고 오로지 시각적인 것과 상상력의 차원에서만 인간 세계에 개입할 수 있다는 것이 그의 한계다. 그가 할 수 있는 것은 인간의 시야를 넓히고, 원대함에 대한 인식을 허락하고, 상상력을 자극하고, 무한함에 대한 살아 있는 비유들을(오로지 비유만) 제시하고, 상상력의 범위를 넓힐 수 있는 가능성을 선사하고, 과거로부터 거슬러 올라와 미래의 모습을 그려내는 환영과의 끊임없는 대화를 허락하는 일이다. 이것이 창조의 완성을 꾀하는 신의 위대한 과제다. 하지만 이런 식의 완성과 향상은 한 가지 의혹을 남긴다(독자들 역시 이런 의혹을 감지할 것이다). 신이 본질적인 차원에서 모든 것을 창조하거나 허락할 힘을 지녔다면 신이 인간에게 항구적인 행복의 조건을 허락하지 않았다는 것은 곧 그가 피조물의 운명을, 적대시하지는 않았다 하더라도 적어도 외면한 것이라고 볼 수 있지 않나 하는 의혹이다. 그렇지 않다면 신성 자체는 스스로의 무능력이라는 한계 속에 갇혀 있다고 봐야 할 것이다. 결과적으로 우리는 신성이 신의 부재와 일치하는 심연의 경계에 위치할 뿐일지도 모른다.

어쩌면 우리에게 남은 것은 오래된 기원의 설화뿐인지도, 어쩌면 우리는 어떤 환영의 감미로운 구도와 서사가 선사하는 기쁨으로 만족해야 하는 것인지도 모른다.

9장

영웅의 눈물

전사에게 동정을
호소한다는 것

신화 속에서 고통 받는 인간에 대한 신의 동정은 합창의 형태로 표현되는 것이 보통이다. 인간에게 동정을 선사하는 것은 한 신의 과제로 머물지 않고 여러 신들의 동참을 필요로 한다.

《일리아스*Ilias*》의 마지막 장에서 우리가 만나는 인물은 아킬레우스다. 태양이 바다에서 솟아오를 때 아킬레우스는 빠른 말들을 마차에 맨 뒤 핏기 없는 헥토르의 시신을 마차에 묶는다. 분노를 참지 못하고 마차에 올라탄 아킬레우스는 시신을 끌고 파트로클로스의 무덤 주변을 무자비하게 먼지를 일으키며 달린다. 친구의 죽음으로 인한 고통을 그런 식으로 잔인한 행위를 통해 털어버리려고 했던 것이다. 하지만 아킬레우스가 한 영웅의 시신을 그토록 잔인하게 다루는 모습이 신들을 분노하게 만든다.

그때까지 헥토르의 시신이 먼지 속에 나뒹굴도록 방치했지만 그의 시신에 상처까지 입히는 일은 허락하지 않았던 아폴론이 먼저 입을 열어 신들 앞에서 열변을 토한다. 아킬레우스의 무자비함을 폭로하며 아폴론은 이렇게 말한다. 한 영웅의 시신이 훼손되는 모습을 신들이 어떻게 그냥 보고만 있을 수 있는가? 트로이에서 가장 용감한 전사였던 아들을 잃고 괴로워서 진흙탕을 뒹굴고 있는 나이 든 아버지 프리아모스의 절망과 눈물을 어떻게 그냥 외면할 수 있단 말인가? 아폴론은 신들 앞에서 이렇게 울부짖는다. "아킬레우스에게 동정심이라고는 조금도 남아 있지 않습니다!" 헤라는 한낱 인간에 불과한 헥토르를 여신의 아들인 아킬레우스와 비교한다는 것은 있을 수 없는 일이라고 아폴론에게 불만을 토로한다. 이 이야기를 듣고 드디어 입을 연 제우스는 인간에게 돌아가야 할 영광과 한 여신의 아들에게 돌아가야 할 영광은 분명 다르지만, 헥토르는 어쨌든 인간 중에서도 신들이 가장 사랑하고 아끼는 존재였고 영웅들 중에서 가장 신심이 뛰어난 인물이었다고 말한다. 그리고 누군가에게 아킬레우스의 어머니 테티스를 신들 앞으로 데려오라고 시킨다. 제우스가 말을 마치기도 전에 이리스가 테티스를 찾아 나선다. 테티스는 깊은 해식 동굴 안에서 바다의 신들에게 에워싸여 울고 있었고, 둘러선 신들 모두가 그녀의 탄식에 귀기울이고 있었다. 테티스는 머지않아 자신의 아들에게 닥칠 죽음 때문에, 그것도 트로이라는 외지에서 아들이 죽어야 한다는 사실 때문에 눈물을 흘리고 있었다. 하지만 이리스의 권고에 따라 제우스를 만나러 가야 하는 그녀는 검은 망토를 뒤집어쓰고 올림포스 산을 향한다. 제우스가 내미는 금잔으로 목을 축인 테티스는 머지않아 세상을 떠날 아들의 운명 때문에 고통스러워하면서도 신들이 내린 결정에 귀를 기울인다. 제우스는 테티스에게 아킬레우스가 프리아모스를 받아들이도록 그를 설득하라고 이른다. 트로이의 왕 프리아모스가 아들 헥토르의 시신과 맞바꾸기 위해 선물을 가지고 아킬레우스를 찾아오면 그를 손님으로 맞이하라는 것이었다. 그사이 전령 이리스는 프리아모스를 찾아가, 두려워하지 말고 나이 든 전령 한 명과 함께 마차를 타고 그리스인들의 진영으로 들어가 아킬레우스를 만나라고 이른다. 그에게 아들의 시신을 돌려달라고 청하라는 것이었다. 그러는 사이에 테티스는 아킬레우스가 머무는 막사에 도착해 아들의 손을 붙잡고 아들을 쓰다듬으면서, 그에게 예정된 어두운 운명을 숨기지 않고 동정을 베풀라는 제우스의 메시지를 아들에게 전한다. 막사 앞에서 어머니와 아들이 대화를 나누는 동안 호흡이 없는 적장의 시신이 요구하는 것은 이제 동정이다. 적막이 내려앉은 수평선 위로 검은 구름이 또 다른 죽음을 예고하며 하늘을 가린다. 전쟁이 머지않아 닥칠 아들의 죽음을 통해 시사하는 것은 일종의 잔인함, 즉 동정과 상실의 뼈아픈 결속력이다.

트로이와 영웅들의 전쟁 이야기가 수세기에 걸쳐 여러 언어로 수많은 독자들의 상상력을 자극해온 것은 사실이지만 영웅적인 죽음을 찬양하는 어떤 미학도 전쟁이 동반하는(그 전쟁이 신화이든 역사이든 간에) 살생의 혐오스러움을 감출 수 없을 것이다.

아버지의
모습
―

  동정에 대한 철학적인 정의들 가운데 하나로 꼽히는 바뤼흐 스피노자Baruch Spinoza의 정의를 살펴보면 동정이라는 뜻의 적용 범위가 확장되어야 한다는 생각이 든다. 그는 감정의 기원과 본질을 다루는《에티카Ethica》에서 이렇게 말한다. "동정은 우리가 우리와 비슷하다고 느끼는 누군가에게 일어난 불행에 대한 생각이 동반되는 슬픔이다." 그러나 이 '우리'는 우리와 너무 가까워서 오히려 우리의 일부라고 할 수 있는, 우리의 내면에 끊임없이 찾아오는 더 많은 사람들을 포함할 수 있다. '유사성'의 영역에 사실은 가까이에 있는 사람들도 얼마든지 포함될 수 있다. 에로스적인 사랑의 관계, 정감 어린 관계, 가족 관계에 있는 모두가 동정이란 감정을 쉽게 불러일으킬 수 있는 이들의 영역에 속한다. 스피노자가 말하는 불행은 우리가 우리와 비슷하다고 상상하는 누군가에게뿐만 아니라 우리와 가까운 아버지, 어머니, 형제, 자매, 친구, 연인 같은 누군가에게도 얼마든지 일어날 수 있다.
  그리스 서사시에서 이러한 유사성의 확장으로 볼 수 있는 에피소드는 다름 아닌 프리아모스와 아킬레우스의 만남이다.《일리아스》의 마지막 장으로 돌아가 보자. 앞에서 살펴본 것처럼 아폴론의 제안과 제우스의 명령에 따라 아킬레우스의 영혼을 동정심에 귀 기울이도록 인도하는 것은 그의 어머니 테티스다. 하지만 아킬레우스가 프리아모스를 기꺼이 받아들여야 한다는 신들의 결정이 이미 있었음에도 불구하고 두 사람의 관계, 즉 그리스의 영웅 아킬레우스와 그의 적이었던 헥토르의 아버지 프리아모스의 관계는 신들의 결정과는 별개로 자율적이고 이들의 고유한 성격을 토대로 전개되는 듯이 보인다. 신들과 죽을 운명에 처한 영웅들의 신화적인 관계 속에는 이후에 그리스도교 신학의 교리로 발전되기까지 하는, 신의 협력과 인간의 자유 의지의 관계와 흡사한 무언가가 있는 것처럼 보인다.

늙은 프리아모스는 이리스로부터 제우스의 메시지를 받고 두려움을 떨쳐버린다. 그리스인들의 진영으로 나아가 아킬레우스를 만나서 아들 헥토르의 시신을 돌려달라고 당당하게 요구할 수 있다고 믿은 프리아모스는 아내의 만류에도 불구하고 살아남은 자식들에게 마차를 준비시킨다. 마차에는 아들의 시신을 가져오는 대가로 지불해야 할 옷과 망토와 담요와 귀한 천들과 화려한 금잔을 싣는다. 트로이의 왕 프리아모스는 제사장들의 축복의 기도와 왕을 성문까지 배웅하는 기마병들의 격려 속에서 험난한 여행을 떠난다. 그 순간 제우스의 명령으로 프리아모스를 그리스 진영까지 신속하고 안전하게 데려가기 위해 등장한 헤르메스가 왕의 마차에 올라탄다. 물론 걸인의 모습을 하고 등장한 헤르메스가 왕에게 자신의 정체를 밝히는 건 이들이 아킬레우스의 막사에 무사히 도착한 뒤의 일이다.

천막 안에서 프리아모스와 아킬레우스가 얼굴을 마주한다. 수세기에 걸쳐 수많은 문학과 회화 작품들이 묘사해온 것처럼, 아들의 죽음으로 인해 절망에 빠진 아버지와 그 아들의 생명을 빼앗은 적의 만남이 이루어진 것이다.

분노한 적의 감정을 어떻게 누그러트린단 말인가? 전우의 죽음으로 가슴에 깊은 상처를 입었고 적에 대한 복수심으로 불타고 있는 한 전사의 감정을 어떻게 가라앉힌단 말인가? 프리아모스의 간청은 무엇보다도 동의를 구하는 자세에서, 다시 말해 그들이 공유하고 있고 그들의 마음속 깊은 곳에서 그들을 하나로 묶어주는 요소를 확인하는 관점에서 시작된다. 프리아모스는 이렇게 말한다. "자네의 아버지를 기억해보게. 자네 앞에 서 있는 이 노인, 자식을 잃은 고통으로 어쩔 줄 몰라 하는 이 노인은 사실 자네 아버지와 다를 바 없지 않은가! 모든 노인들이 그렇듯이 세월의 힘을 이기지 못해 쓰러질 것 같은 몸을 이끌고 자네 앞에 와 있는 나는 전쟁 때문에 죽은 자식들의 수만큼이나 많은 상처를 안고 있는 사람이네."

아들의 시신을 돌려달라고 애걸하는 프리아모스의 말은 아킬레우스의 마음을 움직이기 시작하고, 아킬레우스는 솟구쳐 오르는 눈물을 끝내 참지 못한다. 아킬레우스가 우는 것을 보고 프리아모스는 이렇게 말한다. "신들에게는 존경심을, 나에게는 동정심을 가져주게." 아킬레우스가 떠올리는 파트로클로스의 이미지에 자신의 아버지 펠레우스의 이미지가 중첩된다. 두 사람 다 그의 동정을 불러일으키는 인물이다. 이제 이 전사의 가슴에 동정이 자리 잡기 시작했음을 알리며 그의 눈에서 눈물이 흘러내린다. 그의 눈물은 어린 파르토클로스의 시신에 이르고, 아버지 펠레우스의 얼굴에, 그리고 또 다른 아버지, 그가 마주하고 있는 프리아모스의 얼굴에 이른다. 하나의 욕망처럼 솟아났던 아킬레우스의 눈물은 아들의 시신을 애걸하는 아버지 프리아모스의 눈물과 고통스러운 대화를 시작하면서 그의 뺨 위로 흘러내리고, 그가 울음을 멈추고 말을 시작하는 순간 인간의 불행에 대한 하나의 성찰로, 신들이 모르는 보편적 불행에 대한 성찰로 변신한다.

아킬레우스는 프리아모스가 가져온 선물들 중에서 두 폭의 아마포와 정결하게 만든 튜닉 한 벌을 골라, 깨끗이 씻기고 기름을 바른 헥토르의 시신을 덮어준다. 그리고 손수 시신을 안아 들것에 올린 뒤 마차에 싣는다. 자신의 의무를 다한 아킬레우스는 다시 눈물을 흘리면서 늙은 손님에게 음료와 술을 대접한다. 그리고 프리아모스가 청하는 대로 트로이가 헥토르의 장례를 치르는 9일 동안 전쟁을 중단하겠노라고 약속한다.

집으로 돌아가는 프리아모스의 마차를 인도하기 위해 다시 헤르메스가 나타난다. 멀리 평야에서 아들의 시신을 마차에 싣고 돌아오는 아버지의 모습을 가장 먼저 발견하는 것은 카산드라다. 성벽 안으로, 목숨을 잃은 채 돌아오는 트로이의 영웅이자 오빠인 헥토르를 영접하기 위해 카산드라는 백성들을 불러 모은다. 헥토르의 아내 안드로마케의 애도의 눈물과 함께 헤카베와 헬레네가 눈물을 쏟아낸다. 서사시는 헥토르의 화장과 함께, 반짝이는 포도주로 불을 끄는 장면과 뼈 위로 높이 솟아오르는 비탄의 목소리와 함께 막을 내린다.

《일리아스》의 마지막 장을 다 읽은 뒤에 내게 떠오른 것은 포스콜로의 시다. 오래 세월이 지난 뒤에도 호메로스의 마지막 구절과 소통하면서 신화에 답하는 듯한 구절을 그의 시에서 읽을 수 있기 때문이다. 이러한 소통은 신화를 다른 시대에 다른 언어로 받아들이기 위해 필요하다. 왜냐하면 '수천 년 동안의 침묵을' 이겨내면서 '사람들로부터 사람들에게' 전달되는 것이 바로 신화와 신화가 수용하는 시이기 때문이다.

> 헥토르, 눈물의 영광은 그대의 것,
> 조국을 위한 통곡이 신성하고 조국을 위해 눈물을 흘려
> 마땅한 곳이라면 어디에서든,
> 인간의 불행 위로 태양이 빛나는 한은

셰익스피어의
비극
——

"동정으로 인해 내 눈에서 눈물이 흘러내리는 것은 결코 하찮은 일이 아닙니다." 무릎을 꿇고 애걸하는 어머니의 청에 답하는 코리올라

누스의 말이다. 로마의 적이 된 로마 군인의 강인한 성격을 엿볼 수 있는 말이지만, 이미 동정의 움직임을 예감하게 하고 조국의 백성을 상대로 하는 잔인한 전쟁의 포기를 충분히 예상하게 하는 말이다. 코리올라누스라는 이름은 볼스키족의 영토를 점령하면서 그들의 도시 코리올리에서의 승전 기념으로 가이우스 마르키우스에게 주어진 영예로운 호칭이다. 일찍이 타르퀴니족을 점령하면서 영웅으로 떠오른 그는 자존심으로 뭉친 언어와 오만함으로 굳어진 심장과 전쟁의 영광과 상처로 살아가는 로마 군인이다. 그의 친구이자 로마의 원로인 메네니우스와 코미니우스가 보기에 코리올라누스의 전사로서의 가치는 무엇과도 비교할 수 없는 것이었다. 전투에서 수많은 상처와 함께 수많은 승리를 거머쥔 그의 용기는 그러나 서민들을 멸시하고 경멸하는 오만한 자세로 이어진다. 항상 서민들의 입장을 옹호하는 호민관들에게 그런 자세는 용납할 수 없는 것이었다. 이어서 곡식 쟁탈을 위해 반란을 일으킨 서민들의 행동을 코리올라누스가 강력하게 비판하자 그에 대한 서민들의 분노가 하늘을 찌르기에 이른다. 결국 원로원의 결정에 따라 로마의 영웅 코리올라누스는 망명을 떠나야 하는 처지에 놓인다. 어머니와 아내, 아들에게 작별을 고한 코리올라누스는 하지만 변장을 하고 볼스키족의 도시로 잠입해 들어간다. 조국에 대한 복수를 결심한 그는 자신이 수없이 싸워온 적장 아우피디우스에게 자신의 정체를 밝힌 뒤 그와 손잡는다. 그리고 로마를 침략하기 위한 전쟁을 준비한다.

그렇게 로마의 영웅 코리올라누스는 적의 군대를 이끌고 로마를 무찌르기 위해 고향 땅을 향한다. 전략으로 변한 그의 광기와 복수심은 로마의 길에 고통을 뿌리기에 이른다. 어떻게 하면 이 강력한 배신자의 걸음을 멈추게 할 수 있을까? 어떻게 하면 꽁꽁 얼어붙은 그의 가슴을 녹일 수 있을까? 로마인들은 코리올라누스에게 그의 후견인이자 친구였던 원로 메네니우스와 코미니우스를 사절로 보낸다. 그러나 로마로 돌아온 메네니우스는 코리올라누스에 대해 이렇게 말한다. "그를 보면 잘 익은 포도를 먹다가도 신맛이 느껴질 정도로 심술궂은 얼굴을 하고 있습니다. 걷는 모습은 마치 전투용 투석기 같아서 그가 지나가는 곳은 땅까지 몸을 움츠립니다. 그는 눈빛 하나로 갑옷까지 뚫을 수 있는 인간입니다. 또한 북처럼 투덜거리고 종이 울리는 것처럼 말합니다. 자리에 앉을 때도 꼭 알렉산드로스 대왕처럼 앉습니다. 불멸의 능력과 다스릴 하늘만 있다면 그는 신이나 다름없을 것입니다." 그리고 이렇게 덧붙인다. "그에게 동정심을 바란다는 건 호랑이에게 젖을 기대하는 것과 다를 바 없습니다." 그럼에도 이 세상에는 그런 그의 가슴을 녹일 수 있는 사람이 존재한다. 바로 그의 아내와 아이를 데리고 나타난 어머니다. 그에게 동정을 구하는 어머니의 말은 눈물이나 기도와 다를 바 없다. 그의 어머니와 아내와 아들은 그가 자기 손으로 고향 땅의 "내장을 뜯어내는" 것을 바라보며 그저 두려움과 고통에 떨 수밖에 없는 입장에 처해 있다. 이들은 조국의 안녕과 코리올라누스의 승리를 동시에 기원할 수 없는 극단적인 딜레마에 빠져 있다. 로마의 구원은 곧 코리올라누스의 죽음을 의미했고 그의 구원은 곧 로마의 파멸을 의미했다. 결국 어머니는 자신의 결심을 아들에게 털어놓기에 이른다. 그가 로마에 입성하려면 먼저 어머니의 시신을 밟고 지나가야 하리라는 것이었다. 어머니 역시 죽을 각오로 로마의 편에 섰던 것이다. 동정심에 마음이 녹아드는 것을 느끼는 순간 코리올라누스는 자신의 종말을 예감한다. 결국 코리올라누스는 그런 식으로 자신의 희생을 감수하기로 한다. 그는 무기를 내려놓고 로마와 볼스키족의 평화 협정에 서명한 뒤, 아우피디우스에게 돌아가 자신이 내린 결정에 대해 이야기한다. 하지만 그의 배신에 분노한 아우피디우스가 오랫동안 참아온 분노를 터트리며 칼을 꺼내 이 로마의 영웅을 살해하는 것으로 이야기는 끝난다.

코리올라누스의 동정은 어머니가 자식에게 쏟은 애정과 가르침, 아울러 로마의 시민인 동시에 아들의 적이 된 자신의 처지에 대해 토로하는 사이에 고개를 든다. 어머니가 받는 고통에 대한 동정심이 그의 모든 적개심을 무너트리고, 그로 하여금 군인으로서의 무정한 자세를 포기하게 한다. 윌리엄 셰익스피어William Shakespeare의 비극의 토대가 된 티투스 리비우스나 디오 카시우스나 할리카르나소스의 디오니시오스 같은 역사학자들은 바로 어머니에 대한 이 아들의 동정심이 그가 준비하고 있던 조국 살해를 막았다고 기록하고 있다.

폭동과 내란이 끊이지 않던 왕정 시대의 로마를 배경으로 셰익스피어는 한 전사의 극적인 내면적 변화를 무대 위에 올린다. 우리는 조국을 지키다가 입은 상처에 대해 그가 느끼는 대단한 자부심과 불평불만을 일삼는 평민들에 대한 그의 혐오감, 망명과 함께 싹트기 시작한 그의 적개심이 결국 그가 적군의 수장 역할을 감당하도록 만드는 과정, 무엇보다도 무기를 가장 중요시하던 한 인간의 고독을 목격한다. 결국 고개를 드는 것은 모든 전쟁의 승리가 안고 있는 허무함이다. 어머니의 호소 앞에서, 그 끈끈함 앞에서 솟아오르는 그의 감정 앞에서 그가 뜨겁게 외치던 전쟁의 가치는 허무하게 무너져 내린다. 인간적인 욕망의 격동 위에 드리워지는 것은 죽음의 실루엣이다. 전쟁과 휘장揮帳의 무대에 대한 생각, 세상이라는 무대에 대한 생각, 승리의 나팔과 패배의 탄식 모두를 멀어지게 만드는 것이 바로 이 죽음의 실루엣이다.

10장

동정에 대한 앎

철학의 무대에
등장하는 목소리

나는 고통을 모르지 않는 만큼 불행한 자들을 도울 줄 아니.

베르길리우스, 《아이네이스 *Aeneis*》 1권 630행

지평선을 향해 도주하는 듯 들어선 기와들과 거리를 거니는 몇몇 행인들을 배경으로, 아니면 흰 구름이 박힌 청명한 하늘과 하늘을 떠받치는 수평선을 배경으로 하나의 무대를 떠올려보자. 무대에서 들려오는 누군가의 목소리에, 동정을 주제로 고집스럽게 대화를 나누는 철학자들의 목소리에 귀 기울여보자. 서양 철학의 목소리, 그리스의 태양을 바라보며 올리브 나무 그늘 밑에서 혹은 이오니아식 기둥들로 둘러싸인 회랑 밑에서 태어난 목소리, 그리고 다른 시대, 다른 하늘 밑에서 태어난 다른 목소리와 뒤섞이고 모순에 휘말리면서 더욱 또렷해진 목소리, 글이 되고 인간의 본성과 욕망을 탐구하는 책이 되고 사상이 담긴 단상과 산문과 시와 희극과 비극으로 탄생하고 한 시대의 윤리적 체계를 표상하는 계율로, 철학적 소설의 감동적인 대화로 환생한 그 목소리를 원래의 이론적 구도에서 도려낸 뒤 우리만의 언어로 재생해 이 텅 빈 무대 위에, 하나의 길과 하나의 하늘과 하나의 수평선밖에 없는 이 초라한 무대 위에 올려보기로 하자.

한 목소리가 또 하나의 목소리와 대화를 나눈다고, 가끔은 멀리서 들려오는 목소리가 무대 위에서 오가는 이야기와는 아무 상관도 없다는 듯이 무대를 가로질러 그냥 스쳐 지나간다고 상상해보자.

한 목소리가, 타자의 고통에 가까이 다가서는 주체의 내면에는 미세하지만 어느 정도의 '기쁨'과 '쾌락'의 흔적이 남아 있다고 말한다. 위험으로부터 벗어난 안전한 곳에서만 위험에 빠진 사람에 대한 동정의 시선이 가능하기 때문이다. 고통을 실제로 겪고 있지 않은 사람만이 이 고통의 경험에 갇혀 허우적거리는 사람에게 관심을 가지거나 그에 대한 관심을 호소할 수 있기 때문이다. 배가 난파하는 장면을 육지에서 지켜보는 사람은 비극과 무관한 스스로의 위치를 확인하고 안도감을 느낀다. 자신의 처지를 일종의 행운으로 느끼는 것이다. 우리는 이 무관함과 안도감 속에 숨어 있는 쾌락의 그림자를 감지할 수 있다. 그것은 그 순간에 살아남기 위한 파도와의 사투를 벌이지 않아도 된다는 사실에서 오는 쾌락이다.

또 다른 목소리가, 이는 부분적인 사실에 지나지 않는다고 말한다. 우리가 동정에 쉽게 사로잡히는 만큼 고통에 대한 우리의 적대감이 크다는 사실을 덧붙여야 하기 때문이다. 다시 말해 다른 사람들을 쓰러트릴 수 있는 고통은 우리에게도 일어날 수 있는 일로 이해된다. 우리를 동정으로 인도하는 것은 타자에 대한 사랑이라기보다는 우리 자신에 대한 사랑이라고 봐야 한다. 타자의 고통 앞에서 우리는 동일한 고통을 겪는 일이 우리에게 일어나지 않기를, 동일한 불운이 우리만큼은 피해 가기를 기대한다. 이러한 기대를 통해 다시 한 번 드러나는 것은 타자가 아닌 우리 자신에 대한 사랑이다.

또 다른 목소리가 고통 받는 타자에 대한 동정 어린 근심 속에는 분명한 슬픔이 담겨 있다고 말한다. 이 슬픔은 이를테면 쓰라린 슬픔이라기보다는 일종의 거리감 속에 안착된 슬픔이다. 누군가가 타자의 고통에 참여할 때, 이 참여는 항상 타자의 고통과 나의 고통이 반드시 일치하는 것은 아니라는 한계를 안고 있다. 다시 말해 참여자가 스스로의 정체성이라는 울타리 안에 머물러 있을 수밖에 없다는 한계가 있는 것이다. 이는 비극을 관람하는 관객의 입장과 비슷하다. 관객은 무대에 오른 배우의 고통을 바라보며 동일한 고통을 경험할 수 있고 배우와 동일한 입장에 설 수 있지만, 언제나 자신이 무대 바깥에 있다는 사실과 연극 역시 언젠가는 끝난다는 사실을 분명하게 인식한 상태에서 공연을 관람한다. 무대 밖에서의 삶은 공연과는 무관하고, 머지않아 자신이 삶의 혼잡한 흐름 속으로 다시 뛰어들어야 한다는 사실을 잘 알고 있는 것이다.

이제 또 다른 목소리가, 하지만 고대 스토아 철학자들의 의견에 귀 기울일 필요가 있다고 말한다. 그 목소리는 동정심을 갖는 것이 고통 받는 사람의 존엄성을 무시하고 인간으로서의 용기와 운명에 대처하는 그의 지적 능력을 의심하는 행위라고 말한다. 동정은 불만을 드러내지 않고 고통을 참아내는 자세, 예기치 못한 고통도 그것이 인간의 유한성이라는 지평 위에 각인되어 있는 만큼 기꺼이 받아들이겠다는 자세에 대한 모욕이 될 수 있다는 것이다. 동정은 어려움, 고통과 맞서 싸우는 사람의 힘을 빼앗는 결과를 가져온다. 결국 누군가를 동정한다는 것은 그를 조롱하는 것과 마찬가지다. 누군가에 대한 직접적인 조롱이 아닌 경우에도 동정은 내면적 평화의 요구에 대한 응답에 지나지 않는다.

이제 또 다른 목소리가 좀 더 자신 있게, 아니라고, 사실은 그렇지 않다고 말한다. 이 문제는 좀 더 구체적으로, 근본적인 차원에서 다룰 필요가 있다고 그는 말한다. 인간의 본성을 구축하는 동시에 동정의 기초가 되면서 동정을 어떤 식으로든 자연스러운 것으로 만드는 조건들이 존재한다. 이 조건들을 우리는 '공감', '유사성', '상상력'이라는 이름으로 부른다. 이 세 가지가 바로 우리가 동정이라고 부르는 감정이 숨 쉬기 시작하는 공간을 구축하는 요소들이다. 즉 동정이 끼어들기 위해서는 물리적·정신적 근접성을 토대로 하는 공감이 형성되어야 하고, 타자와의 유사성을 느낄 수 있는 조건, 즉 동일한 운명에 처했다든가 동일한 모험을 겪었다든가 혹은 개인사의 관점에서 비슷한 요소가 실재한다든가 하는 조건이 마련되어야 하고, 아울러 타자의 고통을 상상하며 고통의 폭력적인 측면이나 양상이나 정도를 떠올릴 수 있어야 한다. 이러한 조건들을 바탕으로 우러나오는 것이 바로 동정 어린 행위다. 지금까지도 널리 공유되고 있는 스토아 철학자들의 입장에 분명한 방식으로 대응하기 위해서는 고통 받는 자의 고통에 대한 저항력이 강하면 강할수록 더 강렬한 동정심을 불러일으킨다는 사실을 언급할 필요가 있다. 다시 말해 누군가가 불행과 고통 속에서 자신이 침착하게 모든 고통을 참아낼 수 있다는 것을 증명할 때, 그래서 불행하다는 것을 전혀 내색하지 않을 정도로 꿋꿋한 모습을 보일 때 우리의 동정심은 이 놀라운 에너지에 힘입어 배가되고 더욱 뜨겁게 변한다는 사실에 주목할 필요가 있는 것이다. 이 경우에 우리의 놀라움은 누군가가 받는 고통의 강렬함과 그가 이 고통을 너끈히 감당해내는 방식 사이의 극명한 대조에 대한 상상력에서 비롯된다고 할 수 있다. 동정이라는 감정을 움직이는 것이 바로 이 상상력이다. 다시 말해 강렬한 상상력 없이 동정심은 발휘되지 않는다.

이제 친절하면서도 흡인력 있는 또 하나의 목소리가, 철학적인 사고뿐만 아니라 설득력 있는 언변에도 능한 사람의 말투로, 동정심은 오히려 한 가지 분명한 요인에서 비롯된다고 말한다. 그것은 바로 인간의 나약함이다. 인간은 본질적으로 나약한 존재라는 사실이 우리로 하여금 타자의 불행을 기꺼이 감지하게 한다. 우리가 서로를 가깝게 느끼는 것은 쾌락 속에서가 아니라 우리를 하나로 묶어주는 불행 속에서 일어나는 일이다. 진정한 의미에서 행복한 인간은 고독한 인간이다. 절대적인 행복을 느낄 수 있는 존재는 신밖에 없다. 좀 더 분명하게 이야기하자면, 우리가 필요로 하는 것들이 이득을 목적으로 우리를 하나 되게 만드는 반면에 불행은 우리를 애정으로 하나 되게 만든다. 모두의 것으로 변신하는 이 애정이 바로 동정의 땅이라고 할 수 있다.

하지만 이 동정이라는 감정을 진정으로 느끼기 위해서는 감각의 훈련이 필요하다. 타자를 느낀다는 것은 우리 스스로의 위치와 감각을 전적으로 타자의 입장에 놓고 타자의 고통의 숨소리를 느낄 수 있는 상상력을 가진다는 것을 의미한다. 이 강력한 상상력의 훈련을 통해서만 우리는 동정에 민감한 존재로 성장한다. 이러한 상상력이 어떤 의미에서는 잠시나마 우리의 존재를 잊게 하고 우리를 다른 존재의 자리로 옮겨놓는다. 어떻게 보면 동정과 함께 우리는 우리 안에서가 아니라 타자 안에서 고통 받는다고 말할 수 있다. 동정이 그 자체로 어떤 달콤한 느낌을 전달하는 것도 바로 이러한 전이 때문이다. 이 느낌은 타자의 고통을 전적으로 자신의 고통처럼 느끼면서 동시에 그 고통이 어쨌든 자기 것은 아니라는 사실을 인식하는 사람의 내면에 침전되는 달콤함이다.

동정의 본질은 간단히 다음과 같은 세 가지 관점으로 요약된다. 첫째, 우리보다 더 행복한 사람들의 입장에 서려 하지 않고 우리보다 더 어렵고 더 불행한 상황에 처한 사람들의 입장에만 서려 하는 것이 인간 감정의 특성 중 하나다. 둘째, 우리는 타자가 겪는 고통과 유사한 고통을 피할 길이 우리에게 절대적으로 보장되어 있지 않을 때만 동정심을 느낀다. 셋째, 타자의 고통을 바라보며 우리가 경험하는 동정에 대한 계량 기준이 있다면 그것은 고통 자체의 크기가 아니라 우리가 고통 받는 이에게 부여하는 감정, 즉 고통에 대한 고통 받는 사람의 감정이다.

하지만 조금 냉정한 어조의 또 다른 목소리가, 이런 식으로 정의되는 동정은 항상 눈에 보이는 것과의 관계 속에, 가까이에 있는 사람이나 스스로와의 관계 속에 놓여 있기 때문에 세상의 고통은 전혀 고려하지 않는다고 말한다. 동정은 고통 자체를 그것의 표출과 진행 과정 속에서 관찰하는 단계에 이르지 못한다. 동정은 너그러움을 사회적 응집력의 원리로 삼지만 사회적 응집력은 기본적으로 전혀 다른 원리를 토대로 형성된다. 게다가 동정은 인간을 끊임없이 감정에 얽매이게 만들고, 인간을 감정의 노예 상태에서 탈출시키려는 철학과 정반대되는 입장을 고수한다. 두말할 필요 없이 동정심을 발휘하는 사람은 덕행을 실천했다는 이유로 어떤 도덕적 의무에서 벗어났다는 느낌을 받을 수 있다.

　마지막으로 또 하나의 목소리가 차분한 어조로, 그 누구도 부정할 수 없는 것은 동정을 통해 타자를 향한 전이의 깊이 있는 훈련이 이루어진다는 점이라고 말한다. 스스로의 개인적인 특성만 바라보는 시선을 멈추고 잠시라도 타자의 입장에 선다는 것은 곧 타자의 모습을 통해 스스로를 알아본다는 것을 의미한다. 타자를 통해 모습을 드러내는 것이 자아다. 동정은 결국 이러한 앎의 훈련이다. 이 앎을 통해 우리는 삶의 본질과 이유를 발견하게 된다. 우리가 동일한 세상에 소속되어 있다는 사실을 배우는 것이다. 동정은 이 세상에 머무는 방법의 일부다.

　이제 막이 내리는 무대 바깥에서, 독자들은 각각의 목소리를 통해

한 철학자 혹은 다수의 철학자가 피력하는 동정에 대한 사유의 울림을 느꼈을 것이다. 에드먼드 버크Edmund Burke, 애덤 스미스Adam Smith, 데카르트, 데이비드 흄David Hume, 이마누엘 칸트Immanuel Kant, 루소, 쇼펜하우어, 니체 같은 철학자들이 바로 서로 간의 은밀한 참조와 변증법적 질문과 관점의 전복을 보여주는 이러한 사유의 주인공들이었다.

하지만 수많은 이야기가 오가는 동안에도 인간의 고통은 여전히 설명이 불가능한 신비의 땅에 틀어박혀 있었다고 봐야 할 것이다.

동정에 관한
레오파르디의 '에세이'

레오파르디의 동정에 관한 성찰은 《지발도네》의 곳곳에 분산되어 있지만, 그 단상들이 서로 간의 참조와 반복으로 밀접하게 연결되어 있기 때문에 동정이라는 주제가 거의 한 권의 책을, 혹은 레오파르디 식의 '에세이'를 구성하고 있다고 봐도 무방하다. 레오파르디는 독자인 한 프랑스 청년에게 보낸 편지에서 자신이 몽테뉴처럼 에세이만 썼다고 밝힌 바 있다. "나는 이제껏 책을 쓴 적이 없습니다. 여전히 전주곡에 불과한 에세이만 썼지요." '전주곡'에 불과한 끈질긴 탐색을 계속하면서 에세이만, 즉 '맛보기'만 기록했다는 이야기다. 이것이 바로 끝없이 펼쳐지는 필사본《지발도네》라는 경이로운 숲 속에서 오가는 담론의 모습이다. 1827년 여름, 레오파르디는《지발도네》의 '색인'을 작성하면서 '동정'이라는 항목에 30개의 문장을 모으고, 또 '동정'이라는 단어로 시작되는 일련의 용어 목록 속에 또 다른 문장들을 적어 넣었다. 그리고 '동물에 대한 동정'과 '죽은 자들에 대한 동정'이라는 제목 하에 또 다른 단상들을 함께 기입했다. 반면에 레오파르디의 필사본 연구가들이 흔히 '부름받지 않은 용지'라고 부르는 커다란 용지에 쓰인 글 모음, 바로 〈욕망에 관하여Trattato delle passioni〉라는 제목의 글 모음 안에 이와 유사한 글들이 거의 고스란히 실렸다. 아울러 여기에, 분량은 얼마 안 되지만 레오파르디가 '색인'을 작성한 뒤에 쓴 문장들, 다시 말해 그가 노트에 글을 남기는 횟수가 점점 줄어들던 시기에 쓴 문장들을 첨가할 필요가 있다. 결론적으로《지발도네》에 담겨 있는 것은 동정에 관한 한 편의 에세이다. 물론 단상과 파편적인 문장들, 반복에 불과하거나 주제에서 벗어나는 글들, 전제와 재론으로 구성된 글들의 모음이지만 우리가 이 에세이에 제목을 붙이고자 한다면 쓸 만한 제목이 상당히 많을 것이다. 몇 가지 예를 들면 '동고同苦의 까다로움', '활력, 나약함, 동정', '사랑과 동정의 경계에 대하여', '오만과 동정', '젊음, 욕망, 동정', '자기에 대한 의식과 동정', '동정의 무대' 등이 가능해 보인다. 이러한 제목들이 모두 동정에 관한 레오파르디의 유연한 담론이 서서히 취하고 비교하고 다시 언급하고 확장하고 조합하는 다양한 관점들과 일치한다고 볼 수 있다. 여기서 이러한 관점들이 전개되고 다양한 의견들이 점차 구체화되는 과정에 주목하면서 독자들에게 하나의 요약이나 줄거리 이상을 제시하고, 또 단상들의 리듬을 추적하며 최대한 레오파르디가 스스로 의견을 피력하도록 해보겠다는 것이 나의 의도다. 물론 우리는 그의 담론 중 특정 단상들만 읽게 될 것이고, 아울러 이러한 선택으로 인해 해석의 편파적이고 독단적인 성향이 발견될 수밖에 없는 것이 사실이지만 독자들은 레오파르디의 단상들을 꼼꼼히 읽고 관찰하면서 이러한 한계를 나름대로 극복할 수 있을 것이다. 물론 쉽지는 않을 것이다. 레오파르디에게 동정에 대해 이야기한다는 것은 뒤흔들렸을 뿐 탐험된 적이 없는 욕망의 땅에서 움직이는 것을 의미했다.

주요 단상들을 살펴보는 동안 무엇보다도 우리의 주제를 중심으로 전개되는 관찰 과정과 《지발도네》 전체를 관통하는 거시적인 관점 사이에서 균형을 유지하도록 하자. 일종의 서문으로 제시하고 싶은 것은 1828년 6월 말, 어마어마한 분량의 필사본 집필이 막바지에 달했을 무렵에 쓰인 한 단상이다. 나는 다양한 방식으로 곳곳에 등장하는 동정에 관한 성찰들이 드디어 그의 시학과 만나는 지점에 이 단상이 위치한다고 생각한다. 이 지점에서 그의 사상과 시가 다시 한 번 동일한 사유의 고리 안에 머무는 것을 볼 수 있다. 1828년 6월 30일에 피렌체에서 기록된 4310~4311쪽의 단상에 담긴 성찰은 한 소녀의 무구한 아름다움과 동정 사이의 연관성을 다룬다. 레오파르디는 "16세와 18세 사이의 한 소녀"의 모습이 그녀를 바라보는 우리에게 강렬하고 생생한 인상을 심어주는 이유를 물으면서 이렇게 적는다. "순수하기 그지없는 한 송이의 꽃, 순전하고 신선하기 이를 데 없는 젊음과 때 묻지 않은, 상처 없는 희망… 무구하면서도 악에 대해서, 불행과 고통에 대해서는 아무것도 알지 못하는, 뭐랄까 이제 막 피어오른 삶의 꽃." 이 꽃이 우리를 "또 다른 세계로" 끌어올리고 우리에게 천사와 천국에 대한, 신성과 행복에 대한 생각을 선사하는 것은 사실이다. 그러나 이 순수한 격려는 곧장 또 다른 생각의 베일에 가려진다. 소녀의 눈부신 아름다움을 바라보는 우리의 시선 그 자체에 하나의 그림자가 드리워 있다. 이 그림자는 "그녀에게 다가올 고통에 대한 생각, 머지않아 그 순수한 환희의 빛을 꺼트리고 어둡게 만들어버릴 불행에 대한 생각, 그 들뜬 희망의 허망함과 그 꽃의, 그 꽃이 지닌 아름다움의 이루 말할 수 없는 허무함에 대한 생각이다". 그리고 이 모든 것이 "그 행복의 천사에 대한 동정"을 불러일으킨다. 눈동자에 이미 겨울이 깃든("미소와 도주의 눈길") 소녀의 아름다움에서 인간의 삶이라는 고통스러운 조건에 이르기까지, 꽃의 사랑스러운 느낌에서 만물의 쇠할 수밖에 없는 운명에 이르기까지, 이 동정은 허무가 불러일으키는 우울한 감정을 끝없이 확장시킨다. 그녀의 아름다움으로부터, 그 꽃의 향기로부터 우울한 생각의 파도가 출렁이기 시작한다. 그녀에 대한 동정은 "우리 자신에 대한, 인류의 운명에 대한, 삶 자체에 대한(머리에 떠오르지 않을 수 없는 모든 것들에 대한)" 동정으로 변한다. 이 집요한 동정은 광대하지만 소녀를 소홀하게 만들지도 않는다. 오히려 더욱더 강렬한 감정으로, 더 커다란 동정심으로 그녀에게 다가서게 만든다. "결국 이어지는 것은 사람이 상상할 수 있는 가장 모호하고 가장 숭고한 감정이다." 여기서 우리는, 아름다움에 대한 느낌과 감성에서 인간의 유한성에 대한 앎으로 이어지고, 또 이 앎에서 우리가 사랑이란 이름을 부여할 수 있는 어떤 강렬한 감정으로 이어지는 움직임을 발견하게 된다. 이것이 바로 레오파르디의 시가 움직이는 공간이다. 또 다른 꽃, 사막의 꽃이 모래 향기와 함께 현현의 가벼움과 허무 속에서 피어오른다. 삶의 숨소리와 다를 바 없는 이 한계가 바로 한 여정의 섬광, 다름 아닌 시의 '미소'다.

이 뜨거운 온도의 단상을 뒤로하고 《지발도네》의 첫 부분으로 돌아가 보자. "정말 보기 드문 것이 바로 동정심을 가진 사람이다." 레오파르디가 1820년 4월에 기록했고 이어서 다른 곳에서도 반복적으로 쓴 말이다. 이 문장의 지평은 하나의 독특한 "열정"으로 포착되는 동정이다. 여기서 동정은 "자기 사랑이 조금도 섞이지 않은 유일한 인간적 열정"으로, 심지어 "조국, 영웅주의, 도덕, 연인을 위한 희생"보다 더 순수한 것으로 이해된다. 그러나 이런 종류의 자기희생 또한 어쩔 수 없이 어떤 만족이나 쾌락을 동기로 움직인다고 봐야 한다. 물론 이 단상이 레오파르디가 상당히 젊은 시절에 쓴 것이고 그가 나중에 '젊음'과 '동정' 사이의 관계에 대해 하게 될 말을 어느 정도 예고하는 것은 사실이지만, 레오파르디의 시선이 동정과 이기주의의 구분을 시도하는 것은(같은 단상에서 그는 이렇게 기록한다. "우리 영혼이 하는 모든 일은, 그것이 무엇이

든 간에, 어느 정도는 항상 어떤 이기주의에서 비롯된다는 것을 피하기 어렵다. 이 이기주의가 아무리 정화된 것이라 하더라도, 기원으로서 아무리 멀리 떨어져 있다 하더라도 상황은 마찬가지다."), 내가 보기에는, 그가 발견하는 "너무나 사랑스러운 무언가"의 연약함과 동정의 결속 관계 때문이다. 이 연약함을 자극하는 존재는 "후들거리는 다리를 이끌고 자신은 아무것도 할 수 없다는 듯한 얼굴을 하고 우리를 향해 다가오는 한 소년"이나 "병들어 지친 한 아름다운 여인"이다. 여기서 관건은 육체의 연약함이다. 우리는 이 연약함을 바로 "우리와 우리의 힘을 사로잡는 주인"으로 인식한다. 이 연약함 앞에서 기꺼이 고개를 숙이고 "사랑과 사랑의 수호를 위해 우리 자신 모두를" 기꺼이 희생하는 것이다.

레오파르디의 성찰은 비록 육체의 연약함을 목격하는 시선에서 출발하지만, 동정을 타자와 타자의 고통에 가까이 다가서는 행위로 관찰한다. 이러한 동정은 이기주의라는 울타리를 뛰어넘는 도약을 전제로 할 뿐만 아니라 이 감정의 이러한 탁월한 측면 때문에, 그 순수함과 희귀성 때문에 다른 모든 종류의 열정과 구별된다(《지발도네》, 108쪽, 1820년 4월).

> 고통 받는 누군가를 바라보는 동안 우리 영혼 안에서 생겨나는 동정의 감정이 하나의 기적이라고 할 수 있는 것은, 그 순간이 우리에게 우리의 이득이나 쾌락과는 전적으로 무관한 감정을 느끼게 해주고, 아울러 이 모든 것이 오직 타자하고만 관련될 뿐 우리 자신은

조금도 관여하지 않은 상태에서 도래하기 때문이다. 바로 그런 이유에서 정말 보기 드문 것이 동정심을 가진 사람이다. 특히 이 시대에 동정은 감성과 미덕을 겸비한 사람의 가장 특이하고 존경받을 만한 덕목들 가운데 가장 보기 드문 것으로 간주된다.

또 다른 생각이 다음과 같은 의혹의 형태로 제시된다. "동정이 어떤 의미에서는 우리가 보고 있는 것과 유사한 고통을 우리도 겪을 수 있다는 두려움에 기초해 생겨나는 것은 아닌지…." 이는 동정을 다른 모든 열정과 다른 무언가로 만드는 특징, 즉 사심 없음과 순수함이라는 특징을 허무하게 무너트릴 수 있는 의혹이다. 레오파르디 자신도 이러한 의혹이 "가냘프기 때문에 도처에 스며드는 자기 사랑"에서 비롯된다는 것을 분명히 의식하지만, 자기 사랑의 뿌리로부터 자유로운 동정이 존재할 수 없다는 것을 그는 받아들일 수 없다고 생각한다. 레오파르디는 동정에 대한 또 다른 구분을 시도하면서 잠시 뒤로 물러서는 듯이 보이지만 결국 동일한 결론에 도달한다. "잘 생각해보면, 지극히 자연스럽게 발생하는 동정, 두려움에 전혀 얽매이지 않고 전적으로 고통에만 몰두하는 동정이 존재한다는 것을 알게 될 것이다." 레오파르디에 따르면 동정이라는 감정에는 아주 다양한 방향과 동기가 부여될 수 있고, 이에 대해서는 단정적인 방식을 피하고 상황과 경우와 심적 태도를 주의 깊게 관찰하면서 이야기할 필요가 있다. 특이한 점은 이러한 생각들이 동정과 자기 사랑의 관계에 대한 수많은 질문 끝에, 《지발도네》의 마지막 부분에 다시 등장한다는 것이다.

1823년 8월 5일에서 12일 사이에, 요컨대 이기주의의 뿌리인 자기 사랑이 레오파르디가 구축하는 부정적 인류학의 기본 요소로 자리 잡고, 아울러 동정에서 비롯되는 '기쁨'이 결국 동정과 공존하는 본질적 요소라는 것을 그가 인정한 시기에 쓰인 글들을 살펴보면, 동정에 대한 그의 관심이 훨씬 더 예리해졌고, 그가 주목하는 감정의 움직임 자체가 문명사회와의 밀접한 관계를 통해 조명되면서 상당히 복잡해졌다는 것을 느낄 수 있다. 《지발도네》의 다른 곳에서 레오파르디는 문명의 토대가 되는 점진적인 영적 훈련의 과정에 대해 성찰한 바 있다. 레오파르디에 따르면, 이 과정은 육체의 추상화, 생명과 감정이 있는 개별적 존재의 추상화를 동반하고 한편으로는 인간의 감각이 날카로워지는 현상을 동반한다. 동정에서 비롯되는 '기쁨'이 문명사회 안에서 모습을 드러내는 방식을 통해 엿볼 수 있는 것이 바로 이 감각의 날카로움이다.

> 이 기쁨은 감정의 섬세함과 유연성, 혹은 감각을 발휘하는 능력, 세련되고 유연한 이기주의를 필요로 한다. 이를 통해 인간은 뱀처럼 몸을 구부려 다른 사물에 적응하고 자신의 모든 행위가 다른 사물들을 상대로 하는 것임을 인정해야 하기 때문이다. 사실 인간의 행위는 전적으로 하나의 반향에 불과하고, 오로지 자신 안에서만 이

루어질 뿐이며 자아를 목적으로 하는, 즉 동정을 느끼는 한 개인 안에서만 이루어지는 행위에 불과하다. 결국 현대 문명사회에서도 세련된 영혼의 동정이 아니라면, 본성적으로 예민하고 감각적인, 즉 아름답고 생동하는 영혼의 동정이 아니라면 동정이라고 할 수 없을 것이다. 도시 사람들보다는 악에 덜 물들었다고 할 수 있는 시골 사람들에게도 동정은 드문 감정이며, 그만큼 내면적이지 못하고 생생하지 않고 효과와 생명도 그리 길지 않다.

이와 같은 대조는 레오파르디에게 자연적인 것들(비록 자연으로의 회귀 가능성은 전혀 찾아볼 수 없지만), 감각의 단순하고 물리적인 성격, 신체성과 상상력의 결속에 대한 참조의 비중이 상당히 크다는 점을 감안하면 아주 특이한 경우라고 볼 수 있다. 그러나 사랑을 비롯한 인간 감정을 분석적으로 탐구하면서 레오파르디는 낭만주의 문화가 감각의 형태에 대한 탐색(시학과 이론 철학)을 위해 포함시켰던 문명사회라는 지평을 한 번도 도외시한 적이 없다. 레오파르디는 몇몇 단상에서 이 문명사회적 감성의 세련미를 기준으로, 정말 "타자의 불행을 덜어줄" 수 있는, 실제로는 상당히 드문 "효율적인 동정"과 이와는 반대되는, 즉 산문과 "시의 인위적 요소"와 "매력"에 의해 깨어난 동정, 독점적으로 감성과 상상의 영역 안에서만 전개되는 "비효율적인 동정"을 구분하기에 이른다.

동정에 관한 레오파르디의 성찰 가운데 가장 중요한 부분을 살펴보

자. 역시 1823년 8월 5일부터 12일까지의 기간(3095~3169쪽)에 레오파르디는 고전 문학과 기사도 문학의 서사시 형식을 두고 한참 동안 가벼운 이야기를 끌어가다가 어느 시점에선가 서사시의 영웅이 독자들에게 불러일으키는 관심의 본질과 이유에 집중하기 시작한다. 이 부분은 동정의 세계를 '유람하는'(레오파르디 자신은 이를 여담이라고 불렀다) 글들로 분류할 수 있고, 기본적으로는 서사시에 관한 집요한 질문을 바탕으로 쓰였지만 독자적인 논제를 구축하고 있는 만큼 실질적으로는 동정이라는 감정의 커다란 지도라고 볼 수 있다. 레오파르디의 관심이 빈번히 적에 대한 영웅의 동정을(이 자세가 서사시 전체에 혼을 불어넣고 시를 생동하게 만든다) 향하는 건 사실이지만 그의 성찰 자체는 감정 분석과 꼼꼼한 생리학적 탐구에 집중된다.

서사시에 등장하는 영웅 또는 한 개인의 '행운'이 그의 기량과 연결될 때는 경탄과 미약한 관심을 불러일으킬 뿐이지만 불행이 주인공의 기량과 연결되면 "생생하고 감미롭고 지속적인 관심"을 불러일으킨다. 그 이유는 감정과 쾌락의 결속력에 숨어 있다.

> 인간이 동정이라는 감정을 경험하면서 쾌감을 느끼는 것은 아무것도 희생하지 않고서 매 순간, 무엇과도 비교할 수 없는 기쁨을 선사하는 감정, 다시 말해 스스로의 영웅주의나 영혼의 고귀함에 대한 의식과 상당히 가까운 감정을 거머쥘 수 있기 때문이다.

스스로의 "영웅주의나 영혼의 고귀함"에 대한 의식으로서의 동정은 어쨌든 주체의 의식 속에 갇혀 있는 감정, 주체에서 출발해 주체로 돌아가는 감정, 자기의식을 고양하고 스스로의 넓은 아량과 우월함에 대한 인식으로 위로를 삼는 감정이다. 호메로스의 서사시에서 영웅의 '적에 대한 동정심'은 시 자체를 구축하는 요소로 작용한다. 이것이 바로 호메로스의 시와 베르길리우스의 시를 비교했을 때 드러나는 커다란 차이점들 중 하나다. 베르길리우스의 시가 중요시하는 것은 다른 요소다. 물론 베르길리우스의 '자비'가 독자들에게 강렬한 감동을 전하는 것은 사실이다. 이는 《아이네이스》의 열성적인 번역가였던 레오파르디도 익히 알고 있었던 부분이다.

일반적으로 인간은 타자의 고통 앞에서 눈길을 피하는 경향이 있다. 반대로 누군가가 자신의 불행한 처지에도 불구하고 타자에게 가까이 다가서며 스스로의 고통을 억누르고 타자를 "동정하게 된다면, 즉 마음으로 타인이 겪는 고통에 참여하길 원한다면", 그렇다면 그는 비록 아무것도 희생하지 않았지만 "자기 스스로에게 굉장히 아량이 넓은 인간으로, 특별한 사람으로, 영웅으로, 아울러 이기주의자의 모습을 벗어던지고 자기 자신보다는 남을 위해 스스로를 헌신할 수 있는 만큼, 인간 이상으로" 비치게 될 것이다. 동정은 넓은 아량을 실천에 옮기는 이의 마음의 증거가 되는 감정이다. 하지만 동시에 그의 자존심을 세우는 도구, 혹은 만족과 기쁨을 얻는 도구가 되기도 한다. 자신이 이기주의자가 아니라는 점에 기쁨을 느낀다는 것은 또 하나의 "이기주의적 행동"이기도 하다.

인간은 동정심을 느끼면서 동시에 우월감을 느끼고 스스로에 대한
만족감을 얻는다. 따라서 인간은 누군가를 동정하면서 즐긴다고,
동정하기를 좋아한다고 말할 수 있다. 동정은 스스로를 대상으로
하는 자부심의 발현이다. 따라서 자기애와 가장 멀어 보이는 이 감
정, 아니 자기애의 정반대인 것처럼 보이고 어떤 식으로든 어디에
서든 자기 사랑으로 축소되거나 자기 사랑과 연관될 수 없는 것처
럼 보이는 이 동정이라는 감정 역시 본질적으로는 자기애에서(다
른 모든 종류의 애정과 마찬가지로) 비롯될 수밖에 없는, 아니 오히
려 자기 사랑에 지나지 않는, 결국 이기주의적인 행위라고 말할 수
있다.

우리는 레오파르디가 쾌락이라는 원칙 앞에서 이기주의의 '환각적
인 초월'과 '실질적인 영속' 간의 상관관계를 두고 여전히 고민하고 있
음을 엿볼 수 있다.

동정은 인간이 스스로에게 행하는 자기 부인 내지 자신의 이기주
의를 희생시키는 것에 가깝다. 이 희생은 이기주의에서 비롯되었
고, 사물과 삶 자체의 쾌락적 희생이나 다름없으며, 인간이 자기 사
랑을 동기로 실행에 옮겼다고 볼 수밖에 없는 희생, 다시 말해 그런

행동을 통해 얻을 수 있는 쾌락을 목적으로 실천한 희생이라고 해야 할 것이다. 그런 식으로 이기주의는 스스로를 위해 스스로를 희생하는 지경에 이른다. 그만큼 인간이 움켜쥐고 있는 사랑은 그가 자진해서 스스로를 위한 희생양으로 나설 만큼 크다고 할 수밖에 없다.

자기 부인! 이제는 이 모든 생각들이, 프로이트적인 차원에서, 어떤 특별한 방식으로 재해석될 수 있을 것이다.

우리는 자기 사랑의 내부에 존재하는 어두운 미로 속에, 이기주의라는 구불구불하고 파고드는 형태의 미로 속에 들어와 있다. 다시 말해 우리는 베일에 가려졌거나 제자리에 없는 감각의 울타리 안에, 세련된 감각의 문명이라는 공간 안에, 자기 사랑과 문화 사이의 약속이라는 공간 안에 들어와 있다. 우리가 머무는 곳은 생생하면서도 동시에 파괴적인 쾌락의 세계다. 그렇다면 '나'를 넘어서 구체화할 수 있는 동정의 형태는 과연 존재하는가? 세상과 자신에 대한 앎의 원천으로 경험되는 타자를 향해 고개를 들 수 있는 동정의 형태는 과연 존재하는가? 레오파르디가 일찍이 《지발도네》의 초반부에 제시했던 이 질문에 대답하기를 시도하는 것은 그가 어마어마한 분량의 글을 쏟아낸 뒤의 일이다.

그 사이에 레오파르디는 동정의 불균형이라는 문제에 대해 고민하기 시작했다. 누군가의 동정을 필요로 하는 사람은 동정심을 느낄 줄 모른다. 자기 관리와 자기 자신에게서 느껴지는 고통이 그를 완전히 장악하고 있고, 그를 다른 사람들과의 관계에서 제외시킴으로써 타자의 불행한 조건에 대한 인식 자체를 불가능하게 만들기 때문이다. 반대로, 자아의 행복한 확장을 경험하는 사람은(젊음이야말로 이러한 자아 확장의 강렬하고 눈부신 무대라고 할 수 있다) 자연스럽게 타자를 관찰할 수 있는 위치에 놓인다. 타자의 결핍 상태를 포착할 수 있는 위치, 어쨌든 타자의 고통을 쉽게 감지하고, 필요하다면 그를 도울 수 있는 위치에 놓인다. 1823년 8월 26~27일에 레오파르디는 이렇게 기록했다.

스스로의 불행을 눈앞에 두고 있는 사람의 동정심은 전적으로 그의 자아에게 집중된다. 그는 자아 안에서 소모될 뿐이며 타인을 위해 아무것도 남기지 않는다. 불행이 사라졌다 하더라도, 또는그의 불행이 정말 보잘것없는 것이었다 하더라도, 그 불행에 대한 기억은 남의 고통과 불행을 보고 놀라워하거나 안타까워할 어떤 이유도 발견하지 못하도록, 정말 자기 사랑을 포기하고 타자의 행복을 위해 노력해야 할 만한 아무런 이유도 발견하지 못하도록 만든다. 고통에 익숙하기 때문에 그는 조용히 혼잣말로 남들을 향해 운명에 적응하라는 조언을 남기는 것으로 만족한다. 마치 그런 면에서 자신이 이미 본보기를 보여주었다는 듯이, 자신이 그렇게 충고할 권리가 있다고 믿는 것이다.

다시 말해, 나의 '현재'의 불행은 타자의 불행에 대한 관심의 지평을 허락하지 않는다. 과거의 불행도, 일단 극복된 뒤에는, 고통을 겪은 이에게 자신이 어려운 난관을 훌륭하게 극복해냈다는 생각, 어떻게 보면 남들이 해낼 수 있는 것보다 훨씬 더 슬기롭게 상황에 대처했다는 생각을 선사한다. 따라서 그 사람은 불행에 처한 다른 사람들도 아무런 문제 없이 어려움을 극복해내야 할 것이라는 결론에 이른다. 불행했던 사람은 한때 자신의 고통이 부당하다고, 자신이 고통 받을 이유가 전혀 없다고 믿었던 것처럼 이제는 그러한 슬픈 난관을 자신의 굳건한 의지로 극복할 수 있었다고 믿는다. 이 외에도 동정을 거부할 수 있는 또 하나의 민감한 요인이 존재한다. 그것은 불행했던 사람이 불행했을 당시에 축적한 무관심, 결과적으로 타자의 고통에 더욱 둔감해진 무관심이다. 이런 종류의 습관적 무관심은 쉽사리 변하지 않고 자아나 성격의 일부가 되고, 어떤 의미에서는 자기 사랑과 멋진 조화를 이룬다.

　반대로, 젊기 때문에 불행할 기회가 없었던 이들, 혹은 미미하지만 불행했다고도 볼 수 있는("사실 태어나서 고통을 경험하지 않은 인간은 없지 않은가?") 이들, 다시 말해 젊은 나이와 정열과 영혼의 순수함 덕분에 고통을 이겨낼 수 있는 이들은 동정을 느낄 수 있는 위치에 있다. 이들은 화를 잘 내는 성격이든 거만한 성격이든, 아울러 인간의 무례함에 대해 이미 모든 것을 파악하고 있고 남들을 돕겠다고 달려가는 행위에서 어떤 이득도 발생하지 않는다는 것을, 오히려 그런 행위를 통해 누군가에게 피해를 주는 일이 발생할 수도 있다는 것을 잘 알고 있을 때조차, "동정심을 느낄 수 있고, 언제라도 타인의 고통을 덜어주기 위해 달려갈 수 있고, 항상 남들에게 덕을 선사하고 그들이 원한다면 도움을 베풀 자세가 되어 있다. 이들이 부족하지만 자신의 도움을 아무런 조건 없이 제공하고 부담감 때문에 도움을 거절하는 이들까지 설득해서 도움을 받아들이게 할 수 있는 것은, 오히려 도움을 구걸해야 할 때의 부담감이 어떤 것인지 잘 알고 있기 때문이다"(《지발도네》, 3276쪽).

'자기 사랑' 안에는, 다시 말해 '자아'에 대한 강렬한 감정 속에는 희망과 기다림과 욕망이 형태와 빛을 취하는 내면의 공간이 존재한다. 이 공간을 토대로 움직이기 시작하는 '감성'은 이 '욕망하는 상태'에서 자라나 세상을 향한 생생한 관심으로 변화하고, 동시에 타자를 향한 시선으로 발전한다. 자아가 타자에게 도달하는 것은 오로지 감성의 강렬한 긴장과 스스로의 내면에 강렬한 자각이 주어질 때 가능하다. 여기에, 자기 사랑의 생생한 움직임 속에 동정의 뿌리가 있다. 반대로 자아가 자기 사랑의 불화에 주목할 때, 이에 저항하기 위해 천천히 무관심한 자세를 내보이면서 감동받을 수 있는 능력을 제재함으로써 일종의 자기 보호를 꾀할 때, 아울러 욕망이 스스로의 가시를 피해 몸을 움츠리고 서서히 식어가는 경향을 보일 때, 동정이라는 감정은 본래의 토양을 상실한다. 이 욕망의 죽음 속에서 자연의 아름다움과 음악과 시, "세상에서 일어나는 기쁘거나 비극적인 사건들, 타인의, 혹은 그와 가장 가까운 사람들의 불행과 행운"은 더 이상 우리의 영혼을 따뜻하게 하지 못하고 우리에게 어떤 인상이나 이미지도 심어주지 못한다. 결과적으로 동정 역시 뿌리를 잃고 양분을 공급받지 못한다. 동정이 하나의 감정이라면 동정의 탄생과 표출은 모든 감정이 그렇듯이 내면이 생동하는 공간, 즉 자기 사랑의 움직임과 밀접하게 연결되어 있다. 타자와의 관계는 다시 자기 안으로 돌아올 수 있는, 스스로를 다시 바라볼 수 있는 가능성에서 동력을 얻는다. 삶의 어떤 상황이나 여건으로 인해 이 자아의 공간, 욕망의 공간을 어둡게 하고 감지 불가능한 것으로 만들어버린 사람은 더 이상 동정을 느낄 수 없는 인간이다.

> 타인을 위해 자신을 희생할 수 있는 힘은 다시 자신을 돌아보고 자아로 돌아올 수 있는 가능성이 남아 있을 때에만 주어지는 것인데도, 이제는 어떤 사나움도, 어떤 혐오감도, 어떤 후회나 원한의 감정도 없고 심지어 한 줌의 이기심마저도 상실해버린, 그래서 얼마 전까지만 해도 민감했던 그 영혼이 이제는 눈물 한 방울 흘리지 못하고 동정과는 거리가 먼 존재가 되어버렸으니, 이 영혼은 누군가를 향해 도움의 손길을 뻗을 수는 있겠지만, 동정심은 느끼지 못할 것이다… 욕망과 동정의 고리가 무너지고 만 것이다.

우리가 주목해야 하는 것은 "6월 29일, 성 베드로 축일, 1824년 나의 생일"(《지발도네》, 4105~4108쪽)이라고 표시된 이 단상을 통해 레오파르디가 자신이 젊고 강렬한 감성의 세계에서 절제된 욕망의 어두운 세계로 나아간 과정에 대해 이야기하고 있다는 점이다. 여기서 욕망의 포착과 표현의 절제가 필요한 것은 환영에서 벗어난 세계로부터 쏟아질 화살을 피하기 위해서지만, 이 절제는 동시에 더 이상 돌아오지 않을, 활활 타오르던 끝없는 긴장감의 세계에 대한 회환의 계기가 된다.

이는 동정과 젊음, 동정과 활력, 동정과 신선한 감성의 관계에 관한 이야기이다. 레오파르디는 여러 번에 걸쳐 이러한 관계를 언급하고 관찰하면서 어조나 강조를 통해 그의 글을 지탱하고 채우는 본질적인 내용이 무엇인지 밝힌 바 있다. 그것은 레오파르디 자신의 경험과 상황, 그리고 그와 가까웠던 타인들에 대한 경험이었다. 그의 동정에 대한 성찰은 영혼에 관한 이야기의 구도를 읽는 방식이었다고도 할 수 있다. 도처에 흩어져 있는 레오파르디의 동정에 관한 에세이에도 어떻게 보면 몽테뉴가 자신의 에세이를 펼치는 독자들에게 했던 말을 그대로 적용할 수 있을 것이다. "내가 묘사하는 것은 나 자신이다… 나 자신이 바로 내 책의 재료다." 레오파르디에게 동정 어린 행위의 실천과 자연스러운 관계 유지를 제시하는 것은 젊음, 즉 그가 기억과 욕망 사이를 오가며 자기 자신의 모습을 토대로 관찰하고 동시에 신화적 차원에서 관찰하는 젊음이다. 구체화되는 것은 "너그러운" 젊은이의 이미지뿐만 아니라 세상의 기만으로부터 "자유로운" 젊은이의 이미지다. 전자에게서나 후자에게서나 세상에 대한 관심을 키우는 것은 활력이다. 여기서 젊음이란 변화의 가능성이, 변화 과정에 대한 어둡고 우울한 인식의 가능성이 푸른 하늘을 배경으로 전율하는 지평을 의미한다. 그만큼 젊음이 표출되는 가운데 감성이 스스로의 울타리 안에 폐쇄되는 현상의 징후를 발견할 수 있는 것이다. 이러한 폐쇄 현상은 행복과 환영의 소멸, 활력 자체의 쇠퇴, 혹은 건강의 갑작스러운 악화나 병의 빠른 확산에 기인한다. 이러한 변화에 대해 레오파르디는 이렇게 말한다(《지발도네》, 3278~3279쪽, 1823년 8월 26~27일).

> 점차적이지 않고 아주 빠르게, 거의 한순간에 막 피어오른 꽃다운 나이의 젊은이들이 갑작스럽게 혹은 빠른 속도로 파고드는 육체적·정신적 고통이나 불행으로 인해 영혼이 갑자기 혹은 빠른 시간 내에 흔들리거나 무너지고, 혹은 바닥에 쓰러져 허우적거리거나 불편하기 이를 데 없는 삶 때문에 남들의 도움을 기대해야 하는 슬픈 상황에 처한다든지 건강이 악화되어 몸이 허약해지는 등, 원래의 모습과는 정반대되는 방향으로 진행되는 변화가 젊은이들에게 일어나는 것을 나는 목격했다. 그러니까 이처럼 곧장 혹은 빠르게 일어나는 상황 변화에 사람들의 성격이나 품행이 동정심을 발휘하는 데 있어서도, 즉 남에게 호의를 베풀고 헌신하는 데 있어서도 그만큼 빠르게 혹은 즉각적으로 악화되는 것을 나는 목격했다.

여기서 드러나는 것은 꽃다운 나이의 젊은이들에게 일어나는 분열이다. 모습을 드러내는 것은 잃어버린 눈부신 광채의 시간, 잃어버린 녹색의 낙원, 그뿐만 아니라 감각의 위축을 예감하며 감각의 범위를 축소시키고 욕망을 아무 일도 벌어지지 않는 백색의 공간으로 감지하는, 감성의 어두운 영토라고 할 수 있다. 그러나 느닷없이 모습을 드러낸 이 감각의 사막에서도 시의 언어는 고유의 입김으로, 고유의 감미로움과 따뜻하게 감싸 안는 시의 운율과 밤의 그림자 속에 빛을 보전하며 여전히 떨고 있는 시의 환영과 이미지들을 선사한다.

레오파르디에 따르면, 생생한 단계에서 감각의 저하로 추락하는 과정을 경험할 기회 혹은 행운을 얻지 못한 사람, "처음부터" 육체적으로나 감성적으로, 혹은 "태어날 때부터, 또는 사고로 인해" 나약함에 양도된 인간이 항상 존재한다. 1827년 8월 말의 단상들은, 우리가 다루고 있는 주제와 관련해 일찍이 《지발도네》의 시작 부분에서 레오파르디가 주목했던 점, 즉 약자는 동정이라는 감정과는 걸맞지 않은 존재지만 그렇다고 해서 그에게 어떤 죄가 있는 것은 아니라는 점을 언급한다. 레오파르디는 나약함을, 후세대의 철학자들이 그런 것처럼 의혹이나 기만의 형상으로 간주하지 않고, 단지 수많은 인간적 조건들 중 하나로 간주했다. 동정할 힘이 없는 주체는 동정의 대상으로 남는다. 약자와 강자, 이 두 범주의 정의는 때에 따라 상이한 형용사들로 수식되고 결국에는 인간적 조건과 신화와 시대의 서로 정반대되는 이미지들 속에 틀어박힌다. 강자는 당연히 활동적인 인간이지만 무엇보다도 세상의 고통을 일찍이 경험하고 견뎌낼 줄 알았던 인물, 어쨌든 고통을 통한 감각의 파괴 효과를 제어할 힘을 지닌 인물이다. 약자는 반대로 삶의 조건 때문에 내면화된 감각 속에, 수그러진 욕망의 늪에 갇혀버린 사람, 아울러 자아를 벗어나 바깥을 바라볼 줄 모르는 사람이다. 강자는 여전히 가능한 행복, 혹은 행복의 환영과 관계를 유지하지만 약자는 가능한 모든 행복의 영역 바깥에 존재한다. 그럴 수밖에 없는 것이, 빈번히 고통 자체를 자신의 상태에 고유한 것으로 받아들이기 때문이다. 동정과 동정의 실천은 강자와 약자를 구분하는 요소가 되기도 한다. 동정이라는 감정을 느낄 수 있는 것은 강자뿐이다. 동정은 강자와 약자를 구분하는 기준이 될 수 있다. 일찍이 1823년 11월 7일에 레오파르디는 이렇게 기록했다. "거의 모든 측면에서 동등하다고 볼 수 있는 두 청년 가운데 강자가 있다면 그는 타인을 돕고 동정심을 느끼는 데 더 익숙한 청년일 것이다."

이 젊은이들 고유의 상황은 활력, 욕망, 영적 힘의 상실이나 복원과 관련해 상이한 형태로 또 다른 나이층의 사람들에게 확대 적용될 수 있다. 열정은 하나의 "간헐적" 움직임이라 할 수 있고 이러한 움직임은 계절을 따르기도 한다. 여기서 레오파르디가 관찰의 영역을 넓히면서 스스로의 경험을 증거로 제시하는 문장을 살펴보자(《지발도네》, 4231쪽, 1826년 12월 10일).

누구든지 좀 더 자세히 관찰해보면 이것이 간헐적으로 모습을 드러낸다는 것을 알게 될 것이다. 약하고 병들었기 때문에 이기주의에 익숙한 나는 따뜻한 계절보다는 겨울에, 건강할 때, 그래서 미래에 대한 확신을 가지고 있을 때보다는 병들었을 때 천배는 더 이기적이다. 내가 좀 더 쉽게 동정심을 느끼고 다른 사람들에게 마음을 열고 그들을 좀 더 걱정하고 보살피는 것은 내가 우울하거나 낙담했을 때보다는 오히려 어떤 성공으로 인해 나 자신에 대한 믿음이 생겼을 때, 그래서 기쁠 때다.

동정은 인간의 성격 형성에 결정적인 역할을 하는 요소가 아니다. 동정은 어떤 이들에게만 항구적이고 본질적일 뿐 다른 이들에게는 이질적일 수밖에 없는 존재 방식을 고착시키지 못한다. 동정은 오히려 시간에 따라, 기분에 따라, 신체적·심리적 조건에 따라 다양하게 변화하고, 심지어 계절의 변화에도 영향을 받는 변화무쌍한 감정이다. 동정을 가능하게 하는 희망과 욕망이 돌아오는 계절이 있고 반대로 우리의 시선이 타인을 발견하지 못하고 누구와도 소통하지 못한 채 둔감해진 자아 속으로 휘말려 들어가는 차가운 계절이 있다. 어느 시점에선가 레오파르디의 성찰은 동정의 이 간헐적인 회귀를 진정한 의미의 동정을 구체화하는 데 이르지 못하는 미약한 과정으로 바라보기 시작한다. 그는 젊음과 활력과 타자를 향한 기쁨의 시선이라는 동정의 요소에, 그가 동정을 연구하면서 그다지 특별히 중요하게 생각지 않던 한

가지 특징을, 즉 동정을 실천에 옮기기 위해서는 젊음만으로는 부족하고 고통의 경험과 고통에 대한 인식이 필요하다는 특징을 포함시킨다. 이 두 조건이 동시에 만족되기 힘든 만큼 진정한 의미에서의 "동정심을 가진 인간"은 극히 드물다는 것을 인정해야 한다고 말한다. 이에 대한 레오파르디의 생각을 직접 읽어보자(《지발도네》, 4287쪽, 1827년 7월 23일).

진정한 의미에서 동정심을 가진 사람은 극히 드물다. 젊은이들은 다른 사람들에 비해 훨씬 더 적극적이다. 꽃다운 나이에는 모든 것이 즐겁기만 할 뿐 고통을 모르고, 고통스러운 상황 속에서도 고통을 고통으로 받아들이지 않기 때문이다. 하지만 이들은 아무것도 겪어본 적이 없다. 이들은 인간의 불행이 과연 무엇인지에 대한 분명한 생각을 가지고 있지 않으며 불행을 일종의 환영으로, 혹은 또 다른 세상에서 일어날 수 있는 사고 정도로 생각할 뿐이다. 이들의 눈에 보이는 것은 오로지 행복뿐이다. 고통 받는 사람은 동정심을 느끼지 않는다. 완벽하게 동정의 감정을 느낄 수 있는 사람은 고통을 이미 겪었고 이제는 고통 받고 있지 않으며 동시에 충만한 육체적 원기와 활발한 활동력을 갖고 있어야 할 것이다. 하지만 충분히 활동적이고 고통 받고 있지도 않으면서 고통을 이미 경험까지 한 젊은이를 찾는다는 것은 불가능한 일이다. 별다른 이유가 있어서가 아니라, 젊음의 상실 자체가 모든 인간에게 하나의 불행이며 덜 불행할수록 불행을 크게 느끼는 것이 인간이기 때문이다.

　"동정심을 가진 인간"이 되기 위해 필요한 조건들, 즉 고통의 경험자여야 하고 고통 자체에서는 벗어나 있어야 한다는 점, 원기왕성하고 젊은이들 특유의 도전 의식을 가지고 있어야 한다는 점은 모두 함께 충족되기가 거의 불가능한 조건들이다.

　"사랑스러움"은 레오파르디가 흔히 나약함이나 연약함, 우아함에 부여하는 이미지 혹은 존재 방식이다. 바로 이 지점에서 감성과 쾌락의 관계는 예리해지기 시작한다. 동정은 사랑스러움과 나약함, 연약함, 우아함의 조합에서 솟아나는 감정이다. 쾌락에 관한 레오파르디의 의견에 따르면, 아름다움은 때로 무기력한 것과 우아한 것이 결합된 형태로 드러나기도 한다. 하지만 사랑스러움은 아름다움과는 일치하지 않는다. 사랑스러움은 오히려 연약함과 연결되는 것이 보통이며 나약함의 고유한 특징 중 하나이기도 하다. 이러한 성격의 사람들을 바라보는 시선은 동정에의 길을 열어 보일 수 있지만 무엇보다도 동시에 쾌락에의 길을 열어젖힌다. "연약함은 원래 사랑스러움과 일치하며 스스로를 위한 타자의 기쁨과 일치한다. 따라서 타자가 연약한 존재를 사랑하게 만들고 자기 사랑을 위해 사랑하게, 다시 말해 연약함으로부터 기쁨을 얻게 만든다."(《지발도네》 3554~3555쪽, 1823년 9월 29~30일)《지발도네》에서 동정은 항상 타자에 대한 관심을 통해, 타자와의 가족적인 관계 또는 보호나 공감의 관계를 통해, 동시에 이러한 관계가 유발하는 쾌락을 통해 모습을 드러낸다. 욕망은 타자의 욕망이다.

타자가 느낄 수 있는 동정의 원천으로 간주되는 사랑스러움은 레오파르디가 서사시에 대해 남긴 다양한 종류의 글에 항상 등장할 뿐 아니라 등장인물의 본성과 극 속에서의 기능을 설명할 때에도 항상 등장하는 주제다. 서사시의 영웅은 불행을 당하면 당할수록 더욱더 애착이 가는 존재다. 작가는 서사시의 중심에 서 있는 영웅을 하나의 "크고 완전하고 결정적인 불행"으로 몰아세우지 못한다. 주인공은 혼자만의 힘으로는, 자신의 예외적인 "불행"만으로는 서사시를 정말 "흥미롭게" 만들지 못한다. 이를 위해서는 또 다른 영웅이 필요하다. "절대적으로 사랑스럽고 절대적으로 불행한" 영웅이 필요한 것이다. 호메로스의 서사시에서 이 두 번째 영웅은 헥토르다. 그의 "절대적이고 완전하고 결정적인" 불행이 독자들로 하여금 독서가 끝난 뒤에도 그를 "절대적으로 사랑스럽고, 따라서 절대적으로 흥미로운" 존재로 여기게 하는 것이다. 아킬레우스의 경우, 호메로스는 그를 절대적으로 "불행하고 슬픈" 존재로 만들지 못했지만 동시에 그를 독자들이 사랑하는 인물로 만드는 데 성공했다. 여기에는 호메로스의 독특한 서사적 전략이 숨어 있다(《지발도네》, 3607쪽, 1823년 10월 3~6일).

호메로스는 주인공 아킬레우스에게 가장 아름다운 정서적 요소들뿐만 아니라 사랑의 어머니 혹은 사랑의 풀무라고 불리는 동정이라는 감미로운 정서를 부여하려고 노력했다. 이를 위해 그의 친구 파트로클로스의 불운하고 갑작스러운 죽음을 등장시켰을 뿐 아니라 결국에는 그를 불행한 운명, 가장 꽃다운 나이에 죽을 수밖에 없는 숙명으로 몰아넣었다. 그 대신에 아킬레우스가 얻은 것은 영광이었다. 그는 불명예스럽게 오래 사는 것보다는 일찍 죽기를 의식적으로 원하고 선택함으로써 영예를 얻은 것이다.

또 다른 서사시의 영웅들, 아이네이아스나 고드프루아 같은 인물들은 원칙적으로 동정을 자극하는 인물들이라고 할 수 없다. 왜냐하면 작가들이 가장 먼저 걱정한 것은 이들을 독자들이 사랑할 만한 인물로 만드는 일이 아니었기 때문이다(《지발도네》, 3612~3613쪽, 1823년 10월 3~6일).

레오파르디는 서사시의 영역을 벗어나 시인들의 전기에도 관심을 기울이며 불행과 동정의 관계에 대해 관찰한다. 그는 이렇게 묻는다. "왜 단테는 수많은 불행을 겪었음에도 불구하고 동정 대신 이루 말할 수 없는 존경심을 불러일으키고, 비극적인 삶을 산 타소는 동정과 눈물을 자아내는가?" 우리는 두 시인의 무덤 앞에서 레오파르디가 받은 개인적인 인상에서도 같은 식의 의문을 발견할 수 있다. "우리는 두 인물 모두의 묘를 방문하곤 한다. 묘들은 전부 이들의 고향 바깥에 있다. 나는 타소의 묘 앞에서는 눈물을 흘렸지만 단테의 묘 앞에서는 안타까운 마음을 조금도 느낄 수 없었다. 나는 대부분의 사람들이 그럴 것이라고 믿는다." 그 이유는 "우리가 단테에게서는 불운을 견뎌낼 수 있을 만큼 강인한 영혼을 지닌 인간의 모습을 발견하는 반면 타소는 불행을 극복하지 못한 인물, 쓰러진 패배자, 적대적인 상황 앞에 무릎을 꿇은 사람, 그래서 끝없이 괴로워하고 극복할 수 없는 고통을 겪는 인물로 이해하기 때문이다". 타소와 그의 불행에 대한 레오파르디의 성찰은 다음과 같은 설명으로 좀 더 명확해진다. "그의 불행이 전적으로 허망하거나 혹은 상상에 불과한 것이더라도 그의 슬픔만큼은 확실히 사실적이다."(《지발도네》, 4255~4256쪽, 1827년 3월 14일)

1829년 5월과 6월 즈음, 레오파르디가 《지발도네》의 마지막 장을 쓰던 시기에 이르면 동정은 더 이상 이기주의나 자기 사랑과의 관계를 떠올리게 하는 주제가 아니라, 약자와 연약한 사람, 그래서 "사랑스러운" 사람, 우리 눈에 한 소년으로 비치든 동물적인 형상으로 비치든, 혹은 패배의 잔을 마시고 처참한 상황에 몰린 적의 모습으로 비치든 그러한 약자를 위한 배려와 약자에 대한 관심과 사랑의 행위를 다루는 주제로 돌아온다. 물론 이 연약함이 여성적인 아름다움이나 우아함의 형태로 드러나는 경우도 여기에 포함된다(여기서 서두에 언급되었던 "행복의 천사에 대한 동정"의 영향을 느낄 수 있다). 동정에 관한 마지막 두 단상은 다시 한 번 사랑과의 관계를 강조한다. 어느 시점에선가 레오파르디는 이렇게 말한다. "동정은 사랑의 원천이다."(《지발도네》, 4504쪽, 1829년 5월 11일) 레오파르디는 마지막 단상에서 "동정을 불러일으키지는 않더라도 사랑할 만한" 존재가 된다는 점에 주목한 뒤 이런 결론을 내린다. "자연이 연약함에 배려의 필요라는 형식 혹은 방패로 사랑스러움을 선사한 듯이 보인다."《지발도네》, 4519~4520쪽, 1829년 6월 17일) 그의 관심은 이제 자기 사랑이나 만족, 때로는 동정이 도구가 되기도 하는 자아 인정의 차원이 아니라 타자와의 관계에 대한 관점, 즉 모든 생명체를 동등하게 고통과 유한성, 결과적으로 근접성의 선상에 올려놓는 관점의 탄생으로 기울어진다.

세상에는 더 이상 세상에 없는 사람들에 대한 어떤 특별한 형태의 동정이 존재한다. 여기서는 동정과 눈물, 기억과 예배, 내면적 보호와 애도의 고통이 모두 하나가 되려는 경향을 보인다. 레오파르디의 '동정'은 이 모든 것들을 감당할 수 있을 것처럼 보인다. 그의 동정은 한편으로는 세상을 떠난 사람들과 우리의 관계에 대해 성찰하는 기회가 될 수 있고, 다른 한편으로는 불멸의 사상에 자연적이거나 물리적이거나 감각적이지 않은 기초, 즉 전적으로 추상적이거나 신앙적인 기초를 부여하는 기회가 될 수 있다. 우리가 죽은 자들을 위해 눈물을 흘리는 것은(이 눈물의 이유가 바로 레오파르디의 사유의 출발점이다) 우리가 삶을 버리고 떠나는 이들이 불행하다고 여기기 때문이다. 그렇게 여기는 것은 우리가 삶 자체를 당연히 행복한 것으로 여기기 때문이다. 죽은 자들을 바라보며 우리가 동정심을 느끼는 것은 죽음이 하나의 재앙이라고 생각하기 때문이다. 이러한 태도를 기반에 두고 우리가 점검할 수 있는 것은 불멸에 대한 우리의 생각이다. 여기서 레오파르디가 던지는 질문을 들어보자. "영혼이 불멸하는 것이라면 왜 죽은 자들을 동정하고 불쌍하다고 여겨야 하는가?" 누군가의 죽음을 슬퍼하며 눈물을 흘리는 사람은 사실 그 누군가가 또 다른 세상에서 계속 살아간다거나 벌을 받으리라고는 생각하지 않는다. 만약 그렇게 생각한다면 망자를 바라보며 느끼는 우리의 고통은 "공포나 적개심과 뒤섞이게 될 것이다". 우리는 마땅히 이런 질문을 던져야 한다. "우리가 망자들을 보며 느끼는 동정이란 우리가 은밀하고 비이성적인 감정에 얽매여 그들이 삶과 생명을 잃었다고 보는 믿음에서, 즉 삶과 생명이 우리에게는 당연히 하나의 행복이라 여기고 삶의 상실은 하나의 불행이라고 여기는 우리의 비이성적인 믿음에서 비롯되지 않는다면 과연 어디에서 비롯되겠는가?" 레오파르디의 결론은 이제 영혼의 불멸성에 대한 의혹을 제기하는 방향으로 나아간다. "우리는 사실상 영혼의 불멸성을 믿지 않는다. 오히려 죽은 자들은 모든 종류의 생명을 완전히 잃은 자들이라고 굳게 믿는다. 망자는 이제 더 이상 존재하지 않는다고 믿는 것이다." 하지만 레오파르디는 훨씬 더 긴박한 질문을 던지면서, 눈물이 흘러내리는 이유에 대해, 다름 아닌 죽음이라는 피할 길 없는 상실의 운명 앞에서 그것을 받아들여야 한다고 굳게 믿으면서도 어쩔 수 없이 눈물이 흘러내리는 이유에 대해 묻는다. "우리가 그것을 믿는다면, 눈물은 왜 흘리는가? 어떻게 더 이상 존재하지 않는 누군가를 동정할 수 있단 말인가?" 진정한 의미에서 레오파르디의 결론이라고 할 수 있는 문장을 읽어보자.

우리가 누군가의 죽음을 슬퍼하며 흘리는 눈물은, 그를 죽은 자로 보고 흘리는 눈물이 아니라 산 자로 보고 흘리는 눈물이다. 한때 살아 있었던 사람, 살면서 우리와 가까웠던 사람이기 때문에, 그런 사람이 삶을 중단했기 때문에, 더 이상 자리에 없기 때문에 우리는 눈물을 흘린다. 우리의 가슴이 아픈 것은 지금 그가 어떤 고통을 겪고 있기 때문이 아니라 그가 죽음이라는 이 돌이킬 수 없는 불행을(우리가 볼 때), 삶과 존재의 상실이라는 이 마지막 불행을 겪었기 때문이다. 그에게 일어난 이 불행이 바로 우리의 동정과 눈물의 원인이자 내용이다. 그가 떠나가고 없는 지금 우리가 슬퍼하는 것은 그에 대한 기억 때문이지 그 때문이 아니다.

이상은 "1827년 4월 9일 성 월요일, 레카나티"에서 기록한 단상의 내용이다. 여기서 우리는 예배나 영원한 세계에서의 생존을 기원하는 기도와 무관한 애도의 이유들을 발견할 수 있다. 우리가 슬퍼하는 것은 잃어버린 생명 때문이며, 그 상실이 돌이킬 수 없는 것이라는 데서 오는 고통과 망자의 부재로 인한 텅 빈 공간의 허전함과 기억 속에 새로이 등장한 존재가 창백하기 짝이 없다는 것에 대한 깨달음 때문이다. 눈물의 진정한 뿌리는 모든 삶의 덧없음에 대한 인식에 있다. 눈물은 작별의 고통과 '이제는 더 이상'이라는 표현과 시간과 삶을 거꾸로 되돌릴 수 없다는 사실에서 비롯된다. 동정에 관한 레오파르디의 성찰이 끊임없이 우리의 감성을 인도하는 곳은 불안하고 복수複數적이고 조화롭지 못한 감각적 세계와, 동시에 생명의 유한성이라는 보편적 한계를 모두 인식하는 지상적이고 물리적인 차원이다. 그런 식으로 욕망을 끊임없이 추적하는 그의 사유를 우리는 욕망의 오디세이아라고 부를 수 있을 것이다.

한 철학자의
독백

———

무언가가 모자라서? 아니면 마음이 불편해서? 아니면 일종의 만족을 위해, 우리 자신에 대한 만족을 고취하기 위해 남들 앞으로 나아가 그들의 고통을 이해해보려고 노력하는 것인가? 루소가 어느 날 카페에 앉아 던졌던 질문이다. 우리가 타인의 상황을 좀 더 깊이 이해할 수 있는 것은 우리 역시 상실을 경험했기 때문이다. 특별한 이유가 있어서가 아니라 경험하는 고통의 유사성 덕분에 남을 이해할 수 있다고 느끼는 것이다. 하지만 아무 일도 일어나지 않는 평화로운 시기에 우리는 자아라는 울타리 안으로 되돌아간다. 아울러 우리가 우리보다 더 행복한 사람들의 입장에 서게 되는 일은 일어나지 않는다. 일어날 수 있는 일은 오로지 우리보다 더 불행한 상황에 놓여 있기 때문에 불쌍히 여겨야 마땅한 사람들의 입장에 서는 것이다. 이러한 특징들이 바로 인간의 본성에 속한다고 《에밀Emile》의 저자 루소는 말한다.

그는 카페에 앉아 있고 테이블 위에는 공책과 빈 컵 하나가 놓여 있다. 해가 저물어가고 있지만 지나가는 사람들의 모습은 물론 그들이 입고 있는 옷도 또렷하게 알아볼 수 있다. 그는 계속해서 혼잣말로 중얼거린다. 중요한 것은 우리의 형편을 떠나서 남들이 무슨 도움을 필요로 하는지 아는 일이다. 모두가 이구동성으로 이야기하는 것처럼 정말 다른 사람의 입장에 설 필요는 없다. 자신이 처한 상황에 대한 인식을 포기하면서까지, 다시 말해 스스로를 잊으면서까지 입장을 바꾸어볼 필요는 없는 것이다. 고통 받는 사람 앞에서 우리는 고통 받는 존재는 분명 타인이며 우리가 아니라는 점을 확인할 수 있다. 조금이라도 입장을 바꾸어 생각해보면, 우리는 항상 우리 자신이지만, 결국에는 우리가 같이 괴로워할 수밖에 없다는 사실을 깨닫게 된다. 타자 안에서 괴로워하는 것이 바로 우리다. 이것이 루소가 한 말이다. 타자 안에서 괴로워하는 것이 우리다.

이것이 바로 동정의 원리다. 하지만 중요한 것은, 아무에게도 해를 끼치지 말라는 것이 진정한 계율이라고 가르친 고대 철학자들의 도덕적 교훈을 뛰어넘는 일이다. 고대인들은 "네게 일어나지 않기를 바라는 일이 다른 이들에게 일어나지 않게" 하라고 가르쳤다. 굉장히 멋진 교훈이다. 듣고 안심할 수 있는 말, 순응주의자들의 양심을 편안하게 잠재울 수 있는 말, 동의할 수 있는 말이다. 아무에게도 해를 끼치지 말라는 가르침은 어떤 도덕적 규범의 기본 원칙으로 정립할 수도 있고 이를 토대로 정의에 대해 논하는 것도 얼마든지 가능할 것이다. 하지만 진정한 의미의 동정은 하나의 도약을 필요로 한다. 왜냐하면 동정 속에서는 타자의 고통이 그 자체로 평가되지 나와의 관계 속에서, 혹은 나의 상황에 비추어 평가되지 않기 때문이다. 그렇다면 타자의 고통이 마치 나 자신의 고통인 것처럼 변하는 일은 어떻게 일어날 수 있는가? 단순히 나와 유사한 존재가 고통 받는다는 사실에 대한 혐오가 나의 동정심을 불러일으키는 것인가? 아니면 일종의 충동 같은 것이, 어떤 자연적인 본능 같은 것이 나를 부추겨 타인의 행복을 기대하게 만든다고 봐야 하는 것인가?

  해가 저물어 카페에서 나온 철학자는 회랑을 걷다가 한 오십 대 남자가 기둥에 몸을 기댄 채 바닥에 주저앉아 있는 것을 발견한다. 괴로워하는 그의 얼굴에는 동시에 무거운 자존심의 그림자가 드리워져 있다. 꼼짝 않고 바닥만 바라보고 있는 그의 발밑에는 텅 빈 접시 하나만이 놓여 있다. 그를 보고 그냥 지나친 철학자는 계속 발걸음을 옮기면서 스스로에게 이렇게 묻는다. "물론 동전이라도 몇 개 주고 올 수 있지 않았는가? 하지만 저 남자의 고통에 대해 내가 대체 뭘 알고 있지? 저 사람의 인생에 대해서는? 게다가 저런 모습이 전부 연기에 불과할 가능성도 있잖은가? 구걸이 보기와는 달리 수익도 괜찮고 다른 고된 노동보다 편하기 때문에 저렇게 앉아 있는 것일 수도 있잖은가?" 이어서 철학자는 이런 질문을 던진다. "동정과 동정의 본질에 대해 나는 과연 무엇을 알고 있는가?"

지혜와 동정,
두 갈래의 길

현자는 동정심을 가진 인물이어야 하는가? 철학자는 동정을 인간의 필수 덕목들 가운데 하나로 간주해야 하는가? 아니, 질문을 좀 더 간단하고 학구적인 방식으로 던져보자. 동정에 대한 서양 철학의 입장은 무엇인가? 이제 누군가가 위대한 철학자들의 책을 바탕으로 동정의 다양한 형태와 영향력, 발생 원인이 정의되는 과정과 동정의 개념 자체가 구체화되는 과정을 가까이서 관찰한다면 그는 동정에 대한 두 가지 전혀 다른 입장이 존재한다는 것을 목격할 것이다. 먼저 동정을 멀리하는 입장이 있다. 이 입장을 고수하는 철학자들은 동정을 의심하고 그들이 본질적으로 위선적이라고 보는 이 감정의 허위를 자신 있게 폭로한다. 이들은 동정이 자기 합리화의 도구이며 고통 받는 사람의 자율성과 자존심과 자유를 존중할 줄 모른다고 말한다. 이와 정반대되는 입장에 선 철학자들은 타자와 타자의 고통에 가까이 다가가야 한다고 보고 타자와의 관계가 곧 개인의 정체성의 뿌리라고 확신한다. 서양 철학사를 통해 면면히 유지되어왔고 본질적으로 구별될 수밖에 없는 이러한 두 가지 상이한 관점은 발전 과정에서는 분명한 공통분모들을 가지고 있었고 서로에게 어느 정도 영향력까지 행사해온 것이 사실이다. 하지만 이 두 입장 중에서 철학이 결국 선호한 것은 첫 번째 입장이다. 거리를 두고 의심하는 태도와 관점을 토대로 철학은 철학적 인간이라는 개념 자체를 구축했고, 심지어 일상적 삶의 지혜와 철학적 덕목이라는 개념까지 구체화했다. 플라톤은 비극 공연과 이를 통해 드러나는 열정passione과 동정compassione에 대해 비판적인 태도를 취했고, 스토아 철학자들 가운데 에픽테토스Epiktētos와 마르쿠스 아우렐리우스Marcus Aurelius는 한탄이나 형식적인 위로에 대해 비판적인 입장을 표명했다. 데카르트는 동정이라는 감정이 자기만족이나 자기애와 깊은 연관이 있다고 강조했다. 이러한 태도는 니체에게까지 이어진다. 니체는 "감미로우면서도 우울하게 나타나는 이 마지막 질병", 즉 동정이라는 감정의 도덕적인 측면에 대해 문제를 제기하면서 그리스도교의 "금욕적" 윤리관과 삶에 파괴적인 영향력을 행사하는 도덕적 가면의 다양한 형태와 본질에 대해 비정하고 날카로운 비판을 감행했다. 니체는 특히 《도덕의 계보학*Zur Genealogie der Moral*》에서 "도덕적 가치"에 대한 대대적인 비판을 시도했다. 이는 "가치들의 가치 자체"에 대한 비판이었다. 니체는 이어서 차라투스트라의 입을 통해 동정적인 시각을 지닌 사람들을 비판하면서 동정뿐만 아니라 용서 자체의 필요성까지도 초월할 수 있는 사랑에 대해 설파했다. 니체가 나무란 사람들은 동정을 눈에 띄는 방식으로, 공개적으로, 기뻐하며 실천하는 사람들이었다. "동정을 베풀면서 기뻐하는 이 자비로운 인간들을 나는 참지 못한다. 이들은 정말 부끄러움을 모르는 인간들이다." 그는 고통 속에서 느끼는 부끄러움에 대해서도 이렇게 말했다. "나는 부끄러움을 느꼈다. 고통 속에서 부끄러워하는 이의 모습을 봤기 때문이다. 그를 도우면서 나는 그의 자존심에 심한 상처를 안겨주었다." 여기서 니체가 문제시하는 것은 동정을 베푸는 행위의 위선적이고 공격적인 측면이다. 절대적으로 순수한 사랑의 차원에서 니체는 이렇게 말한다. "사랑하면서 동정심보다 우월한 감정으로 다가서지 못하는 이들 모두에게 화가 닥칠 것이다."

동정이라는 감정에 비판적인 자세를 취하는 철학자들과 니체의 입장은 이들 각자의 철학 세계 안에서 해석되어야 하고 도덕에 대한, 더 일반적으로는 도덕적 주체와 도덕의 토대에 대한 담론의 구도 안에서 관찰되어야 할 것이다. 당연한 이야기이지만, 니체의 철학에서 차라투스트라와 '초인'이 가지고 있는 특징들을 동정에 관한 담론과 분리해서 생각한다는 것은 있을 수 없는 일이다. '동정'에 대해 비판적인 태도를 취하는 모든 철학자들의 실질적인 관심사는 동정이 타자의 고통과 관계하는 방식이 아니라 동정을 느끼는 '주체'다. 그만큼 동정에 관한 철학적 불신의 벽은 높다고 할 수밖에 없다. 감정의 윤리학을 연구하는 철학자 마사 누스바움Martha Nussbaum은 최근에 동정은 하나의 감정인 동시에 관심과 배려의 대상이기 때문에 철학보다는 시와 미술의 영역에 속한다고 이야기한 바 있다. 물론 이러한 구분을 따르지 않는 현대 철학자들도 있다. 이러한 성향의 철학은 인간 사회의 불평등이라는 문제를 기점으로 정의의 개념에 의혹을 제시하면서 타자의 존재를 부각하고, 고통 받는 타자에게 가까이 다가서는 행위를 주체와 주체의 정체성을 구축하는 근본 요소로 간주한다. 이러한 철학적 관점에 따르면(대표적인 예는 마르틴 부버Martin Buber와 에마뉘엘 레비나스Emmanuel Lévinas일 것이다) 중요한 것은 '당신'이며 타자의 얼굴이다. 여기서 '타자'는 우리가 세상과 유지하는 관계의 원리로 등장한다.

　동정을 인정하거나 거부하는 상이한 입장의 구분 자체를 거부하는 또 다른 입장이 있을 수 있다. 1889년 1월 토리노, 마차를 끄는 말 한 마리가 길가에 서 있다. 당대의 가장 위대한 사상가로 칭송받는 한 철학자(니체)가 가까이 다가와 말을 부둥켜안고 눈물을 흘린다. 마부가 말에게 채찍질을 했기 때문일 수도 있고, 아니면 단순히 말의 눈에서 굴복당한 동물의 고통을 읽었기 때문일 수도 있고, 아니면 말의 이미지에서, 말의 눈동자가 뿜어내는 섬광에서, 발굽으로 땅을 차며 머리를 흔들어대는 말의 모습에서 또 다른 이미지를, 동물과 인간이 뒤섞인 이미지를 봤기 때문일 수도 있을 것이다. 또는, 어쩌면 그의 영혼이 어떤 어두운 비밀의 문턱에, 언어와 지식이 더 이상 생명을 능욕으로부터 지켜내지 못하는 지점에 도달했기 때문이었는지도 모른다. 그러나 그 순간에 그의 행동, 그의 눈물과 함께 무너진 것이 있다면 그것은 동정에 대한 모든 엄격하고 비판적인 철학적 담론일 것이다.

연극과
동정
——

　멀리 지평선을 물들이는 석양을 바라보며 그리스 극장의 돌계단에
앉아, 혹은 특별석의 멋진 소파에 앉아, 혹은 회랑의 아치 밑에서, 아
니면 그냥 땅바닥에 사람들과 함께 둘러앉아 무대에 오른 배우들의 움
직임을 지켜보며 관객들은 연극이 펼쳐 보이는 허구의 세계를 상상력
과 감각의 즉각적인 몰입을 통해 경험한다. 배우들이 온몸으로 뿜어
내는 말들의 숨소리와 떨림은 동일한 방식으로 관객들의 마음을 움
직이고 감정을 뒤흔든다. 그들의 시선은 감정의 움직임을 받아들이
는 창문이며, 그들의 귀는 과거로부터 피어오르는 이미지와 예기치 못
했던 생각들, 두려운 생각들, 관객과 무대를 연결하며 하나의 다리처
럼 솟아오르는 욕망들의 전쟁터다. 무대에 오른 고통 앞에서, 비극의
거침없는 소용돌이에 휘말린 극중 인물의 극단적인 상황 앞에서 관객
들은 오감이 하나로 집중되는 느낌을 통해 점점 배우들의 입장에 서
게 되고 이들과 하나가 되면서, 이들이 연기를 통해 펼쳐 보이는 세계
를 보다 직접적으로 경험하게 된다. 그런 식으로 무대에 가까이 다가
서고 배우들과 하나가 되는 느낌의 경험에 이어서 또 하나의 감정, 동
정이라는 감정이 합류한다. 이것이 바로 비극의 힘, 비극적인 것에 대
한 모방이 발휘하는 힘이다. 가장 뛰어난 고대 철학자들이 비극에 대

해 논하면서 연극적인 경험과 시적인 경험 자체의 가장 기본적인 요소로 동정을 꼽은 것도 바로 그런 이유에서였다. 비극이 표현하는 열정에의 참여와 이 열정의 나눔을 의미하는 동정의 도덕적 기능과 방식에 대해 처음으로 언급한 장르가 이른바 고대의 '시학'이라는, 담론과 숭고에 관한 고대의 담론, 다시 말해 독자 혹은 관객의 영혼 속에서 울려 퍼지는 열정의 반향에 대한 담론이었다.

일반적으로 '시학'이라고 불리던 이러한 담론들은 오랜 세월을 거치면서 반복적으로 논의되고 변형되거나 재창조되었다. 동정이라는 감정을 공유하기 위한 훈련은 무엇보다도 독서를 통해 이루어졌다. 책을 어떤 식으로 읽든 간에, 예를 들어 허름한 독방의 침묵이나 고독 속에서 읽든, 혹은 편안한 거실이나 야외의 따뜻한 햇볕 아래에서 읽든, 또는 마르셀 프루스트Marcel Proust가 경험한 것처럼 사람들이 떠드는 소리가 뒤섞여 더욱 생동감 있는 분위기 속에서 읽든 간에, 등장인물들의 역할이 고통을 수반할 때, 독서는 무엇보다도 동정을 공유하기 위한 일종의 훈련이다. 동정은 독자들의 전율과 초조함과 두근거림을 통해 전달된다.

이제 연극과 동정이 공생 관계를 시작하던 시기에 표명되었던 동정의 정의, 즉 아리스토텔레스가 《시학》에서 설명했던 동정에 대해 짚고 넘어가기로 하자. 아리스토텔레스는 관객이 느끼는 동정의 감정이 비극적인 것에 대한 모방mimesis을 통해 주어진다고 보았다. 즉 신화적인 사건이나 인물들이 겪는 비극적인 사건들을 배경으로 무대에 오르는 일련의 행위들을 통해 자극되는 것이 바로 동정이다. 여기서 비극은 곧 "무시무시하고 동정을 불러일으키는 사건들"에 대한 모방이다. 이 비극에 상응하는 것이 바로 관객이 경험하는 '두려움'과 '동정'의 감정이다. 관객이 두려움을 느끼는 것은 배우와 감정적 일치를 이루면서 자신이 무대에서 목격하는 불행의 주인공이 될 수도 있다는 가능성을 통감하기 때문이며, 관객이 동정을 느끼는 것은 고통 받는 극중 인물에게 사실은 아무런 죄가 없다는 것을 목격하기 때문이다. 이러한 불행과의 관계가 무대에 오르는 것은 모방을 통해서, 즉 연기를 통해서 이루어지기 때문에, 관객의 두려움과 동정은 발생과 동시에 일종의 정화 과정(카타르시스)을 겪는다. 뭐랄까 배우들과의 밀착된 관계와 강렬한 조화를 통해 발생한 감정이 한결 가벼워지는 경로가 펼쳐지는 셈이다. 카타르시스를 통해 가벼워지는 이 감정은 사실 쾌락edone이나 앎mathesis과 분리되어 있다고 볼 수 없다. 쾌락이나 앎 모두 무대의 모방적인 성격을 토대로 주어지며, 두려움과 동정의 감정도 공연과 함께 막을 내리도록 되어 있다.

이 쾌락과 앎의 과정은 시와도 깊은 연관이 있다. 아리스토텔레스는 행동이나 손짓, 표정을 통해 표현되는 연극 이상으로 두려움과 동정의 감정을 불러일으키는 힘을 지닌 것이 말, 즉 시어라고 보았다. 강렬한 감정을 자극하는 차원에서는 언어를 사용하는 시인이 훨씬 더 능수능란하다고 본 것이다.

비극에 대한 이런 아리스토텔레스의 성찰들, 예를 들어 인물의 성격이나 영웅의 탁월하고 고귀한 성격에 대한, 혹은 극중 행위의 타당성과 필요성에 대한 사유들은 오랜 논쟁과 변론을 거쳐 상당히 다양하고 풍부한 해석들을 탄생시켰고, 미학과 시학 같은 분야는 예술의 기능에 대한 아리스토텔레스의 담론, 어떤 측면에서는 반드시《시학》에만 국한되지 않고《수사학 *Techne Rhetorike*》과《니코마코스 윤리학 *Ethika Nicomacheia*》에까지 확장되는 담론과의 끊임없는 비교를 통해 성장해왔다.

아리스토텔레스가 비극을 관람하는 관객의 마음을 뒤흔드는 요소로 보았던 두 가지 감정에 대해 특별한 관심을 가지고 주목한 인물은 레싱이다. 그는 연극의 역할에 대한 낭만주의 논의에 초석을 놓은 인물이다. 레싱은 아리스토텔레스가 이야기하는 두려움이 사실은 동정에 흡수되고 동정 속에서 해소된다고 보았다. 레싱은 다름 아닌 동정 Mitleid이 바로 비극의 심장이라고 보았고, 이러한 원리는 그리스 비극뿐만 아니라 근대 비극에도 적용된다고 믿었다. 그에 따르면, 극중 인물의 고통이 가져다주는 두려움은 사실 우리에게는 동정 외에 아무것도 아니다. 왜냐하면 우리는 배우와 비슷한 존재인 만큼, 다름 아닌 우리 자신이 그 비극의 희생자가 될 수도 있다고 느끼기 때문이다. 두려움뿐만 아니라 비극을 보며 느끼는 경이로움 또한 동정이라는 감정에 의해, 관객과 배우의 동고Mit-leid에 흡수된다. 여기서 우리는 비극을 매개로 하는 이러한 감정의 경험이 무대라는 틀을 뛰어넘어 현실 세계에서도 동정의 가능성을 배가한다는 점에 주목할 필요가 있다. 비극이 수행하는 정화 기능을 고려할 때, 바로 여기에 비극에 관한 아리스토텔레스의 담론에 대한 윤리적 해석은 물론, 극적 경험과 열정을 조화롭게 다스리는 방법과 비극의 윤리적 이상 간의 관계에 대한 성찰의 길 또한 활짝 열려 있다고 볼 수 있을 것이다.

비극에 관한 고대와 현대 철학자들의 모든 성찰 속에는, 때로는 가까스로 포착되고 때로는 확연히 드러나는 하나의 미묘한 생각이 함축되어 있다. 동정을 느끼는 주체와 또 다른 생명체들 간의 결속력, 한 개인과 인간 조건의 결속력에 관한 사유가 바로 그것이다. 이러한 형태의 동정, 이 인류를 대상으로 하는 동정심, 혹은 모든 존재, 모든 생명체에 대한 동정심은 무엇보다도 낭만주의 극작가들의 경험 속에서 아주 강하게 나타난다. 이러한 경험에 대한 시적 명상의 숨소리로 등장한 시인이 바로 레오파르디라고 할 수 있을 것이다.

연극이라는 영역에 국한해서 하나의 결론적인 질문을 던져보면, 바로크 비극에 관한 발터 베냐민Walter Benjamin의 해석 역시 동일한 인류애의 숨소리로 이루어졌다고 봐야 하지 않을까? 왕권의 추락과 재로 변하는 권력의 역사와 무시무시한 공허함의 열림은 바로 인간의 한계에 대한 성찰의 리듬을 좇으면서 연극을 통해 보편적인 감정으로 등극하는 동정의 열림이 아닐까?

11장

동물의 고통

브로츠와프 감옥과 물소의 눈, 로자 룩셈부르크의 편지

1917년 12월, 로자 룩셈부르크Rosa Luxemburg는 브로츠와프의 여성 감옥에서 소냐 리프크네히트Sonja Liebknecht에게 편지를 보낸다. 로자가 살해된 뒤에 카를 크라우스Karl Kraus가 기회 있을 때마다 대중 앞에서 꺼내 들고 낭송하며 교과서에 실려야 할 글이라고 강조했던 편지다. 카를 리프크네히트Karl Liebknech의 아내이자 예술사를 전공한 친구 소냐에게 보낸 이 편지에서 로자 룩셈부르크는 다가올 성탄절이 감옥에서 보내는 세 번째 성탄절이라면서 크리스마스트리용으로 장만한 허름한 나무 한 그루에 대해, 그 나무가 상징하는 휴식의 의미에 대해, 그리고 자신이 감방에 갇혀 돌처럼 딱딱한 매트리스 위에서 보내는 밤에 대해 이야기한다("마치 무덤 속에 갇혀 지내는 것 같아").

자신이 감옥 한구석에서 듣는 한밤중의 소음들에 대해 말하면서 그녀는 멀리서 기차가 다가오는 소리, 목소리를 가다듬는 간수의 헛기침 소리와 그가 무거운 장화를 신고 발걸음을 옮길 때마다 나는 소리에 대해 이야기한다("장화에 밟힐 때마다 모래가 우는 소리는 정말 절망적이야. 이 캄캄하고 습한 밤에 그 소리를 들으면 마치 존재의 모든 낙담과 비통함이 울려 퍼지는 것 같아"). 그럼에도 불구하고 한밤중에 떠오르는 이러한 생각들이 그녀로 하여금 예기치 못한 상상력을 발휘하게 한다. 한겨울의 고된 감옥 생활에서도 어떤 이해하기 힘든 "내면의 기쁨"이 가슴속으로 파고들며 그녀의 입가에 미소까지 선사한다. 삶의 미소, 어둠 속에서 피어오른 삶의 미소다. 미소를 지을 만한 이유가 전혀 없는데 그녀는 미소를 짓는다. 이 미소를 그녀는 편지에서 "내면의 행복"이라고 부른다. 남편이 감옥에 갇혀 홀로 남은 친구에게 룩셈부르크가 정말 하고 싶어 한 이야기는 바로 이런 종류의 감정에 관한 것이었다. 룩셈부르크는 편지를 쓰면서 그런 식으로 소냐와 함께 있는 모습을 상상했고, 그 덕분에 잠시나마 고통을 잊고 외로움을 벗어던진 소냐는 블루베리를 따러 밖으로 나가 슈테글리처Steglitzer 공원을 찾는다. 룩셈부르크는 책에 대해서도, 특히 슈테판 게오르게Stefan George의 시에 대해서도 이야기한다. 이어서 일종의 반전이 일어난다. "아아, 소냐, 여기서 난 이루 말할 수 없는 슬픔을 경험했어." 룩셈부르크가 이야기하는 슬픔은 바로 동물의 고통이 안겨주는 슬픔, 동물적인 차원의 동정이 불러일으키는 강렬한, 형언할 수 없는 슬픔이다. 그녀는 감옥의 중정에 곡식 가마와 피 묻은 군복을 가득 싣고 들어오던 수레들에 대한 이야기를 꺼낸다.

얼마 전에는 말 대신 물소들이 끄는 수레가 한 대 들어왔어. 내가 물소를 가까이서 본 건 그때가 처음이야. 우리가 아는 소보다 몸집이 더 크고 훨씬 튼튼해 보였어. 완전히 검은색의 머리는 약간 납작하고 뿔이 아래를 향해 굽어 있는데, 두개골은 오히려 양을 더 닮았더군. 커다란 눈은 정말 온순해 보였어. 루마니아에서 전리품으로 가지고 온 거라고 하더군.

드넓은 목초지에서 잡혀 온 이 물소들은 자유롭게 살다가 노역용 가축으로 전락해 잔인한 방식으로 착취당한다. 룩셈부르크의 묘사에 따르면, 중정에 곡식 가마를 가득 실은 수레가 들어온다. 수레를 끄는 물소들이 짐이 너무 무거워 문턱을 넘지 못하자 수레 행렬을 이끌던 군인이 물소를 채찍질하기 시작한다. 그가 너무 심하게 채찍질을 하자 경비가 그에게 "약간의 동정심"은 베풀어야 하지 않겠느냐고 말한다. 군인은 "사람에게 베풀 동정심도 없다"고 대답한 뒤 다시 잔인하게 채찍질을 하기 시작한다. 물소 한 마리의 가죽이 벗겨지면서 피가 흘러내린다. 룩셈부르크는 이렇게 기록했다.

> 하역을 하는 동안 가축들은 많이 지쳤는지 아무 소리도 내지 않더군. 그중 한 마리가, 피를 흘리던 그 물소가 물끄러미 앞을 보고 있었어. 검은 얼굴에 검고 순하기 짝이 없는 눈동자를 하고 있었지. 표정이 마치 한참 운 어린아이의 얼굴을 보는 것 같았어. 정말 심하게 혼났는데 왜, 무엇 때문에 혼났는지 이해하지 못하는 아이의 얼굴이었어. 고통과 잔인한 폭력에서 벗어나고 싶은데 어떻게 해야 할지 모르는 것 같았지… 그때 난 물소의 얼굴을 똑바로 쳐다보고 있었어. 물소도 날 쳐다보는데 그만 내 눈에서 눈물이 주르륵 흘러내리더군. 정말 사랑하는 남동생을 위해서도 그렇게까지 부들부들 떨

며 고통스럽게 울지는 않았을 거야. 난 무기력하게, 그 아무 말 없는 고통 앞에서 얼마나 슬펐는지 몰라. 물소가 마음껏 돌아다니던 루마니아의 녹색 초원은 얼마나 멀리 있는 걸까.

목초지의 자유와 견주면 감옥의 중정으로 끌려온 짐승의 고통은 대조적으로 보일 수밖에 없다. 이러한 극단적인 대조가 룩셈부르크를 또 다른 대조로 인도하는 듯이 보인다. "나의 불쌍한 물소, 나의 불쌍한 동생, 우리 둘 다 이렇게 무기력하고 무감각한 상태로 남아 있구나. 약한 것도, 고통 받는 것도, 향수에 젖어 있는 것도 우리는 매한가지네." 이어서 편지는 중정의 묘사로 돌아온다. 군인들이 무거운 곡식 가마를 내려 건물 안으로 들여놓는다. 조금 전 물소를 피가 나도록 채찍질했던 군인이 콧노래를 부르며 멀어진다. 이어서 "이 모든 전쟁이 내 눈앞에 펼쳐지는 것 같았다"라고 그녀는 기록했다. 아마도 이 이미지가 룩셈부르크가 하는 이야기의 배경이자 결론이라고 할 수 있을 것이다. 룩셈부르크에게 타자의 고통을 느끼는 것은 곧 동물의 고통에 대해 동정심을 느끼는 것과 매한가지였다. 생명체들 간에 존재하는 형제애를 인정하는 순간 동물적인 조건은 인간 고유의 조건을 이해하는 초석이 된다. 이 경계로부터 역사의 비극에 대한 사유, 모든 동정의 무덤과 다를 바 없는 전쟁의 잔인함에 대한 사유의 문이 열린다.

물론이다. 동물의 시선 속에서 인간의 역사가 열어젖힌 고통의 심연을 읽는 것은 당연한 일이다. 이것을 우리는 릴케의 여덟 번째 《두

이노의 비가*Duineser Elegien*》를 예로 들어 "열림"의 독특한 성향이라고 말할 수 있을 것이다. 룩셈부르크는 동물의 '검고 순한' 눈 속에서 폭력적인 존재가 강요하는 무기력함을 읽는다. 그런 식으로 그녀는 약자의 시선을 통해 우리 모두가 처한 상황을 폭로한다. "난 무기력하게, 그 아무 말 없는 고통 앞에서…." 이 교차되는 시선 속에서 하나의 별이 빛을 발한다는 것은, 다시 말해 아주 멀리서, 어쩌면 가려진 채로, 하지만 부들부들 떨며 마치 불가능한 타자의 형상인 듯 솟아나며 빛을 발한다는 것은 가능한 일일까? 이 별은 드디어 로자 룩셈부르크에게서, 다시 말해 동물적 시선과의 만남에 바치는 첼란의 시 속에서 모습을 드러낸다. 이제 그 시를 읽어보자.

> 당신의 상처 역시 [그랬군요!]
> 로자!
> 당신의 루마니아 물소 뿔 사이로
> 비쳐진 빛과
> 별이 빛나야 할 자리에
> [드리워진] 모래 침대가
> 창궐하는 폭력 속에서,
> 붉은색으로, 재로.

하나의 시선, 한 방울의 눈물, 동물적인 형제 사랑의 섬광이 모두 한 시인의 시 속에, 비극의 파편을 자신의 상처 받은 언어 안으로 초대할 줄 알았던 시인, 추모의 리듬으로, 한 시대가 열어젖힌 죽음의 춤을 출 줄 알았던 시인의 시 속에 담겨 있다. 동물을 비추는 빛과 하나의 별은 서로를 의미하고 서로의 표상이 되고 감옥의 속박과 소외로부터의 이탈을 의미한다. 그리고 동물, 별, 폭력은 형제애, 인류의 또 다른 공간, 역사의 굳게 닫힌 하늘을 각각 가리킨다.

카를 크라우스는 룩셈부르크의 이 편지를 1920년에 문예지 《디 파켈Die Fackel》에 실었다(로자 룩셈부르크와 소냐의 남편 리프크네히트는 일 년 전에 살해되었다). 이어서 크라우스는 경제적으로 넉넉한 집안의 한 부르주아 여성이 쓴 편지를(아니면 그가 직접 쓴 것인지도 모른다) 동일한 문예지 다음 호에 실었다. 이 여성의 편지는 빈정대고 무시하는 투로 룩셈부르크의 "감성주의"와 그녀의 동정심과 그녀가 공개적으로 선언한 물소 사랑을 비웃는 것이었다. 이 편지에 대한 카를 크라우스의 열정적이면서도 날카로운 바판은 아마도 순응주의자들의 위선적인 거만과 동물에 대한 폭력적인 관점에 대해 읽을 수 있는 가장 또렷하고 무게 있는 글들 중 하나일 것이다. 크라우스는 그 글에서 룩셈부르크의 입장과 정치적 열정과 믿음을 변호하고 칭송할 뿐 아니라 '짐승'에 관한 일반인의 통념을 대단히 효과적으로 전복시킨다.

나는 동물을 마치 사랑하는 형제처럼 바라보는 인류애가 이러한 태도를 하찮은 놀이로 간주하는 동물애보다 훨씬 더 훌륭하다고 믿는다. 이러한 인류애를 하찮게 여기는 사람들은 물소 한 마리가 브로츠와프에서 수레를 억지로 끌어야 한다거나 채찍으로 "등짝을 두들겨 맞는" 일이 벌어진다고 해서 물소가 그걸 "특별히 부당하게 느끼는" 것은 아니라고 비웃는다. 이들이 이렇게 생각하는 것은 어떤 혐오스러운 간계로 인해 "어렸을 때부터" 부모를 통해 동물에게는 영혼이 없다고 배웠기 때문이다. 이들은 동물이 인간과는 달리 아무런 감정을 가지고 있지 않으며, 그것은 오로지 인간과 동일한 수준의 자만심을 가지고 태어나지 못한 탓이라고 믿는다. 아울러 이들은 동물이 스스로의 고통을 표현할 줄 모르며 그 이유는 인간이 사용하는 혼란스럽기 짝이 없는 언어를 배우지 못했기 때문이라고 믿는다.

다른 종의
상처
———

　동물에 대한 동정, 인간에게 복종하는 동물의 노예적 상황과 강제적으로 길들여지는 종속적 상황에 대한 동정, 특히 동물의 고통에 대한 동정의 태도를 파악하기 위해서는 먼저 동물에 대한 두 가지 전형적인 입장을 살펴볼 필요가 있다. 우선, 인간과 동물이 모두 자연의 일부이며 생명의 차원에 속한다는 의식을 토대로, 인간은 특권적인 존재, 어떤 의미에서는 우월한 존재이며 존재의 파괴 요인에 대항하는 스스로의 방어 체제를 더 튼튼하게 갖춘 존재라고 보는 태도가 있다. 두 번째는 어떻게 보면 뿌리 깊은 인간 중심주의에서 비롯된 태도로, 동물의 노예화, 흔히 노동력을 대체하기 위한 노예화를 특징으로 하는 태도다. 하지만 인간과 동물이 자연에 함께 소속되어 있다는 사실을 인정하는 첫 번째 태도는 우선적으로 동물들을 향한 시선에, 동물들의 세계에 대한 지식과 그들만의 언어와 감정에 지속적으로 익숙해질 필요가 있다는 점을 항상 인식하고 있다. 몽테뉴는 〈레몽 스봉을 위한 변명L'apologie de Raymond Sebond〉(《수상록Essais》, 2권 12장)이라는 멋진 글을 통해 고대의 현자들과 그들의 문장을 인용하면서 어떻게 인간의 오만함이 역사적으로 우리와 동물 사이에 존재하는 행동과 성향과 소통 방식의 유사성을 눈여겨 관찰하지 못하게 방해해왔는지를 보여준다. 현대 동물행동학의 선구자였다고 해도 과언이 아닐 정도로 눈부신 연구들을 보여준 몽테뉴는 여러 가지 에피소드와 경구들을 인용하고 동물들의 삶을 비교하면서, 상상력만으로 인간을 "달 위에 올라서게" 만들고 "하늘을 발밑에 두게" 만든 인간의 자만심을 무너트린다. 몽테뉴는 동물의 감성이 애정과 정의, 보호 의식, 피붙이를 잃었을 때의 고통이나 우울, 욕망, 기쁨 등의 차원에서 양상은 다르지만 인간의 감성과 실제로 얼마나 많이 닮았는지 보여준다. 그는 이렇게 묻는다. "내가 고양이와 장난칠 때 내가 고양이와 함께 즐거운 시간을 보내고 있는 것 못지않게 고양이도 즐거운 시간을 보내기 위해 나와 함께하고 있는 것은 아닌지 어떻게 알겠는가?" 그러면서 몽테뉴는 플라톤이 사투르누스의 시대를 묘사하면서 그 황금 시기의 큰 장점 중 하나로 인간이 모든 동물과 소통하고 모든 동물들의 특성을 누구보다도 잘 이해하고 동물들로부터 무언가를 배울 수 있었다는 점을 꼽았다고 말한다.

몽테뉴에 따르면 동물의 고통에 대한 인간의 동정의 토대는 같은 인간의 고통에 대한 동정의 토대와 결코 다르지 않다. 예를 들어 우리가 아끼는 동물들이 병들거나 고통 받는 일이 생기면, 우리의 동정심을 자극하는 것은 동물이 인간과는 다르다는 사실, 즉 동물들은 치료 방식을 스스로 선택할 수 없기 때문에 종속적이고 무방비한 상태에 놓여 있다는 사실이다. 물론 개나 고양이를 키우는 사람은 애완동물이 병에 걸리거나 죽었을 때 느낄 수 있는 고통과 가까운 사람이 병에 걸리거나 죽었을 때 느낄 수 있는 고통이 굉장히 비슷하다는 사실을 잘 안다. 하지만 인간의 문명사회와 우리의 문화적 습관이 잊거나 제거하려고 애써온 것은 또 다른 형태의 동정이다. 그것은 동물의 굴욕과 살상의 비극적인 역사 속에 감추어진 동정, 즉 인간의 전략적인 행위와 문화적 습관과 종교와 제례 의식의 전략에 의해 희생당한 동물의 고통에 대한 동정이다. 오래전에 인간은 신들이 기뻐하던 번제를 통해 죄의식을 떨쳐버릴 수 있었다. 동물의 고통에 대한 무관심이 은연

중에 허락되었고 이러한 무관심 역시 번제의 장점과 가치의 일부를 차지했다. 이것이 티투스 루크레티우스 카루스Titus Lucretius Carus가 묘사하는 성스러운 것의 폭력이다. 목초지에서 암소 한 마리가 새끼 송아지의 흔적을 찾아 돌아다닌다. 송아지가 제물로 바쳐졌다는 것을 모른 채, 협곡을 뒤지다가 가끔씩 멈춰 서서 잃어버린 송아지를 "그리워하며 고통을 이기지 못해" 숲을 향해 탄식을 내뱉으며 울부짖는다. 이고통은 우리의 눈앞에 펼쳐지는 풍경을 어둡고 쓰라리게 만든다. 온화한 버드나무도, 이슬 맺힌 풀잎도, 흘러넘치는 시냇물도 이 암소의 "고통을 위로하지 못하고" 푸른 초원 위의 살아남은 송아지들도 이 암소의 "괴로움을 덜어주지 못한다". 이 고통은 대자연을 향해 희생의 무의미함을 폭로한다.

문명사회의 발전은 만인의 무관심 속에서 잔혹한 일이 자행되는 가운데 이루어졌다. 선입견 때문에, 혹은 과학적 이성을 근거로, 때로는 강박관념 때문에, 또는 재미 삼아 인간은 동물의 역사를 끝없는 고통의 이야기로 변신시켰다. 콜로세움 건축을 기념하기 위해 구천 마리의 가축을 희생시킨 사건이나 파리와 안트베르펜에서 벌어진 고양이 대학살 사건은 동물을 상대로 날마다 행해지는 계획된 폭력에 비한다면 보잘것없는 에피소드에 불과하다. 기계적인 노동력 산출을 위해 항상 동물이 희생되어왔다는 것 말고도 동물원 사업, 오락성 사냥, 생체 해부 등의 문제가 여전히 존재한다. 육식을 위한 도살은 인류가 식생활 경제의 차원에서 세련된 파괴 행위와 상업성이 조합된 관리 체계를 통해 동물 세계에 가하는 가장 극단적이고 일반화된 형태의 폭력일 것이다. 생명에 대한 얼마나 큰 동정 혹은 사랑이 있어야 과연 이 무분별한 고통의 생산 과정에 제동을 걸 수 있을 것인가?

반딧불이, 그물 속의 참새, "나무와 화초와 꽃이 있는 정원"

레오파르디도 동물을 향한 동정에 대해 기록한 바 있다. 1819년 3월과 5월 사이에 쓰였고 초고로만 남아 있는 〈유년기와 청소년기의 기억Ricordi d'infanzia e di adolescenza〉이라는 단상을 살펴보자. 창문에서 바라본 한 낡은 교회의 계단에 두 소년이 앉아 커다란 가로등 밑에서 농담을 주고받고 있다. 이 장면은 레오파르디에 의해 속도감 있게 묘사된다. "그해에 처음 보는 반딧불이 하나가 모습을 드러냈다… 한 소년이 벌떡 일어나 반딧불이를 쫓기 시작했다… 속으로 나는 자비를 베풀라고 외쳤다. 반딧불이에게도 도망가라고 외쳤다. 하지만 소년은 결국 반딧불이를 붙잡아서 땅바닥에 내동댕이치고 말았다." 그사이 또 다른 창문에서 마부의 딸이 고개를 내민다. 그리고 방 안에 있는 사람들을 돌아보며 이렇게 말한다. "오늘 밤에는 비가 많이 내릴 모양이에요. 바깥을 좀 보세요. 온 세상이 마치 모자처럼 전부 검은색이에요."

레오파르디는 계속 이야기한다. "그러는 사이에 반딧불이가 다시 살아나 움직이기 시작했다… 나는 차라리… 하지만 그걸 알아차린 소년이 다시 돌아오더니—나쁜 놈 같으니!—반딧불이를 붙잡아 내동댕이쳐서 이전처럼 무기력한 상태로 만들어놓고는 발로 짓이겨 흙먼지 사이로 밝은 줄 하나를 만들면서… 완전히 사라질 때까지…." 해가 저물고 또 한 명의 소년이 교회 앞에 나타나자 "반딧불이를 죽인 소년이 그에게 달려가 그를 발로 걸어차며 땅바닥에 쓰러트린다… 놀이는 고조되고…." 레오파르디가 기억을 더듬으며 쓴 이 문장들이 들려주는 것은 잔인한 행동들에 관한 이야기다. 이 '잔인함'은 레오파르디 고유의 문체를 바탕으로 하는 어떤 사유나 시학 자체의 한 형상인 것처럼 그려진다. 이 형상은 살아 있는 모든 것에 대한 관심이거나, 혹은 모든 고통이 감지되는 지점으로 확장되는 피조물의 감성에 대한 사유이거나, 혹은 무관심과 유희가 보장하는 폭력 행사에 대한 공포일 수 있을 것이다. 서둘러 써 내려간 흔적이 역력하고 구두점까지 생략되어 있는 그의 글은 머나먼 어느 날 저녁의 기억을, 이에 대한 평가와 정리는 뒤로 미뤄둔 채 기록으로 남겨두려는 시도였던 것으로 보인다. 반딧불이 살생자의 이미지와 정반대되는 것이 아마도 소녀의 목소리가 상징하는 일상의 이미지일 것이다.

스스로의 시선을 동물의 시선과 일치시키고 동물의 노예적인 상황에 주목하고, 생존을 중심으로 움직이는 감성과 강하게 밀착되어 있는 동물들의 세계, 동물들의 사회성, 동물들에게 거부된 자유에 시선을 고정하는 것, 바로 이러한 입장들이 레오파르디에게, 자신의 시에 대한 사유와 사유에 대한 시를 통해, 동물과 인간 사이의 관계의 본질과 형태에 질문을 던질 수 있도록 허락해준다. 레오파르디는 인간이 동물의 능력을 끊임없이 부인했을 뿐이라는 점에 주목하면서, 느낄 수 있고 고통 받을 수 있고 아울러 자연의 지혜를 바탕으로 사회적으로 행동할 수도 있는 동물들의 세계와 인간 세계의 본질적인 관계에 대해 질문을 던진다. 몽테뉴처럼 레오파르디도 《지발도네》를 쓸 때 동물들의 행동을 묘사하고 동물들의 기호와 침묵과 움직임과 영혼에 대해 질문을 던지면서 동물들 고유의 사회 형태를 주의 깊게 관찰했다. 하지만 어떤 의미에서는 레오파르디가 몽테뉴를 뛰어넘었다고 볼 수 있다. 왜냐하면 동물의 존재를, '소년'과 '고대'의 경우와 마찬가지로, 인간이 이룩한 문명화에 대한 비판의 관문으로 삼았기 때문이다. 레오파르디는 인간의 문명화가 역사적으로 항상 강조되어온 하나의 분리, 즉 동물에게는 여전히 불변하는 것으로 남아 있는 감성적이고 육체적인 요소로부터의 분리를 토대로 발전과 완성을 꾀했다고 보았다. 문명사회 고유의 추상화, 정신적인 것으로의 전환을 지향하는 경향, 즉 육체 혹은 다수로부터의 추상화나 개인적인 특수성으로부터의 추상화가 바로 인간이 전쟁을 통해 행사한 폭력의 원인이자 원칙이다. 살아 있는 생명의 전략적 파괴, 눈이 멀고 비이성적으로 변해가는 이 파괴 행위가 바로 추상화 문명과 기술의 조합이 이루어낸 결과라고 할 수 있다. 이것이 우리 시대에 존재하는 비극의 뿌리다. 레오파르디는 동물을 이 어두운 울타리 밖에 위치시킨다. 굉장히 드문 경우지만 동물이 스스로의 목숨이나 새끼들의 목숨을 지키기 위해 같은 종의 동물들을 죽일 때 동기가 될 수 있는 일시적이고 압도적인 충동과 인간이 전쟁을 통해 정기적으로 저지르는 만행 사이에는 어떤 유사성이나 비교의 가능성이 있을 수 없다. 정신 지향적 경향, 육체를 추상화하는 경향, 타자 파괴의 전략은 동물 세계의 특징이 아니다. 레오파르디는 동물을 오히려 엄격한 자유의 이미지로, 자연과 균형을 유지하는 조화로운 관계의 이미지로 간주한다. 이는 아마도 인간의 역사 속에 갇혀 있는 하늘을 찢어내야만 비로소 멀리서 모습을 드러낼 타자의 이미지일 것이다. 실제의 동물과 상상 속의 동물이 모두 레오파르디의 글 속에 살아 있다. 대표적인 예는 〈외로운 참새Passero Solitario〉, 〈새의 찬사 Elogia degli uccelli〉, 〈숲속의 닭을 위한 찬가Cantico del gallo Silvestre〉, 〈저녁 노래Canto notturno〉다. 레오파르디가 어린 시절에 동물의 고통에 귀 기울이며 시 형식으로 우화를 쓸 때부터 형성되기 시작한 사유가 이 글들 속에서 살아 움직이고 있다. 이 고통스러운 인식의 공간에서 형체를 갖추는 것이 바로 동정의 감정이다.

레오파르디가 아주 어렸을 때 쓴 시 가운데 "그려진 새장 안에서"라는 구절로 시작되는 시가 있다. 이 시는 새장을 벗어난 새 한 마리가 처음에는 주저하다가 곧이어 눈부신 자연 풍경에 매료되어 멀리 날아가는 모습을 그리고 있다. 이것이 바로 꿈속에서나 가능할 것 같은 레오파르디만의 가벼움과 감각적 조화와 그가 여러 방식으로 변조하게 될 비상飛上의 첫 번째 징조였다. 하지만 레오파르디가 본격적으로 시를 쓰기 시작할 무렵부터 이미 이 태고의 기쁨을 거스르는 요소가 자리 잡고 있었다. 즐겁게 노래를 부르며 날고 있던 푸른머리되새들의 무리가 사냥꾼의 요란한 총소리에 갑자기 방향을 바꾸고 "위험천만한 그물"을 향해 날아갈 때, 아무것도 모르는 이 새들을 유혹하는 푸른 숲에는 사냥꾼이 교묘하게 숨겨놓은 죽음의 덫이 도사리고 있었다. 이러한 초기의 시 경향들은 나아가 동물적 감성의 풍부함과 복합성, 동물이 유지하는 자연과의 탁월한 결속력뿐만 아니라 모든 생명체들이 공유하는 유한성의 영역, 즉 고통스러운 삶의 지평을 펼쳐 보이는 시적 세계를 구축하기에 이른다. 고통스러운 삶을 바라보는 시선은 살아 있는 모든 생명체와 우주 자체를 이해하는 지점으로까지 확장된다. 이러한 시선을 엿볼 수 있는 곳이 바로 레오파르디가 1826년 4월에 볼로냐에서 쓴《지발도네》단상들이다. "사물이라고 할 수 없는 사물"과의 경계 지점을 향해, 불행을 모르는 유일한 세계처럼 등장하는 그 "부재하는 존재"와의 경계 지점에 도달할 때까지 차갑게 진행되는 그의 글들 가운데 그 유명한 정원 이야기가 등장한다. 이 이야기는 사람들이 습관적으로 자연의 경이로운 아름다움과 자연이 웃는 모습만 관찰하는 곳에서 모든 나무, 모든 꽃의 살아 있는 생명의 숨소리를 느끼고, 고통으로 인한 떨림을 느낄 수 있도록 하기 위해 등장한다(이 고통의 숨소리를 느끼고 관찰하는 시선은 "한 고대 철학자나 인도 철학자"의 시선이다. 먼 곳을 바라볼 줄 아는 이 지혜롭고 독특한 시선이 바로 레오파르디가 자신의 것과 일치시키는 시선이다).

나무와 화초와 꽃이 있는 정원에 들어서는 순간, 당신은 꽃이 만개한 모습을 기대하거나 일 년 중 가장 온화한 날씨를 기대할 수 있을 것이다. 하지만 당신은 고통을 피할 수 있는 어떤 곳으로도 눈길을 돌리지 못한다. 모든 식물들이 고통에 처해 있기 때문이다. 송이마다 그루마다 정도의 차이가 있을 뿐, 예를 들어 저 붉은 장미는 자기에게 생명을 선사한 태양으로부터 모욕을 당한 뒤 얼굴을 찡그리고 초췌하게 시들어가고 있다. 저 백합은 가장 소중하고 민감한 부위를 벌이 잔인하게 빨아 먹고 말았다. 달콤한 꿀은 부지런한 일벌들이 만들지만 이 벌들의 기술이 아무리 뛰어나도 저 연약하기 짝이 없는 꽃잎들의 형언할 수 없는 고통과 이 꽃잎들을 희생양으로 삼는 잔인한 학살 없이는 꿀을 만들지 못한다. 저 나무는 개미 떼 때문에 썩어버렸고, 다른 나무들도 유충과 파리와 달팽이와 모기 때문에 병이 들고 말았다. 껍질이 상한 이 나무는 상처를 파고드는 바람과 햇빛에 고문당한다. 저 나무는 몸통과 뿌리가, 그 옆에 있는 나무는 잎사귀 대부분이 바싹 말라버렸다. 이쪽에 있는 나무들은 벌레들이 꽃잎을 갉아 먹었고 저쪽에 있는 나무들은 열매에 구멍이 났다. 뭐랄까, 이 나무에게는 너무 덥고 저 나무에게는 너무 춥고, 너무 밝거나 너무 어둡고, 너무 습하거나 너무 건조한 것이다.

우리의 귀에 들려오는 것은 에덴동산과 천국의 노래에 대응하는 고통의 선율이다. 여기서 고통은 살아 있는 모든 생명체 고유의 특성으로 드러난다. 정원의 아름다운 풍경 뒤에는 입을 꼭 다문 상처의 고통스러운 이야기가 숨어 있다. 여기서 미세한 특징들의 묘사와 점점 고조되는 표현과 느낌의 긴장을 통해 윤곽을 드러내는 것은 동정, 즉 보이지 않는 것에 가까이 다가가는 시선, 보이지 않지만 살아 있기 때문에 자연physis이 스스로의 통일성과 피조물 간의 사랑에 고통이라는 공통분모를 부여하는 순간에 주목하는 동정의 시선이다. 모든 무릉도원이 여기서 무너진다. 눈부신 자연이 "신에게 드리는 찬양"은 하나의 고통스러운 합창 속에서 자취를 감추고 꽃을 노래하는 시는 황홀한 순수를 상실한다. "얼굴을 찡그리고 초췌히 시들어가는" 장미는 사랑을 주제로 하는 수많은 '장미'의 시와 시 자체를 상징하는 표상으로서의 장미가 뿜어내던 향기를 잃어버렸다. "일벌들이 빨아 먹은 백합"은 모든 종류의 농경 예찬과 자연의 곤충학적 섭리를 무색하게 만든다. "꽃잎들을 희생양으로 삼는 잔인한 학살"은 모든 목가를 별난 짓거리로 만들어버린다.

여기에 나뭇가지 하나가 부러져 있다. 바람 때문이 아니라면 스스로의 무게를 이기지 못해 부러졌겠지. 한 줄기의 바람이 여기저기서 떨어져 나온 수술과 꽃잎을 싣고 한 송이의 꽃을 휘감으며 솟아오른다. 이제 당신은 걸음을 옮기는 사이에 발로 풀들을 다치게 하

고 짓밟고 산산조각 내고 그런 식으로 피를 짜내고 결국에는 부러
트리고 생명을 빼앗는다. 예민하고 친절한 처녀도 아무 생각 없이
화초들의 줄기를 부러트리고 뿌리를 뽑는다. 정원사는 지혜를 발
휘해 저 연약한 줄기들을 손톱과 칼로 자르고 썰어낸다.

정원의 묘사를 이런 식으로 마감하면서 레오파르디는 시선을 다시
무無의 그림자와 존재의 경계에 대한 성찰 쪽으로 되돌리고, 정원의
묘사 자체를 어떤 허구의 공간으로, 모든 허구가 그렇듯이 나름의 이
유를 가지고 있고 동시에 어떤 진실의 원천이기도 한 허구의 세계로
밀어낸다. "이 식물들이 죽음이 무엇인지 느낄 수 있다면, 혹은 느꼈다
면, 틀림없이 존재하기보다는 죽음을 바랐을 것이다."(《지발도네》, 1826
년 4월 22일, 볼로냐)

식물들의 세계로 확장된 고통의 이미지 속에서 레오파르디가 발견
하는 것은 바로 동정이라는 감정의 기초와 긴장감이다. 그것은 곧 살
아 있는 모든 생명체들 간의 근접성에 대한 인식, 우리 모두가 삶인 동
시에 죽음인 자연에, 개화인 동시에 노화, 아름다움인 동시에 고통인
자연에 속해 있다는 사실에 대한 인식이다.

신천옹, 백조,
개들의 걸음걸이

시는 리듬과 음악적 흐름, 시각적 묘사와 음성적 의미, 명상을 하나의 이미지로 변환시키는 고유의 언어를 통해 동물적인 차원의 동정, 좀 더 넓은 의미에서 인간의 조건으로까지 확대된 동정의 의미를 전달할 수 있다. 그러나 이것을 가능하게 만드는 것은 하나의 무대, 아니 무대 위에서 모습을 드러내는 하나의 형상에 지나지 않는다. 가장 대표적이면서도 놀라운 예는 《악의 꽃》 가운데 가장 널리 알려진 〈신천옹·L'albatros〉일 것이다.

시인의 눈앞에 펼쳐지는 것은 바다와 갑판 위에 오른 선원들과 커다란 날개를 펴고 대서양을 누비는 신천옹이다. 선원들에게 붙잡힌 신천옹 한 마리가 엉거주춤 갑판 위에서 간신히 몸을 지탱하고 있다. 이어서 조롱이 시작된다. 선원 한 명이 절뚝거리면서 창공의 왕이 꼼짝 못하는 모습을 흉내 낸다. 하늘을 주재하던 왕의 패권은 곧장 어색함과 불편한 거동과 낙상으로 변한다. 마지막 연에는 시인이 신천옹과 동일시되는 하나의 알레고리가 등장한다. 시인 역시 지상에 유배되고 조롱의 대상이 된다. 신천옹의 고향처럼 시인의 고향 역시 구름과 푸른 하늘, 보이지 않는 또 다른 세상이다. 이제 시의 중간 부분, 추락과 경멸을 주제로 하는 부분을 살펴보자.

갑판 위에 내려놓자마자

창공의 왕들도 서툴고 부끄러운 모습을 보이는구나,

희고 커다란 날개도 이제 보잘것없고

옆구리로 끌어당기는 노처럼 보이는구나.

날개 달린 이 나그네는 얼마나 서툴고 초췌한가!

조금 전엔 그토록 아름다웠던 그가, 지금은 이토록 추하고 꼴불견

이라니!

누군가가 짧은 파이프로 부리를 두드리며 그를 괴롭히고,

또 누군가는 더 이상 날지 못하고 절뚝거리는 그를 흉내 낸다!*

추락 이전의 흔적이("날개 달린 이 나그네", 그의 "아름다웠던" 모습) 불행의 시대에도 하나의 가시처럼 남아 있다. 비행의 즐거움은 이제 불가능한 꿈이 되고 말았다. 죄수나 마찬가지인 상황에서 비행의 자유는 잃어버린 지평이자 무력화된 기능으로 드러난다. 결국 살해되는 것은 동물의 언어, 이 경우에는, 새의 비행이다. 가벼움이 폐지되고 높은 곳에서의 관망과 움직임의 자유, 다름 아닌 푸른 하늘의 주권이 폐지되는 것이다(한 마리의 우스꽝스러운 신천옹과는 대조적으로 "창공의 왕들"이라는 복

---

* "À peine les ont-ils déposés sur les planches, / que ces rois de l'azur, maladroits et honteux, / laissent piteusement leurs grandes ailes blanches / comme des avirons traîner à côté d'eux. / Ce voyageur ailé, comme il est gauche et veule! // Lui, naguère si beau, qu'il est comique et laid! / L' un agace son bec avec un brûle-gueule, / l'autre mime, en boitant, l'infirme qui volait!"

수를 사용한 것이 이를 암시한다). 더 이상 날지 못하는 신천옹이 보여주는 것은 가벼움과 균형감과 비행 가능성의 상실이지만 이는 곧 인간 특유의 상실, 의식과 감각의 상실을 의미한다. 어떻게 보면 절뚝거리는 연기를 해 보이는 선원들이 흉내 내는 것은 본인 자신들이다. 가볍고 자유롭게 날아다닐 수 없는 인간의 무능력을 흉내 내는 것이다. 하지만 선원들의 연기 속에는 희생양과 관련된 무언가가 담겨 있다. 사실은 이방인이나 무고한 사람을 만인이 볼 수 있도록 무대에 올리는 것 자체가 희생의 일종이라고 할 수 있다. 추락 이전에는 천상의 피조물이었던 존재를 조롱하는 이 장면이 연상시키는 것은 무고한 존재를 조롱하고 인간 세계에 속하지 않는 주권을 비웃는 장면이다. 이 장면은 어떻게 보면 또 다른 형태의 고난, 신성한 존재가 운명적으로 인간의 능욕을 감당하면서 겪는 고난의 무대를 떠오르게 한다. 보들레르의 시를 그리스도교적인 차원에서 해석하는 것이 이 경우에는 충분히 가능해 보인다.

보들레르가 신천옹을 만난 것은 아마도 장기간에 걸친 바다 여행, 〈신천옹〉을 쓰기 일 년 전에 보들레르 자신이 직접 번역한 포의 《아서 고든 핌의 이야기 The Narrative of Arthur Gordon Pym》를 통해서였을 것이다. 하지만 포의 이야기에서 묘사되는 것은 신비로운 고함 소리를 내뱉으며 남동쪽에서 북서쪽을 향해 떼를 지어 높이 날아오르는 새들을 범선에서 관찰한 모습이다. 이러한 특징은 고든 핌의 공책에서 발견되는 하나의 시선, 하나의 묘사를 통해 드러난다. 반면에 보들레르의 시에서 신천옹은 선원들에게 붙잡히는 운명에 처한다. 선원들의 잔인함에는 장난기가 섞여 있고 그것은 오히려 긴 항해에 지친 심신을 위로하고 달래기 위한 놀이에 가깝다는 인상을 준다. 그러나 선원들의 이 유흥적인 측면을 새뮤얼 콜리지Samuel Coleridge의 〈신천옹〉에서는 찾아볼 수 없다. 살생과 희생 이전에, 신성한 존재와의 접촉이 불러일으키는 전율은 유흥을 알지 못한다.

> 드디어 신천옹 한 마리가 지나갔다.
> 짙은 안개를 뚫고 온 것이다.
> 그리스도를 믿는 영혼이라도 된다는 듯이
> 우리는 신의 이름으로 그를 환영했다.
> 이전에는 먹어본 적이 없는 음식들을 먹으며
> 새는 우리의 주변을 계속해서 빙빙 맴돌았다.*

　콜리지의 《서정가요집Lyrical Ballads》에서는, 선원이 살생을 저지르기에 앞서 신천옹의 존재가 자연의 적대감을 무산시킨다. 신천옹은 환영받는 손님인 동시에 자연의 보호를 상징하는 존재로 인식되고, 배를 쫓아다니면서 선원들이 부를 때마다 돛대나 돛에 내려앉아 선원들

---

* "At length did cross an Albatross, / thorough the fog it came; / as if it had been a Christian soul, / we hailed it in God's name. / It ate the food it ne'er had eat, / and round and round it flew."

이 주는 음식으로 배를 채운다.

> 밤새도록 흰 안개 속으로
> 하얀 달빛이 희미하게 비쳤다…
> 왜 그렇듯 괴로운 표정을 짓는가?
> 내가 활로 그 새를 쏘아 죽였기 때문이다.*

　여기서 신천옹 살해는 어렵게 되찾은 피조물의 조화를 깨고 발생하는 비극으로, 신성함의 폭력적인 파괴라는 비극으로 나타난다. 이 비극의 뒤를 잇는 것이 견디기 힘든 적대감의 폭풍이다. 결국 이 이야기는 인간사에 대한 그리스도교적 메타포라고 할 수 있다. 반면에 보들레르의 〈신천옹〉에서 조롱은 살생과 희생의 범주에 속하지 않는다. 조롱은 선원들의 무의식적인 행동이 표출하는 잔인함에 지나지 않으며 오랜 항해로 지친 심신을 달래기 위한 순수한 놀이에 지나지 않는다. 보들레르에게 중요한 것은 성스러운 것과 폭력의 관계가 아니라 저 높은 곳과 푸른 하늘 또는 가벼움이다. 그가 중요하게 여기는 것은 시 고유의 요소인 상승과 고난의 시간의 간극이다. 그가 주목하는 관계는 다시 말해 비행과 비행의 그림자가 유지하는 관계, 시인의 상상

---

* "Whiles all the night, through fog-smoke white, / Glimmered the white moon-shine… Why lookst thou so?" "With my crossbow / I shot the albatross."

력과 시인의 유배 사이에 유지되는 관계다. 시인이 유배 생활을 하는 곳은 적대적인 외침이 들려오는 지상 세계다. 이것이 갑판 위의 선원들에게 조롱당한 신천옹이 전하는 메시지다.

《악의 꽃》에서는 날개 달린 또 하나의 피조물이 유배의 이미지를 보여준다. 이는 바로 〈파리 풍경〉에 수록된 시 〈백조〉가 보여주는 이미지다. 이 시를 우리는 앞서 환대와 시의 환대를 다루면서 언급한 바 있다. 들끓는 건설 열기와 모더니티의 외침을 특징으로 하는 대도시의 혼잡함 속에서 소외와 방황과 유배를 경험하는 백조 역시 동정을 불러일으키는 존재로 등장한다. 백조가 자극하는 동정의 시선, 고통의 공유를 종용하는 시선은 아울러 이 동물이 표상할 수 있는 모두를 향해, 새로운 도시가 받아들이기를 거부할 뿐만 아니라 밖으로, 망각의 세계로 밀어내는 모두를 향해 열려 있다.

> 우리에서 빠져나온 백조 한 마리가
> 물갈퀴로 딱딱한 포장도로를 비비며
> 울퉁불퉁한 바닥 위로 하얀 깃털을 끌고 간다.
> 물이 마른 도랑에서 짐승의 부리를 열고
> 흙먼지로 안절부절 날개를 적신다.*

---

* "un cygne qui s'était évadé de sa cage / et, de ses pieds palmés frottant le pavé sec, / sur le sol raboteux traînait son blanc plumage. / Près d'un ruisseau sans eau la bête ouvrant le bec / baignait nerveusement ses ailes dans la poudre."

신천옹의 눈앞에 펼쳐진 것은 바다와 먼 곳과 푸른 하늘이었다. 여기서 눈앞에 펼쳐지는 것은 길과 교차로, 변신하는 도시, 변두리를 파괴하고 대로와 아케이드를 건설하는 조르주 외젠 오스만Georges-Eugéne Haussmann의 파리다. 보들레르의 눈에는 이 탈바꿈하는 도시의 모든 것이 비유로 변한다("tout pour moi devient allégorie"). 신천옹의 비유는, 여전히 낭만주의적인 방식으로, 시인의 상황, 유배와 모더니즘 속에서 스스로의 기능을 상실한 자의 상황을 암시한다. 백조의 비유 역시 모더니즘과 깊은 관련이 있다. 백조는 현대 사회에서 발전이라는 망상과 과장된 낙관주의의 승리를 명분으로 망각의 감옥에 갇히거나 그 안에서 소외되거나 사라지는 모든 것에서 비롯되는 우울증에 대한 비유라고 할 수 있다. 신천옹은 푸른 하늘을 빼앗기고 백조는 물을 빼앗긴다. 신천옹에게 이 새를 조롱하는 선원들이 있었다면 백조에게는 도시의 공사장과 폐허가 도사리고 있다. 신천옹에게 갑판이 있었다면 백조에게는 포장도로가 있다. 둘 다 이질적인 촉감을 자극하고 그들에게는 전혀 어울리지 않는, 그래서 모욕적인 장소들이다. 신천옹과 백조 모두 본연의 자연 환경 밖으로 쫓겨난 피조물들이다. 물의 부재는 황폐함의 가장 기본적인 이미지인 동시에 황무지의 이미지다. 활동의 자유를 박탈당했음을 묘사하기 위해 사용되는 동사 역시 하나, 깃털과 날개를 '끌다 traîner'라는 동사다. 신천옹과 백조의 이미지를 두 폭의 그림, 즉 바다를 배경으로 하는 그림과 대도시를 배경으로 하는 그림으로 볼 수 있을 것이다. 신천옹과 백조 모두 푸른 하늘과 먼 나라를 망각하는 것은 불가능하다는 외침을 표현한다. 이는 결핍의 날카로움과 상실의 아픔을 삭이는 것이 불가능하다고 말하면서 망각에 저항하는 외침이다. 이 외침 속에는 저 너머의 세계에 대한 사유, 거부된, 잃어버린 세계에 대한 뿌리 깊은 소속감이 담겨 있다. 시란 바로 이런 것을 말한다. 이것이 바로 시를 쓰는 이유다. 이것이 바로 보들레르가 제시한 시의 새로운 과제, 즉 모더니티가 거부하거나 망각하는 것들을 언어의 손님으로 받아들여야 한다는 과제다. 고통에 직면했거나 고통에 사로잡힌 존재들을, 회한의 날카로움에 끊임없이 시달리는 형상들을 손님으로 맞이하는 일이다. 보들레르의 시라는 사유의 공간을 빽빽하게 채우고 있는 것이 바로 이러한 존재와 형상들이다.

> 결핵에 걸려 바싹 마른 흑인 여자를 나는 떠올린다.
> 진창에서 허우적거리며 얼빠진 눈으로
> 안개의 거대한 벽 너머로
> 위대한 아프리카의 사라진 야자수를 찾던 모습을.
> 결코, 결코 되찾지 못할 것을 잃어버린 자들,
> 눈물을 마시는 자들,
> 암늑대처럼 '고통'의 젖을 빠는 자들,
> 시든 꽃처럼 바싹 마른 고아들을!
> 이렇듯 내 마음이 귀양살이하는 숲속에선
> 오랜 '추억'이 뿔 나팔을 힘차게 불어댄다!

나는 떠올린다. 어느 섬에서 잊힌 뱃사람들,

포로들, 패배자들… 그 외에도 수많은 사람들을!*

모더니티가, 모더니티의 시가 모더니티 안에서 우리에게 되돌려주는 동정이라는 감정은 바로 이런 것이 아닐까?

보들레르의 시를 터전으로 살아가는 또 다른 동물들이 있다. 이들은 아주 다양한 형태의 감정을 불러일으킨다. 《악의 꽃》에 등장하는 고양이들이 특유의 움직임과 묘한 시선으로 여성적인 이미지를 제시하고 탁월한 집중력으로 현자들의 형상을 연상시키는 우아하면서도 장엄한 수수께끼 같은 존재라면, 이와 달리 개들은 대도시를 무대로 모든 주권을 상실한 것처럼 보인다. 이들은 고양이의 유연하고 자신감 넘치는 움직임을 가지고 있지 않다. 이들은 집도 없고 먹을 것도 없는, 유기되고 유배당한 존재들이다. 마음은 착하지만 불쌍하고 초라한 존재, 이들이 바로 《파리의 우울Le Spleen de Paris》 마지막을 장식하는 산문시 〈착한 개들Un bon chien〉의 주인공이다. 보들레르의 동정의 구도를 지배하는 것이 바로 이들이다. 보들레르의 동정은 대도시

---

* "Je pense à la négresse, amaigrie et phtisique, / piétinant dans la boue, et cherchant, l'oeil hagard, / les cocotiers absents de la superbe Afrique / derrière la muraille immense de brouillard ; / à quiconque a perdu ce qui ne se retrouve / jamais, jamais! À ceux qui s'abreuvent de pleurs / et tètent la Douleur comme une bonne louve! / Aux maigres orphelins séchant comme des fleurs! / Ainsi dans la forêt où mon esprit s'exile / un vieux Souvenir sonne à plein souffle du cor! / Je pense aux matelots oubliés dans une île, / aux captifs, aux vaincus!…à bien d'autres encor!"

의 심장 한가운데에, 이름 없는 존재의 또 다른 얼굴 '무관심' 속에 놓여 있다. 혼자서 외롭게, 혹은 작은 무리를 지어 움직이는 이 개들은 먹을 것을 집요하게 찾아다니는 모습을 통해 생존을 위한 수단과 존재 자체의 관계가 얼마나 끈끈한 것인지 보여준다. 가난을 상징하는 동물이 개다. 이들은 존재의 한계를 향한, 존재의 장애물을 향한 욕망의 지속적인 움직임이 무엇인지 보여준다. 고양이들의 그것처럼 엄격하지 않고 훨씬 더 산만하고 폭넓은 형태의 지혜가 개들의 끊임없는 움직임을 인도한다. 거리를 오가는 개들에게서 우리는 곡예사에게서나 느낄 수 있는 우울과 침묵을 발견하게 된다. 이들이 가지고 있는 생각의 심장은 '결핍', 이들이 걷는 걸음의 리듬은 '상실'이다. 보들레르가 시어의 집으로 초대하는 것이 바로 이 주인 없이 운명의 격동에 노출된 개들이다. 그가 취하는 것은 그들의 '명예'다. 왜냐하면 그는 시가 동물에게, 그들의 침묵과 우울에 다가서는 움직임이라는 것을 알기 때문이다.

탈출구,
자유의 부재 속에서

세상을 바라보는 이성적인 관점의 상실, 관계와 위계질서와 기능과 언어를 토대로 시각적 세계에 질서를 부여하는 의미의 추락, 풍경과 앎과 내면 자체에 관한 인간적인 시선의 전복, 이러한 것들이 바로 카프카의 소설 속에서 말과 형상과 행동을 취하는 동물들의 출현이 가져오는 효과들이다. 동정은 여기서 표현되거나 제시되는 감정이 아니라 독자가 방황을 경험하면서, 의미의 추락과 시선의 전복을 경험하면서 유지하는 내면의 상태로 그려진다. 동물의 말하기와 생각하기, 동물의 행동과 감정, 동물의 기다림과 고독이 구축하는 세계는 "사물의 자연적인 질서"가 안전을 보장할 수 없는 상태에서, 비인간적인 것과 구별되는 인간만의 의식과 차이점에 대한 모든 믿음이 사라진 상태에서 인간이 바라보는 세계와 일치한다.

이 새로운 조건 속에서 구체화되는 것이 바로 살아 있는 생명과의 교감, 생명이 간직하고 있는 수수께끼와의 교감이다. 구축되는 것은 정화된 형상들, 다시 말해 동물의 분석적이면서도 몽상적인 사고방식(〈어느 개의 탐사Forschungen eines Hundes〉), 오아시스의 유목민들 앞에서 이들을 믿을지 말지 망설이는 자칼의 고뇌(〈자칼과 아랍인Schakale und Araber〉), 금방이라도 허물어질 것 같은 벽과 비좁은 갱도의 미로에 갇혀 외롭게 땅을 파는 자의 존재에 대한 강박관념(〈굴Der Bau〉), 쥐들을 사로잡는 한 여가수의 매혹적인 목소리(〈여가수 요제피네, 혹은 쥐의 종족Josefine, die Sängerin oder Das Volk der Mäuse〉) 같은 이야기들이다. 이 이야기들은 우화 속에 갇히거나 하나의 비유에 머물지 않고 어떤 편리한 해석으로도 재구성되거나 설명될 수 없는 강렬한 질문을 던지면서 우리 앞에 펼쳐진다. 카프카는 랍비 문학과 하시디즘 문학의 재창조를 통해 우리에게 또 다른 논리와 또 다른 언어의 경험을 선사하면서 상상력의 세계를 의문을 토대로 하는 앎의 세계로, 즉 수수께끼를 향해, 눈으로 볼 수 있지만 항상 눈에 띄는 것은 아닌 것들의 세계를 향해 열려 있는 앎의 시공간으로 변화시킨다. 카프카가 독자를 소설 속에 등장하는 동물의 세계, 침투 불가능한 이 갇힌 세계로 떠밀고 있다는 느낌을 받게 되는 것은 어떤 수수께끼 같은 존재의 특별한 출현 때문이다. 대표적인 예는 유대 사원에서 아주 오랫동안 살아온 한 동물의 이야기다. 처음부터 끝까지 카프카는 이 동물의 은신에 대해서만 이야기할 뿐 그것의 모습이나 행동에 대해서는 전혀 언급하지 않는다. 이 동물은 달콤하고 신비로운 또 다른 차원의 존재로 남아 있을 뿐이다. 더 나아가 우리는 카프카가 잔혹한 위험에 노출된 동물의 상황을 차갑게 그려내는 장면도 찾아볼 수 있다. 대표적인 예는 〈낡은 쪽지Ein altes Blatt〉(《시골 의사Ein Landarzt》)다. 푸주한이 황궁 앞 광장에 내놓은 소들을 보고 달려든 유목민들이 소를 산 채로 잡아먹는 광경이 연출되는 동안 화자는 이렇게 말한다. "한 시간이 넘도록 나는 가지고 있던 모든 옷과 담요와 베개를 뒤집어쓰고 귀를 틀어막은 채 가게 한쪽 구석에 틀어박혀 있었다. 도처에서 몰려든 유목민들이 따뜻한 살을 이로 물어뜯는 동안 울부짖던 소들의 비명을 듣지 않기 위해서였다."

인간과 동물의 관계의 역사가 곧 인간이 동물의 정체성과 언어와 앎 자체를 탈취한 정복의 역사라는 점을 고스란히 드러내는 작품은

〈학술원에 보내는 보고서Ein Bericht für eine Akademie〉다. 독자는 주인공으로 등장하는 원숭이에 시선을 고정시키고, 원숭이의 자서전적인 이야기에, 원숭이가 분석하는 사건들의 내용과 인간과의 관계에 대한 원숭이의 평가에 귀 기울이면서, 동물을 길들여온 인간의 문명 세계가 진보의 걸음을 내딛을 때마다 오히려 고스란히 드러내온 냉혈하다운 잔인함이 과연 무엇이었는지 느끼기 시작한다. 오랜 기간 지속적이고 집요한 훈련을 통해 인간의 행동과 언어를 습득하고 인간과 닮아가기 위해 노력하는 한 원숭이의 이야기, 인간의 완전한 모방을 목표로 하는 변신의 과제를 숙명으로 받아들인 이 원숭이의 이야기는 뿌리 깊은 정체성의 탈취, 종種적이고 자연적인 정체성의 탈취, 자유의 상실에 관한 이야기이자 또 하나의 표면적인 정체성, 인간의 그것과 닮은 인위적인 정체성의 점진적인 구축에 관한 이야기다. 주인공이 터득한 새로운 행동 양식 속에서도 본래의 동물적인 시선을 다시 발견할 수 있도록 허락해주는 것은 다름 아닌 이 모방 과정에 대한 인식이다. 원숭이의 이 인간적인 시선과 동물적인 시선 사이에서 독자는 동물적인 것을 향해 되돌아가는 움직임을 감지하고, 이 회귀가 곧 공연과 웃음 밖에 모르는 인간의 잔인한 욕망과 무관심에 대한 폭로임을 감지한다. 철창 안에 갇힌 원숭이는, 탈출이 불가능한 건 아니지만 탈출이 궁극적인 해결책은 아니라는 점을 직감한다. 곧장 다시 붙잡혀 올 것이 분명했기 때문이다. 원숭이는 다른 탈출구를 모색한다. 자유는 영원히 잃어버린 셈이었고 자유가 자신의 목표가 될 수 없다는 것을 인식했기 때문이다. 원숭이는 무서울 정도로 침착하게 기회가 올 때마다 이 탈출의 가능성과 방법을 탐색하기 시작한다. 원숭이는 동물원의 정원과 서커스 사이에서 서커스를 선택하고, 이와 함께 그의 기나긴 모방의 오디세이아가 시작된다. "사람들을 모방하는 것이 내 관심을 끌었기 때문은 아닙니다. 내가 모방을 시작한 것은 하나의 탈출구를 찾고 있었기 때문이에요. 별다른 동기가 있었던 것이 아닙니다." 원숭이는 사람의 말을 완전히 터득하기 직전 단계에까지 도달한다. 게다가 자신이 이룩해낸 놀라운 성과가 과학자들의 놀라움과 동의를 이끌어내는 것을 보고 자랑스러워하기까지 한다. 그러나 원숭이 안에 숨어 있던 또 다른 본성이 고개를 들기 시작한다. 인간이 제거하거나 다른 방식으로 길들일 수 없었던 본성, 원숭이가 고스란히 보전할 수 있었던 이 본성은 하나의 시선을 매개로 정체를 드러낸다. 이 시선은 바로 그 원숭이가 조그만 암컷 원숭이에게서 발견하는 시선이다. 그의 짝으로 배정된 이 암컷은 주인공이 과학자들의 발표회와 간담회를 마치고 돌아와 저녁에 "순수하게 원숭이만의 방식으로" 교제하는 상대다. 주인공은 절반 정도만 길들여진 이 암컷의 시선이 인간의 강요에 의해 이질화된 자아의 심연을 보여준다는 것을 실감한다. "낮에는 그녀를 보고 싶지 않아요. 길들여진 동물의 광기와 혼란이 그녀의 눈에서 느껴져서요. 그걸 알아볼 수 있는 건 나밖에 없을 겁니다. 그 시선을 난 참을 수가 없어요." 독자들이 카프카의 문학에 격양되어 인간의 문명화된 관찰 방식을 잠시나마 포기하고, 허구를 통한 진실의 힘으로, 동물적인 세계에 대한 일종의 그리움 같은 것을 느낄 수 있다면 그 것은 자유와 전적으로 일치하는 동물적 정체성의 상실에 대한, "사물 의 동물적인 질서"의 상실에 대한 인식 때문일 것이다.

엘리아스 카네티Elias Canetti는 카프카와 동물들의 관계에 대해 이 야기하면서 카프카가 약혼녀 펠리체에게 쓴 편지를 인용한 바 있다. 이 편지에서 카프카는 펠리체가 들려준 꿈 이야기에 대한 해석을 내 놓는다.

> 네가 동물들 사이에서 땅바닥에 드러누워 있지 않았다면, 별이 수 놓인 밤하늘을 못 봤을 테고 살아남지도 못했을 거야. 아마 직립 보 행의 고통으로부터도 살아남지 못했겠지. 나도 꾸는 꿈이야. 우리 모두가 꾸는 꿈이지. 네가 너뿐만 아니라 나를 위해서도 꾼 꿈이야.

꿈속에서 직립 보행의 고통으로부터 벗어나 동물과의 유사성을 발 견하는 것, 동물들 사이에 드러누워 별을 헤아리는 것은 하나의 이미 지로 발전하고, 동물들을 지배하는 자세, 직립 보행이 상징하는 지배 의 힘을 포기하고 동물에게 가까이 다가설 수 있는 가능성을 열어젖힌 다. 인간과 인간의 유한성 위에 존재하는, 별이 수놓인 무한한 세계와 의 대화를 종용하는 것이다.

피조물의
감성

———

인간이라는 동물을 인간이 아닌 동물과 구별해주는 것은(하지만 이러한 정의 자체가 드러내는 것은 부정否定에 동원되는 차이의 원리일 뿐이다) 기술의 사용, 육체의 추상화, 그리고 선택이라는 원리다(게다가 인간에게는 자연과 거리를 유지하려는 성향이 있다). 물론 인간은 동물의 이질성에 매력을 느꼈고, 특히 동물의 본성이 자연에 뿌리를 두고 있다는 점에, 다시 말해 인간에게는 거부된, 동물만의 아름다움과 활동의 자유에 매력을 느꼈다. 인간이 상상력의 토대를 다질 수 있었던 힘은 이러한 매혹에서 비롯되었다. 동물로 변신하는 인간이나 반인반수, 혹은 동물을 상징으로 표현되는 정체성을 예로 들 수 있을 것이다. 인간은 동물에게 가까이 다가서기 위해 노력했고 공생을 꾀하면서, 동물에게 귀 기울이면서, 동물이라는 존재를 해석하려고 애썼다. 그럼에도 불구하고 인간은 동물이라는 이 '타자'의 영혼을 파괴하면서, 혹은 이 타자의 존재를 자신의 생존 수단을 위한 재료로 전락시키면서 온갖 종류의 폭력을 자행했다.

시와 소설은 역사적으로 이러한 관계의 형성 과정과 형태와 다양한 상황들을 묘사해왔다. 이 모든 현상들을 '동정'의 윤곽을 구축하는 데 다양한 방식으로 기여한 하나의 긴 장편 소설이라고도 볼 수 있을 것이다. 몇몇 예를 들어 인간과 동물의 관계를 조명해보기로 하자.

동물의 현존에 중요성을 부여하고 동물 앞으로 가까이 다가가는 행위는 모두의 고통에 참여하는 형태의 동정과 일치한다. 서양 문화사에서 '피조물'의 역사는 동물성을 자연의 일부로 보는 정서의 역사와 뒤섞여 있다. 프란체스코 수도회의 전통을 따를 뿐만 아니라 루크레티우스의 문학 전통을 따르는 이 역사 속에서 동물은 자연 세계의 아름다움과 완전성, 무구함을 상징하는 존재로 인식되어왔다. 즉 인간이 죄의식 때문에 떨어져 나왔다고 느끼던 자연이라는 세계를 표상하는 존재로 이해될 수 있었던 것이다. 이것이 바로 도스토옙스키의 《카라마조프가의 형제들》6장에서, 우주의 아름다움과 새들의 언어에 눈뜰 정도로 새와 숲을 사랑했던 한 청년과 신부 조지마의 대화에 담긴 내용이다. 조지마는 이렇게 말한다.

저 말을 보게. 저 탁월한 동물은 사람과 함께 살아가지 않는가. 이제 저 소를 한번 보게. 사람에게 먹을 것을 주고 사람을 위해 묵묵히 일만 하지 않는가. 저들의 표정을 한번 보게. 얼마나 온순한지,때로는 자기를 잔인하게 학대하는 사람에게 얼마나 잘하는지 생각해보게. 얼마나 부드럽고 얼마나 믿음직스러운가. 저들의 얼굴 표정이 얼마나 아름다운지 한번 보게. 정말 감동적인 것은 저들에게서 죄라고는 조금도 찾아볼 수 없다는 점이네. 그리고 보면, 사람만 없다면 죄도 없고 모든 것이 완벽하지 않은가. 그리스도는 우리와 함께 계시기에 앞서 먼저 저 피조물들과 함께 계시네.

여기서 우리는 인간의 죄를 동물의 무고함, 동물의 완전성과 상반되는 요소로 해석하는 특별한 종교적 관점을 엿볼 수 있다. 하지만 또 다른 관점도 가능하다는 것을 기억할 필요가 있다. 인간과 동물의 관계는 다름 아닌 고독과 고통을 공유하는 관계로 발전할 수 있다. 인간과 동물 모두 이러한 한계를 지녔다는 사실이 지상에서 이들에게 주어진 일종의 공통된 운명이라고 볼 수 있는 것이다.

시에 산문의 평범함과 가벼움을 선사하고 시적 운율의 음악적 단순함을 토대로 고유의 목소리를 부드럽게 조율하면서 움베르토 사바 Umberto Saba는 형제애의 이름으로 자신의 시에 동물을 바라보는 프란체스코적인 차원의 피조물을 등장시킨다. 그리고 이 피조물을 우주에 대한 찬양이나 신에 대한 종교적인 찬양이 아니라 살아 있는 생명체의 징표, 즉 고통의 표현을 향해 전개 또는 전복시킨다.

> 한 마리 염소에게 말을 걸었다.
> 묶인 채로 풀밭에 혼자 남아 있는 염소에게.
> 풀을 배불리 먹고 빗물에 젖어 있던
> 염소는 흐느껴 울고 있었다.
> 내 것과 다름없는 그 울먹임이 내 고통의

형제였기에 나는 대답했다.

처음에는 농담처럼, 하지만 이어서 고통에는 끝이 없었기 때문에

고통은 변하지 않는 단 하나의 목소리만 가지고 있었기 때문에.

이 목소리가 바로 흐느껴 울던

외로운 염소의 목소리,

유대인의 얼굴로 염소 한 마리가 호소하던

모든 종류의 고통,

모든 종류의 삶이었다.*

　이 목소리는 하나의 탄식이다. 이 살아 있는 생명들의 대화에서, 언어의 공유와 서로에 대한 이해에서 비롯되는 놀라움 뒤에, 즉 모든 존재의 소통이 가능하다는 것에 대한 놀라움 뒤에 강렬히 굴절되어 나타나는 것은 고통이다. 모든 존재가 고통이라는 현상에 구속된다는 사실이 이 장면의 특수성을 고통과 일치하는 삶 자체를 향해 열어젖힌다 (레오파르디적인 주제는 보들레르를 통해 "삶은 곧 고통vivre est un mal"이라는 표현으로, 몬탈레를 통해 "삶이라는 병male di vivere"이라는 표현으로 나타난다). 이 존재론적 문턱을 향해 나아가는 움직임은 염소의 얼굴에 비친 "유대인"의 실

---

*　움베르토 사바 〈염소La capra〉. "Ho parlato a una capra. / Era sola sul prato, era legata. / Sazia d'erba, bagnata / dalla pioggia, belava. / Quell'uguale belato era fraterno / al mio dolore. Ed io risposi, prima / per celia, poi perché il dolore è eterno, / ha una voce e non varia. / Questa voce sentiva / gemere in una capra solitaria. / In una capra dal viso semita / sentiva querelarsi ogni altro male, / ogni altra vita."

루엣, 그리고 이 유대의 얼굴이 상징하는 2차 세계대전이라는 비극에 의해 주어진다.

동물의 세계로 다가가는 움직임은, 인간 세계로부터의 전락이라는 변화를 또 다른 변화로, 즉 인간 세계로의 등반이라는 변화로 바꿔버리는 가볍고 환상적인 우화를 통해, 다시 말해 친절하고 주의 깊은 형제애를 향해 나아가는 애정의 방향 전환과 상승의 움직임을 통해 드러나기도 한다. 안나 마리아 오르테세Anna Maria Ortese가《이구아나Iguana》에서 다루는 것이 바로 이 변화의 과정이다. 이 변화는 상상력을 통해 동물이 겪는 폭력의 보상이라는 형태로 드러나고, 아울러 풍경이나 사물들과의 관계, 여러 종류의 감각과 욕망에 대한 인간적인 감성이 동물의 존재에 의한 변화를 통해 또 다른 차원의 감성에 전시되는 형태로 드러난다. 동물의 비유를 통해 인간적인 세계로 나아가는 움직임과 전적으로 상반되는 경우는 토마소 란돌피Tommaso Landolfi의《달나라의 돌La pietra lunare》에서 찾아볼 수 있다. 여기서 밤의 변신을 배경으로 일어나는 동물성의 전염 내지 동물로 변신하는 사건은 지하의 어둡고 신비로운 세계, 폭풍이 몰아치는 세계의 출현을 동반한다.

동물의 고통은 동물의 노예적인 상황을 폭로할 뿐만 아니라 정말 노예처럼 살아가는 사람들의 소외나 고통 자체로 형상화되거나 문명사회의 발전에 밑거름이 되어온 폭력의 형태로 드러나기도 한다. 이 것이 바로 조반니 베르가Giovanni Verga가 몇몇 소설에서 양식과 창의 적인 요소들의 긴장감 넘치는 대조를 통해, 냉정과 열정의 놀라운 구 도를 통해 보여주는 고통의 형태다.《목동 옐리Jeli il pastore》에서 동물 을 희생양으로 삼는 체계적인 폭력은 젊은 주인공을 결국 비극의 소용 돌이 속으로 끌어들인다. 여기서 우리의 관심을 끄는 것은 서사의 구 조나 이야기의 충격적인 결과라기보다는 주인공인 목동의 정체성이 그가 감시해야 하는 동물, 한 점박이 당나귀의 정체성과 같은 선상에 배치된다는 특징이다. 목동은 그 당나귀가 왜 가끔 아무 목표 없이 도 망치듯 달리는지 알고 있다. 사람들이 어미를 데려갔기 때문이다. 목 동은 이렇게 말한다. "저놈을 잘 지켜봐야 해. 자칫 잘못하면 벼랑 아 래로 떨어질 테니까." 그리고 덧붙인다. "나도 엄마가 돌아가셨을 때 눈에 뵈는 게 없었으니까." 고아라는 사실이 이 두 피조물을 하나로 결 속시킨다. 둘 다 상실된 세계에 속한다는 사실은 아주 단순하고 즉각 적으로 인식된다. 돌아온 당나귀가 다시 풀 냄새를 맡는 것을 지켜보 면서 옐리는 가슴이 벅차오르는 것을 느낀다. 당나귀가 잃어버린 어 미에 대한 고통스러운 기억으로부터 벗어나기 위해 안간힘을 쓰는 것 이 분명해 보였기 때문이다. 하지만 또 하나의 걱정거리가 고개를 들 기 시작한다. "저 녀석도 언젠가는 팔려 가겠지. 나귀들은 팔려 가기 위해 여기 있는 거잖아. 양들이 푸줏간에 팔리기 위해 태어나는 것처 럼, 구름이 비를 부르는 것처럼." 어느 날 이른 새벽, 옐리가 당나귀 무리를 몰고 가축 시장으로 이동할 때 마차 한 대가 "엄청난 채찍 소리, 방울 소리와 함께" 뛰어들며 당나귀들을 사방으로 흩어지게 만든다. 옐리는 큰 소리로 외치면서 당나귀들을 불러 모으지만 결국에는 한 마리가, 점박이가 보이지 않는다. 그는 큰 소리로 외치면서 불쌍한 당나귀를 찾아 헤맨다. 그러다가 협곡 밑에 꼼짝없이 갇혀 쓰러져 있는 당나귀를 발견한다. 당나귀는 목동이 외치는 소리에 "마치 할 말을 잊었다는 듯이 고통스러운 울음으로" 대답한다. 여기서 베르가는 잠시나마 목동과 당나귀의 가슴 아픈 유사성을 소설의 서사 구도로부터 분리시켜, 상처받은 이들의 결속을 토대로 하는 어떤 동정의 형상으로 고정시킨다.

> 점박이는 다리를 하늘로 뻗고 넘어진 그곳에서 꼼짝도 하지 않고 있었다. 옐리가 점박이의 몸을 이곳저곳 어루만지고 울면서 마치 점박이가 자기 말을 알아듣기라도 하는 것처럼 계속 말을 하는 동안 불쌍한 짐승은 힘겹게 목을 치켜들어 머리를 옐리 쪽으로 기울였다. 이어서 헐떡이며 부서지는 점박이의 신음 소리가 들려왔다.

저자가 묘사하는 것은 하나의 '탄식'과 '애도'다. 옐리는 죽어가는 점박이의 곁을 떠나지 않는다. 뒤늦게 도착한 농장 주인이 점박이를 일으켜 세우려고 하자 마치 자신이 죽을 지경에 처하기라도 한 것처럼 얼굴이 하얗게 질린 목동은 이렇게 애원한다. "제발 그냥 내버려두세요. 그냥 좀 내버려두시라고요. 이 불쌍한 짐승이 꼼짝도 못하는 게 안 보이세요!" 이제 동물이 죽는 장면을 같이 읽어보자.

> 농장 주인이 나귀 안장에서 권총을 꺼내는 것을 바라보며 옐리는 잎사귀처럼 떨기 시작했다… 점박이가, 몸을 움직이지 못하는 상태에서 고개를 돌려 마치 모든 것을 이해했다는 듯이 눈을 휘둥그레 뜨고 옐리를 바라보았다. 점박이의 털들이 갈비뼈를 따라 파도를 치며 곱슬머리처럼 말려들고 있었다. 소름이 돋았기 때문이다. 농장 주인은 그 자리에서 점박이를 쏴 죽였다. 최소한 가죽이라도 건지겠다는 속셈이었다. 탄환이 점박이의 살아 있는 살 안으로 들어가 박히면서 내는 '푸석' 하는 소리가 옐리에게는 마치 자신의 살 속에서 들려오는 것만 같았다.

농장 주인의 행동, "최소한 가죽이라도 건지겠다는" 경제적인 이유 때문에 취하는 행동과 목동이 느끼는 전율 사이의 커다란 차이는 동정이라는 감정의 팽팽한 곡선을 고스란히 드러낸다. 한편에는 경제적 이유라는 차가운 세계가 있고 다른 한편에는 동물의 고통을 자기화하려는 노력이 있다. 베르가의 이야기는 옐리의 슬픔과 외로움에 주변 인물들의 계획적인 기만과 횡포를 더함으로써 젊은 주인공을 폭력의 소용돌이 속으로 몰아넣는다. 젊은 옐리는 아내 마라가 축제에서 돈 알폰소와 춤추는 것을 보고 분노에 사로잡혀 그를 살해한다. 폭력의 수동적인 경험이 또 다른 폭력의 생산으로 둔갑한 것이다. 주인공은 이러한 폭력의 고리를 끊지 못하고 오히려 그것을 확고히 하는 데 일조한다. 반면에 《빨강머리 말펠로Rosso Malpelo》에서 주인공 소년은 숙명적이라기보다는 인간들에 의해 쓰인 운명, 일꾼들과 아이들까지 탄광 노동으로 혹사하는 사업가들에 의해 강요된 운명의 희생자로 드러난다. 목동과 닮은꼴로 묘사된 당나귀는 폭력의 모든 잔인함을 폭로하고 상징하는 동물이다. 늑대의 공격에 노출된 당나귀의 살과 동일한 위치에 놓이는 것이 바로 빨강머리 말펠로의 몸이다. 탄광에서 죽은 그의 아버지와 마찬가지로 말펠로는 빛을 잃고 탄광의 어두컴컴하고 삶이 없는 미로 속에 갇힌다.

동물의 육체,
무관심과 폭력
———————

　사람들이 가족 관계 혹은 애정 관계에 소속되어 있다는 것을 의식할 때에만 감소의 기미를 보이는 '동물에 대한 습관적인 무관심'은 동물의 살생 행위를 무의미하고 자동적이고 연쇄적인 행동의 공간으로 옮겨놓는다. 살생 행위가 너무 습관적이어서 공포가 고개를 들거나 죄가 그림자를 드러내도록 자극하는 계기가 도무지 마련되지 않는다.

동정은 이 습관의 틀에 구멍을 낼 만한 어떤 도구도 가지고 있지 않다. 하지만 어떻게 보면 단순히 파괴적인 측면을 지적하는 것을 통해 이 무관심의 안개를 씻어내는 데 나름대로 성공해온 것이 바로 문학이라고 할 수 있다.

페데리고 토치Federigo Tozzi의 《짐승들Bestie》에 실린 멋진 산문들은 동물에 대한 일련의 폭력적인 행위와 이를 지탱하는 어리석은 무관심을 적나라하게 폭로한다. 두꺼비에 관한 우화의 일부를 같이 읽어보자. 시에나 주변의 어느 시골 마을에서 "하루에 조금씩 밭일을 하며 살아가는" 한 농부가 있다. 비록 농부지만 책도 읽고 시도 읊을 줄 아는 그는 어느 날 아이들에게 두꺼비를 특별히 잔인하게 죽이는 방식과 그것을 어떻게 배우게 됐는지 이야기한다. 어느 날 사람들이 참나무와 밤나무가 가득한 숲에서 그곳에 오랫동안 방치돼온 늪지대를 청소하면서 철망으로 수많은 두꺼비를 떠올린 뒤 양동이 안에 집어넣었다. 양동이가 가득 차면 사람들은 삽으로 땅을 파서 웅덩이를 만들고 그 안에 두꺼비들을 쏟아 넣은 뒤 흙을 덮어 발로 밟기 시작했다. 화자는 계속해서 말한다.

> 난 이 나무에서 저 나무로 아무 말도 하지 않고 움직였단다. 가슴이 무너져 내리는 것만 같아서 그 짓을 그만두라고 말하기도 힘들었어. 그러다가 짐짝만 한 두꺼비 한 마리가 나타났지. 그 순간 입에 침이 잔뜩 고여 금방이라도 흘러내릴 것만 같았어. 두꺼비가 그 못

생긴 눈으로, 어쩌면 나보다 더 무섭게 날 쳐다보는데, 난 꼭 기절하는 줄만 알았단다.

화자가 습하고 컴컴한 밤에 시냇물을 따라 안개 낀 숲을 거니는 동안 그의 슬픔을 달래주는 것은 시냇물과 둑에서 들려오는 두꺼비 울음소리였다. 하지만 이제는 그 소리가 그가 보았던 두꺼비들의 모습을 떠올리게 만든다.

내가 지켜본 두꺼비들을 나는 전부 기억하고 있었어. 버드나무 가지에 매달은 두꺼비, 배를 찌른 뽀족한 막대기가 입 밖으로까지 튀어나와서 굵고 시커먼 피가 뚝뚝 흘러내리던 두꺼비, 돌로 사지를 찢어 뭉갠 두꺼비, 벌겋게 타는 숯으로 눈을 지진 두꺼비, 낫으로 배를 가르고 내장을 긁어낸 두꺼비, 달리는 수레바퀴 밑에 집어넣어 뭉갠 두꺼비, 판자로 후려쳐 공중으로 날려버린 두꺼비, 한 쌍의 연인이 함께 짓밟아 죽인 두꺼비, 나는 이 두꺼비들이 밤이 되면 반짝이기 시작하는 그 눈으로 나를 쳐다보며 아무 말 없이 죽어가는 걸 목격했단다.

여기서 동정은 동물의 고통에 가까이 다가서려는 마음의 움직임이 아니라 단지 타인의 폭력적인 행동과 그것을 감싸는 무관심으로부터 거리를 유지하는 자세에 불과하고, 그런 식으로 무의미의 속박으로부터 자유로운 그의 행동, 레오파르디가 묘사한 바와 같이 반딧불이가 "흙먼지 사이로 밝은 줄 하나를" 남기면서 죽었을 때처럼 자연을 보호할 의무로부터 벗어난 행동의 감춰진 신경 조직을 폭로하는 입장에 불과하다.

카네티는 《마라케시의 목소리 Die Stimmen von marrakesch》라는 여행 일기를 시작하면서 자신이 관찰한 낙타에 대해 기록했다. 그의 이야기는 시장과 광장에서 시끌벅적 떠드는 걸인과 목동들의 등장으로 시작된다. 이어서 코에 구멍을 뚫고 그 사이에 밧줄을 끼워 묶은 낙타 한 마리가 속박에서 벗어나려고 펄쩍펄쩍 뛰며 울부짖는 모습이 묘사된다. 저자는 이 낙타가 두려움 속에서 절망적으로 발버둥 치는 죄수와도 같았다고 말한다. 해가 저물어가는 사이에 성 밖에서 머리에 터번을 두른 상인들의 무리가 또 다른 낙타들을 몰고 나타난다. 산더미처럼 쌓아놓은 여물을 둥그렇게 에워싸고 웅크려 앉은 낙타들은 모두 친근하고 평화로운 얼굴을 하고 있다. 한 소년이 말하기를 이 낙타들은 먼 곳에서부터 장장 25일 동안 쉬지 않고 걸어왔다고 한다. 한 노인은 또 이 낙타들이 대서양까지 건너왔는지는 알 수 없지만 정말 긴 여행을 마치고 여기까지 온 거라고, 하지만 상인들의 여행은 도살 외에는 다른 목적을 가지고 있지 않다고 말한다. 노인은 상인들이 마라케시에서 팔지 못한 낙타들만 계속해서 세타트를 향해, 마지막 낙타 시장이 서는 카사블랑카를 향해 걷는다고 말한다. 이어지는 노인의 이야기는 그를 유럽으로 데려온 1차 세계대전에 관한 것이었다. 카네티는 이렇게 기록한다.

> 그 동물들의 모습이 내 머릿속에서 떠나지 않았다. 나는 두려움 속에서 이들의 이미지를 머릿속에 떠올렸지만 왠지 이들과 아주 오래전부터 알고 지내온 것처럼 느껴졌다. 이들의 식사, 사형 선고를 받은 자의 마지막 식사에 대한 이야기는 곧 전쟁에 대한 대화로 이어졌다.

카네티와 그의 영국인 친구는 며칠 후에 열린 시장으로 돌아온다. 이들은 여기서 또 한 마리의 낙타를 발견한다. 똑같이 코를 뚫고 밧줄을 끼워 넣은 낙타가 발로 땅을 차고 으르렁거리면서 자신을 붙들고 있는 사람들로부터 벗어나기 위해 발버둥치고 있었다. 한 사람이 다가오더니 낙타를 보고 이렇게 말했다. "아는 거예요. 도살장 냄새를 맡은 거예요. 도살장에 보내려고 판 놈이거든요. 이놈은 이제 곧 죽으러 갈 겁니다." 사막을 배경으로 등장하는 낙타들은 인간의 정복욕과 파괴적 이성에 의해 가라앉은 세계, 상업적 사고와 사막이라는 곳에서 조용히 지속되는 풍습에 짓눌린 세계의 이미지로 떠오른다. 수십 일을 쉬지 않고 걸은 뒤에 도살장으로 끌려가는 낙타를 주의 깊게 관찰하는 카네티의 시선은 살해당한 동물을 지켜보는 요제프 로트Joseph Roth의 시선을 떠오르게 한다. 로트의 오싹한 묘사를 들어보자.

대부분이 멀리서 왔다고 했다. 루마니아와 헝가리, 유고슬라비아에서 왔고, 태어난 곳에서 죽은 것들은 얼마 되지 않는다고 했다. 비좁고 어두운 화물칸에서 기차 바퀴가 내는 이상한 쇳소리에 치를 떨고 몸을 녹이기 위해 서로의 몸을 비비면서 오랫동안 힘든 여행을 마치고 왔다고 했다. 누구도 헤아릴 수 없는 어떤 초월적인 뜻에 따라 기나긴 여정을 마치고 목적지에 도달해 목숨을 내놓아야 하는 것이 그들의 운명이었다. 그건 한때 전쟁터를 향해 행군하던 군인들의 운명과도 다르지 않았다.

몇 년 정도만 더 살 수 있었다면 로트는 이 글에 또 다른 비극적이고 현기증 나는 일화들을 추가할 수 있었을 것이다. 위의 인용문에서 언급된 것과 똑같은 화물칸에 똑같은 대량 학살을 목적으로, 하지만 동물 대신 인간을 싣고 이동했던 잔혹한 여정에 대해 이야기할 수 있었을 것이다.

사형장을 향해 달려가는 동물들의 이야기는 또 다른 작가 페터 빅셀Peter Bichsel의 한 단편 소설을 떠올리게 한다. 빅셀은 흔히 회상록을 연상시키는 친절하고 맑은 문체와 서술 방식으로 유명한 작가다. 문제의 작품은 11년이라는 세월에 대한 기억을 다루는데, "사람과 조금도 다를 바 없던 황소의 이야기"라는 독특한 제목을 가지고 있다. 어린 페터는 어느 날 평상시와 다름없이 부모의 심부름으로 농부 바호퍼 씨의 집을 찾아간다. 하지만 주인은 없고 농장에서 일하던 한 소년이 피터에게 명령조로, 밧줄로 묶은 황소 한 마리를 다른 농장으로 몰고 가라고 말한다. 페터는 황소의 몸집이 어마어마하게 컸던 것으로 기억한다. "불가능한 이야기라는 건 알지만 내 기억으론 키가 몇 미터는 되는 것 같았다. 나는 그때 너무 어렸고 두려움에 떨고 있었다." 하지만 농부들에게 항상 거칠게 반응하던 황소는 어린 페터와 있을 때면 조용하고 말 잘 듣는 소로 변했다. 황소의 힘은 타자의 연약함 앞에서는 모습을 드러내지 않았다. 페터가 소를 도착지까지 아무런 문제 없이 몰고 가는 데 성공하자, 주인은 소를 다른 곳으로 옮겨야 할 때마다 페터를 부르기 시작했다. 두려움이 가시지 않은 페터는 소에 대한 반감은 없었지만 항상 소와 거리를 두고 움직였다. 어느 날 소 주인이 황소를 끌고 나가는 페터에게 그날의 이동이 황소와 함께하는 마지막 여행이라고 말한다. 목적지가 농장이 아닌 도살장이었기 때문이다. 목적지에 거의 도달했을 때 페터는 갑자기 무기력하고 나약해진 소의 모습을 발견한다.

나는 눈물을 흘리면서 소에게 이제 가자고 재촉했다. 나는 소를 미워하며 욕설을 퍼붓는 나 자신을 저주했다. 너무 괴로웠다. 그렇게 힘센 동물이 생의 마지막 순간에 도달한 것이었다. 이제 소는 사람과 조금도 다를 바 없어 보였다.

인간은 흔히 소유욕과 지배욕을 자랑하기 위해 동물의 힘을 굉장한 것으로 과장하지만 그 뒤에는 또 하나의 아주 단순한 감정, 즉 애정이라는, 말 그대로 무방비 상태의 감정이 감추어져 있다. 문학 작품에 등장하는 소의 이미지들 가운데, 특히 동물-인간이라는 혼종의 형태로 나타나는 이미지들 가운에 하나인 미노타우로스와 테세우스가 미로에서 만나는 장면이 프리드리히 뒤렌마트Friedrich Dürrenmatt의 멋진 단편을 통해 재구성된 바 있다. 미노타우로스가 갇혀 있는 공간을 에워싼 거울에 어느 날 아테네 영웅이 모습을 드러낸다. 미노타우로스는 자신을 향해 손을 내밀며 다가오는 자신과 꼭 닮은 인물에게 가까이 다가간다. 그러나 그 인물이 자신과 닮았고 친근하게 다가올 뿐, 사실은 소의 가면을 쓴 적이라는 사실을 미노타우로스는 알아차리지 못한다. 인간에게 친근하고 다정하게 다가서는 동물의 움직임에 답하는 것은 인간이 동물에게 선사하는 상처뿐이다. 테세우스와의 만남으로 미노타우로스를 내모는 것은 바로 그의 동물적인 측면이다. 그 만남을 인간은 모욕과 공격으로, 타자의 파괴로 전복시킨다. 테세우스에게는 모든 감정에 우선하는 '정치적 과제'가 중요할 뿐이다. 뒤렌마트가 묘사하는 장면은 동물에 대한 동정을 주제로 하는 사유의 본보기가 되는 세밀화로, 혹은 하나의 봉인으로 수용될 수 있을 것이다.

개인적인 생각이지만 나는 이러한 성찰들이 일종의 베일에 가려져 있다고 본다. 어쩌면 이 베일이 내가 동물을 향한 동정에 대해 이야기를 시작하게 된 계기였는지도 모른다. 아주 어렸을 때의 일이지만 나는 오후의 햇볕이 내리쬐는 올리브 나무들 사이에서 강아지 알리가 내

곁에 비스듬히 드러누워 있던 모습을 기억한다. 알리는 다리와 가슴이 하얗고 나머지는 전부 고동색인 멋진 강아지였다. 잡화점의 회랑 밑에서 잎담배를 말고 있는 여인들의 노랫소리가 들려왔다. 이 장면이 희미하게 사라지면서 중첩되는 또 하나의 장면은 바로 다음 날 세상을 떠나야 했던 알리의 눈동자다. 알리가 광견병에 걸린 유기견과 싸우다가 다쳤는데, 아이들에게 이 병이 전염될 수도 있다고 생각한 어른들이 알리의 생명을 거두기로 결정한 것이었다. 알리는 이제 테이블 다리에 묶여 있었다. 알리는 알고 있었다. 어른들이 무슨 결정을 내렸는지 분명하게 알고 있었던 것이다. 끝없는 슬픔이 알리의 눈에 담겨 있었다. 온 세상의 고통이 알리의 시선에 담겨 있었다. 그 순간에 일렁였던 그 눈의 광채를 나는 결코 잊지 못한다.

마치며

'피에타'의 예술사를 위하여

'슬픔에 잠긴 성모'

인간이 된 신의 고통, 그가 걸은 십자가의 길이 상징하는, 그리고 예배와 모두의 기억에 의탁된 고통, 이러한 고통의 주변에 예술적 서술과 해석을 통해 드러나는 동정의 형상들이 존재한다. 비극적 사유가 무언가를 말하고 고유의 리듬을 찾을 수 있도록, 고통은 예술을 통해 색과 돌로, 빛과 그림자로, 실루엣과 형상으로 다시 태어난다. 〈피에타〉, 즉 '동정'은 아름다움과 아름다움의 결여, 조화와 조화의 기만이라는 언어를 통해 모습을 드러낸다. 〈피에타〉의 예술사는 우리에게 명상이 형태에 대한 탐구를 낳고 기도가 특별한 예술적 형상에 대한 애정과 배려로 변신하는 과정, 아울러 그 지점을 향해 나아가는 예술가들의 여정에 대해 이야기해준다. 〈피에타〉의 예술사는 곧 전통적인 회화의 극복을 통한, 아울러 모델과의 대화와 모델의 초월을 통한 창작의 역사라고 할 수 있다. 예를 들어 〈마르코의 복음서〉(15장 45~47절), 〈루가의 복음서〉(23장 50~56절), 〈요한의 복음서〉(19장 38~42절)가 전하는 마리아의 고통과 그리스도의 무덤을 주제로 수많은 〈피에타〉가 창작되었다. 하지만 '예배'와 관련된 회화 작품 말고 또 다른 종류의 성화들에 대해서도, 예를 들어 〈십자가에서 내려지는 그리스도Descent from the Cross〉나 〈그리스도에 대한 애도The Lamentation〉 같은 작품들에 대해서도 언급할 필요가 있다. 이 작품들의 극적인 장면들을 통해 표현된 '고통Passione'은 예배로부터 형태와 의미를 빌려 왔고 대중적인 이미지에서 영감을 얻었을 뿐만 아니라 초기의 성상화로부터도 깊은 영향을 받았다. 예를 들어 구약과 신약 성서의 다양한 에피소드를 예술적으로 재현한 《비블리아 파우페룸Biblia pauperum》('가난한 자들의 성경') 같은 세밀화 전집이나 고딕 성당의 스테인드글라스, 12세기와 13세기에 성당의 제단을 장식했던 부조 연작에서 가장 중요한 장면은 무덤으로 옮기기 위해 그리스도의 몸을 십자가에서 내리는 장면이었다. 여기서 표현되는 것은 모든 것이 멈춘 상태, 찢기고 상처투성이인데다 호흡조차 느껴지지 않는 몸의 이미지, 순간적으로 그가 신의 아들이라는 것을 완전히 잊게 만드는 육체의 이미지다. 예수를 쓰러트린 고통은 인간이라면 누구도 피할 수 없는 죽음의 검은 현기증 안으로 신의 아들을 몰아넣는다. 그가 받아들이기로 한 고통이 그를 생명의 부재라는 심연 속으로, 무덤의 어둠에 안기는 살의 무기력함 속으로 몰아넣는다. 이 비극적이고 숨 막히는 순간에 그의 어머니는 그저 '슬픔에 잠긴 마리아'Mater dolorosa'에 지나지 않는다. 성모 마리아 숭배가 가져온 마리아의 다양한 호칭들은 이 순간에 전부 무의미해진다. 여기에 있는 것은 아들의 생기 없는 육신과 어머니의 고통뿐이다. 이 장면은 그리스도가 겪은 고통의 비극적인 측면을 보여줄 뿐만 아니라 모든 부활의 구도가 부인되거나 혹은 최소한 보류될 수밖에 없는 순간을 보여준다. 예술사가 '피에타'를 주제로 하는 수많은 작품, 그리고 같은 주제를 다룬 많은 미술 작품들의 장구한 역사를 열어젖힐 수 있었던 계기는 바로 이 '순간'이었다. 때로는 그리스도의 몸을 무릎 사이에 올려놓고 부둥켜안는 모습의 어머니에게만 시선을 집중하기도 하고, 때로는 마리아와 그녀의 영적 아들 요한의 얼굴을 함께 부각하기도 하고, 때로는 이 두 인물에 막달레나의 모습을 첨가하기도 하고, 또 어떤 때에는 무대를 확장시켜 아리마대의 요셉, 즉 빌라도에게 예수의 장례를 허락받고 수의를 준비한 인물과 장례를 위해 향유와 알로에를 준비한 니고데모를 그려 넣기도 하고, 또 예수의 제자들 중 몇몇을 더 첨가하거나 혹은 작품의 위탁인을 그려 넣기도 했다. 예수 그리스도를 십자가에서 내리는 모습을 바라보며 슬픔에 빠져 있는 인물들 가운데 하나로 화가가 자신의 모습을 그려 넣는 경우도 결코 드물지 않았다. 가장 또렷한 예는 아마도 티치아노 베셀리오Tiziano Vecellio일 것이다. 피렌체 대성당에 있는 〈피에타〉에서 그리스도의 몸을 안고 있는 인물 역시 작가인 미켈란젤로 부오나로티Michelangelo Buonarrotti 자신의 모습인 것으로 보인다. 그 밖에 로마에 있는 누오바 성당의 〈피에타〉에서 카라바조Caravaggio가 아리마대의 요셉의 얼굴에 자신의 초상을 그려 넣었다는 것도 어느 정도는 신빙성 있는 이야기로 받아들여진다. 여기서 엿볼 수 있는 것은 자신의 모습을 그림 속에 집어넣을 정도로 그림 속의 고통을 마치 자신의 고통인 듯 느꼈던 예술가들의 동정이다. 다시 말해 예술가들은 그림이 표현하는 동정과 그것의 진실성을 증언하는 증인으로서의 역할을 기꺼이 담당했던 것이다.

〈피에타〉를 뒷받침하는 복음서들의 자료는 몇몇 부분에서 동일한 내용을 반복한다. 마르코와 루가의 복음서는 예수의 시신을 감고 있는 수의에 대해, 루가와 마태오와 마르코는 암벽을 파내서 만든 무덤에 대해 똑같은 이야기를 전한다. 오로지 요한만이 예수에게 내려진 형벌이 십자가형이었다는 사실과 무덤이 위치한 동산의 특징을 언급한다*(이러한 내용이 바로 이 동산을 배경으로 하는 수많은 풍경화를 탄생시켰다).

동정에 하나의 얼굴과 극단적인 강렬함을 부여하면서 탄생한 것이 〈피에타〉다. 양팔로 혹은 무릎으로 삶의 빛을 빼앗긴 아들의 주검을 안고 있는 한 어머니의 이미지가 발산하는 강렬함이 바로 〈피에타〉의 본질이다. 이 인간적인 고통의 형상이 '피에타'라는 이름으로 불리는 수많은 예술 작품의 진정한 기원이라고 할 수 있다. 〈피에타〉는 문헌이나 예배 혹은 문학이나 예술에 뿌리를 두지 않은 깊은 내면적 기원을 가지고 있다. 예술가들의 특징이나 성향 역시 바로 이 〈피에타〉 고

---

* 〈요한의 복음서〉 19장 41절.

유의 은밀하고 내면적인 뿌리에서 출발해 전통 회화와의 만남을 모색하면서 구체화되었다. 회화의 성스러움은 무엇보다도 '어머니의 고통'이 얼마나 강렬하고 은밀하게 표현되는가에 의해 결정되었다. 황홀할 정도로 아름다운 멜로디를 들려주는 〈스타바트 마테르Stabat mater〉의 음악사에 상응하는 것이 바로 〈피에타〉의 예술사다.

이제 하나의 갤러리를 상상하면서, 이를테면 보들레르의 살롱과 비슷한 곳을 상상하면서, '피에타'를 주제로 상당히 유사한 장면과 내용을 담고 있는 회화와 조각 작품들이, 예를 들어 〈십자가에서 내려지는 그리스도〉나 〈그리스도에 대한 애도〉, 또는 '슬픔에 잠긴 성모'가 함께 등장하는 〈십자가에 매달린 예수Christ en Croix〉 등이 전시된 하나의 가상 전람회장 안으로 들어가 보자. 수많은 작품들이 다양한 형상과 색의 세계를 펼쳐 보이면서 우리의 관심을 끌겠지만 다른 어떤 것들보다 훨씬 더 커다란 호기심과 동정에 관한 성찰을 자극하는 회화 작품들, 조각 작품들이 분명히 있을 것이다. 다른 작품들에 비해 동정의 측면이 좀 더 부각되거나 눈으로는 곧장 정의 내릴 수 없는 어떤 내면의 울림에 의해 구축되는 특별한 관계 때문에 우리의 관심을 끄는 작품들이 있을 것이다. 이제 나는 내게 많은 질문을 불러일으켰던 이 특별한 작품들 앞으로 독자들과 함께 나아가 잠시 이야기를 나누고자 한다. 여러분의 안내자가 너무 일방적이거나 너무 주관적인 평가를 내린다고 생각될 때는 독자 여러분도 얼마든지 자유롭게 작품을 선택하고 해석의 폭을 넓히면서, 사실 이곳에서는 모든 것을 설명하는 것이 불가능한 이 작품들의 세계를 나름대로 다시 한 번 관찰하는 시간을 가져볼 수 있을 것이다.

몸 사이의 몸, 벨리니의 〈피에타〉

'피에타'를 제목으로 하는 여러 작품들 속에서 예수 그리스도의 몸은 아주 다양한 방식으로 표현된다. 무덤 위에, 혹은 무덤 근처에 길게 드러누운 모습으로 그려지는가 하면, 때로는 바닥에 수의를 깔고 돌을 베고 누운 모습으로, 또 때로는 그의 죽음을 슬퍼하는 자들이 그를 수직으로 들어 올리는 모습으로 그려지기도 한다. 어머니의 무릎 위에 누운 모습, 보통은 머리를 비스듬히 하고 누운 모습이 수평적인 구도 혹은 대각선 구도로 번갈아 등장하다가 나중에는 후자가 강세를 보이게 된다. 대각선 구도가 피라미드 구도 안에 포함되는 경우도 드물지 않았다. 좀 더 간단히 말하자면, 한편에는 플랑드르 화가들과 이탈리아 르네상스 예술가들이, 다른 한편에는 로마네스크와 고딕 양식을 따르던 화가들과 원근법을 중시하던 예술가들이 존재했다. 하지만 어떻게 보면 이는 아주 단순한 도식에 불과하다. 왜냐하면 사실 많은 '수평적' 구도의 회화들이 이탈리아 예술사에도 등장하기 때문이다. 대표적인 예는 디본도네 조토Giotto di Bondone의 〈그리스도에 대한 애도의 눈물Compianto sul Cristo〉과 페루지노Perugino의 〈우피치의 피에타Pietà degli Uffizi〉일 것이다. 여기서 또 하나의 전형적인 〈피에타〉가, 죽음의 승리를 상징하는 외로운 시체의 이미지가 아니라 몸 주변에 동정 어린 시선으로 바라보는 인물들이 배치되는 형태가 구체화된다. 이제 휴머니즘을 무대로 하는 가장 대표적인 주제 '피에타'의 첫 작품에 가까이 다가가 보자.

첫 작품은 1468년과 1470년 사이에 조반니 벨리니Giovanni Bellini가 그린 〈피에타〉(브레라 박물관)다. 아들의 몸과 바싹 붙어 있는 어머니는 아들의 볼을 향해 얼굴을 기울이고 눈을 반쯤 감은 채 목을 아들의 어깨에 살며시 기대고 있다. 화가가 어떤 고통스러운 기하학적 구도 안에서 표현하고 있는 것은 강렬한 불안감이다. 두근거리듯 출렁이며 빛을 발하는 마리아의 망토 끝자락이 그리스도의 가시 면류관에 닿아 있고 살짝 열린 마리아의 입은 그리스도의 입과 똑같은 모양을 하고 있다. 이미 죽음을 초월했기 때문에 육체적이면서 동시에 영적인 존재로 변한 아들에게 마리아가 얼굴을 가까이 가져가는 모습을 통해 이 〈피에타〉는 고통스럽고 혼란스러운 감정을 근엄한 하늘나라로, 회화로 표현된 고통 속에서는 결코 부서지지 않을 저 높은 평화의 세계로 고스란히 돌려보낸다. '피에타'란 스스로의 실루엣에 타자의 모습이 새겨지도록 내버려두는 것을 의미한다. 이제 떨림은 죽음과 함께 사라졌고, 무한한 슬픔마저 지워졌다. 마치 아들이 견뎌내야 했던 그 고통의 심연이 이제는 세상에 존재하는 악을 증언하기 위해 여전히 살아남아 있는 사람들의 몫인 듯한 느낌을 주는 것이다. 이 외에도, 동정이 감추고 있을 뿐 어느 정도 눈에 띄는 특징들이 있다면, 플랑드르 화풍의 영향이나 빛, 색채, 형태의 측면에서 드러나는 만테냐와의 유사성, 천상의 그림자 혹은 비잔틴 성상화와 같은 고정성을 들 수 있을 것이다.

요한의 얼굴은 그리스도의 얼굴에서 약간 거리를 두고 있고 그의 시선도 다른 곳을 향하고 있다. 이러한 이중의 거리감은, 두려움과 침묵 속에 질문을 감춘 채 열려 있는 그의 입을 통해 표현된 경악과 고통을 더욱 날카롭게 만든다. 하지만 이러한 거리감은 동시에 그리스도의 배 왼쪽에 올려놓은 요한의 손에 의해 완화된다. 요한의 손이 그리스도의 손을 붙들고 있는 마리아의 손과 대칭을 이루고 있고 그녀의 손을 붙들기 위해 움직이고 있다는 느낌을 주기 때문이다.

그리스도의 접힌 팔도 어머니의 팔이 감싸 안고 있다. 그리스도의 얼굴과 손, 그리고 그의 몸을 지탱하는 두 사람의 이루 말할 수 없는 슬픔, 바로 이러한 관계의 구도를 통해 드러나는 것이 동정의 경험이다. 무덤 위에 놓인 그리스도의 몸을 만지고 지탱하고 일으켜 세우는 모습은 하나의 동일한 형상을 통해 고통의 심연과 부활의 예고를 동시에 전달하는 듯이 보인다. 마리아와 요한 두 생명에게 부여된 색상, 이들이 입고 있는 망토의 붉은색과 푸른색이 벌거벗은 그리스도를 위한 일종의 액자를 구축하는 반면, 관 뚜껑의 위치까지 내려와 있는 수의는 죽음까지 받아들인 아들의 형상을 하늘을 향해 높이 치켜들고 있다. 이 세 사람이 구름 낀 하늘을 배경으로 화폭을 완전히 지배하고 있다. 마리아의 망토 뒤로 펼쳐지는 풍경은 밭과 드문드문 심어진 나무와 절벽 위의 성과 성벽의 모습을 담고 있고, 노란색 노을을 배경으로 멀리 성당과 종탑이 들어선 도시의 실루엣이 보인다. 이 이미지는 세 인물의 모습이 하나의 상처처럼 기억될 또 다른 시대, 또 다른 역사를 상징한다. 풍경화라는 단어가 이탈리아 회화사에 등장하기도 전에, 멀리 보이는 풍경의 선명함을 여러 형상들과 함께 거의 세밀화에 가까울 정도로 정교하게 묘사한 이 풍경화는 암브로조 로렌체티Ambrogio Lorenzetti의 시에나 화풍과 레오나르도 다빈치Leonardo da Vinci가 베네토에 머물면서 조르조네Giorgione와 베첼리오 티치아노Vecellio Tiziano에게 전수한 배경색에 대한 탁월한 감각이 모두 느껴지는 작품이다.

벨리니의 〈피에타〉가 수직적 구도의 승리라면 이와 반대되는 구도, 다시 말해 플랑드르 화가들이 선호한 수평적 구도는—비록 주변 인물들의 부재로 인해 이들의 작품을 진정한 의미의 〈피에타〉로 보기 힘들지만—나름대로 커다란 변화의 흔적들을 보여준다. 대표적인 예는 홀바인의 〈무덤 속의 그리스도〉(1521년 작, 바젤 미술관)다. 이 그림에서는 무덤의 돌 위에 누워 있는 그리스도가 있을 뿐 곁에서 애도의 눈물을 흘리는 사람은 없고 부활의 가능성도 전혀 없어 보이며, 모든 것이 부패에 내맡겨진 느낌을 준다. 도스토옙스키의 《백치》의 주인공 미시킨 공작이 로고진의 집에서 보고 마음에 심한 동요를 느꼈던 그림이 바로 이 그림의 복제화였다. 그림에 부활의 가능성이 전혀 암시되지 않았기 때문에 그의 종교적 믿음이 흔들렸던 것이다. 인간이 되고 인간으로 죽고 인간으로 썩어가는 신의 심연을 그린 이 작품과 유사한 또 다른 작품은 만테냐의 〈돌아가신 그리스도The Lamentation over the Dead Christ〉다(1490년 작, 브레라 미술관). 이 그림은 바라보는 각도가 다르고, 몸의 자세와 수의의 주름과 눈물을 흘리는 두 인물의 시선과 얼굴을 비롯한 모든 것이 어떤 엄숙하고 장엄한 긴장감 속에, 강렬하면서도 생기를 잃은 육감적인 인상 속에, 죽음에 매달린 질문의 긴장 속에 담겨 있다.

1400년대 중반에서 1520년 사이에는 차가운 죽음의 세계로 추락하는 그리스도의 모습과 이에 대한 경악이 '애도'와 '탄식'과 '십자가에서 내려지는 그리스도'를 주제로 표현되었다. 뮌헨의 알테 미술관Alte Pinakothek에 소장되어 있는 프라 안젤리코Fra Angelico의 마술적이고 산뜻한 느낌의 템페라(1443년 작)나 리버풀의 워커 미술관에 소장되어 있는 페라라 출신 에르콜레 데 로베르티Ercole de' Roberti의 〈피에타〉(1482년 작)를 예로 들 수 있을 것이다. 후자는 고독과 고통 속에서 기다리는 어머니와 아들의 모습을 전면에 등장시키고 배경으로 많은 사람들이 바라보는 십자가 처형 장면을 묘사한 작품이다. 전형적인 틀에서 완전히 벗어난 안토넬로 다 메시나Antonello da Messina의 〈피에타〉에는 축복이 숨겨져 있고(한 천사가 그리스도 뒤에서 그의 어깨를 떠받치고 있는 작품이 프라도 박물관에, 세 천사가 등장하는 〈피에타〉가 베네치아의 코레르 박물관에 소장되어 있다. 모두 1475년 이후의 작품들이다), 세바스티아노 델 피옴보Sebastiano del Piombo의 〈그리스도의 탄식Lamento di Cristo〉(1516년 작)은 기절한 성모 마리아와 바닥에 수의를 깔고 누운 그리스도의 모습을 묘사하면서 조르조네 풍의 배경으로 성당의 돔과 종탑이 보이는 도시의 모습과 구름 낀 노을과 그 위의 푸른 하늘을 그리고 있다.

우아함의 은밀한 고통, 미켈란젤로의 〈바티칸 피에타〉

바티칸에 있는 미켈란젤로의 〈피에타〉는 고통과 아름다움, 침묵과 형식, 육감적인 것과 신성한 것이 탁월하게 조화를 이룬 작품이다. 이 조화의 언어는 너무 강렬해서 시간을 초월하는 듯이 보이는 '은밀함'이며 너무 절제되어 있어서 다른 모든 예술적 기교들을 '지상의 소음'으로 간주하게 하는 하나의 '명상'이다. 열정을 리듬으로, 헐떡임을 기도로, 결핍을 이미지로, 상실을 하나의 시선으로, 외침을 하나의 부드러움으로 담아낼 줄 아는 미켈란젤로의 시학이 바로 우리가 이 완벽함을 향해 나아가는 동정의 형상을 이해할 수 있도록 도와주는 인도자 역할을 한다. 돌이라는 어둡고 무기력한 재료를 진정한 의미에서 해방할 수 있는 형식이 존재하지 않는 것처럼 어떤 얼굴의 광채도 인간의 고통을 완전히 지워버릴 수는 없다는 것을 미켈란젤로는 잘 알고 있었다. 형식의 아름다움을 추구하는 긴장과, 한계에서 비롯되는 전율을 거부하지 않는 과정 속에 그의 예술가로서의 훈련과 도전이 있었다고 할 수 있다.

1497년과 1499년 사이에 카라라의 대리석을 깎아서 만든 미켈란젤로의 〈피에타〉는 그가 당시의 문화와 호흡하던 자세, 즉 하나의 해석학적 지평을 토대로 완성되었다. 한 세기가 끝나갈 무렵 피렌체에서 사상과 예술, 정치적 열정과 부활의 꿈 사이를 오가며 지속한 탐구를 통해 미켈란젤로는 하나의 수직적 상승의 꿈을 키우고 있었다. 그것은 물리적이고 육감적인 차원에서 축복으로의, 욕망에서 금욕으로의, 내면적 소용돌이에서 아름다움의 평화로의 상승의 움직임이었다. 그것이 바로 그리스도교적 휴머니즘과 신플라톤주의의 만남이라는 무대에 대해 익히 알고 있던 르네상스 예술가들의 꿈이었다.

미켈란젤로의 〈피에타〉에서 마리아의 얼굴에 집중되어 있는 것은 한 젊은 여인의 강도 높은 우아함이다. 아들의 죽음으로 인한 고통은 오직 마리아의 순수하고 정결한 이미지의 입술 속에 담겨 있을 뿐이다. 이 입술에 비친 일종의 부드러운 비애가 아래를 향한 속눈썹과 망토의 윤곽과 코의 분명한 선과 대리석의 순백과 대화를 나누면서 묘한 조화를 이룬다. 이 순백과 주름의 결을 통해 드러나는 빛과 그림자의 유회는 미켈란젤로가 대리석 덩어리 안에 잠들어 있는 〈피에타〉의 형상과 이미지를 예감하며 카라라 광산에서 돌을 고르던 오후의 눈부신 광채와 어둠의 싸움을 연상시킨다. 〈피에타〉의 아랫부분에 남아 있는 바위의 형상은 받침이라기보다는 피에타의 형상이 솟아오른 재료의 이미지라고 할 수 있다. 비스듬히 놓인 그리스도의 얼굴은 다른 수많은 〈피에타〉에서처럼 마리아의 눈을 바라보지 않는다. 아들의 감은 눈은 오히려 그 안의 빛을 어머니의 조용한 시선 속으로 옮겨놓은 듯이 보인다. 마찬가지로, 수의의 끝자락과 함께 생기 없는 아들의 겨드랑이를 붙잡고 있는 마리아의 오른손이 지탱하는 것은 이미 자신의 정신적인 에너지를 어머니에게 모두 쏟아부은 아들의 시신이다. 여기서 정신적인 에너지란 물론 하늘에서 오는 초월적인 힘을 말한다. 따라서 이 피라미드 구도가 고통을 표현하고 있는 것은 사실이지만 이 고통은 그것을 이미 극복한 천상의 차원에서 바라본 고통이다. 그리스도는 어머니의 무릎 위에 마치 잠든 어린아이처럼 누워 있다. 하지만 어머니의 우아함 속에는 그녀 역시 딸이라는 의식이 숨어 있다. 그만큼 미켈란젤로가 어머니의 얼굴을 젊디젊은 여성으로 표현했다는 점에 주목할 필요가 있다. 미켈란젤로의 이러한 선택이 떠올리는 것은 바로 단테의 한 구절이다. "동정녀 어머니, 당신 아들의 딸."

작별의 기도,
티치아노

동정을 느낀다는 것, 고통을 공유한다는 것, 고통의 무대에 올라선다는 것은 강 건너편에서 난파선을 바라보는 관객의 위치가 아니라 고통 받는 사람, 구원을 바라는 사람의 위치에 서서 고통에 참여한다는 것을 의미한다. 이것이 바로 티치아노가 자신을 〈피에타〉의 모퉁이에 등장시킴으로써 보다 직접적으로 보여주는 바이다. 여기에 등장하는 티치아노는 회화적 서명인 동시에 하나의 기도이며, '색의 승리'로부터의 퇴장, '성과 속의 회화'라는 무대로부터의 퇴장을 의미한다. 1575년부터 그려지기 시작한 이 작품은 데이 프라리dei Frari 대성당에 헌정될 목적으로 제작되었다. 아울러 베네치아에 만연했던 흑사병의 퇴치라는 민중의 염원을 상징한다는 의미도 내포하고 있었다. 무엇보다도 이 〈피에타〉는 티치아노가 마지막 노고를 기울인 작품이자, 그 자신의 무덤을 장식하게 될 작품이었다. 티치아노는 60년 전 자신이 그린 제단화 〈성모 마리아의 승천Pala dell' Assunta〉이 소장된 바로 그 성당의 〈피에타〉를 완성하지 못한 채 세상을 떠났고, 그의 제자 팔마 일 조바네Palma il Giovane가 그의 뒤를 이어 작품을 완성시켰다. 이 그림은 완성된 뒤에 데이 프라리 성당 대신 산탄젤로Sant'Angelo 성당에 전시되었다. 프라도 박물관에 소장되어 있는 〈십자가에서 내려지는 그리스도〉

(1559년 작)에서도 티치아노는 자신을 그리스도의 시신을 지탱하는 아리마대의 요셉으로 그려 넣었다. 하지만 〈피에타〉에서는 나이 든 티치아노가 그리스도를 향해 애원하는 모습의 남자로 등장한다. 오른쪽 아랫부분에는 기둥의 대들보 역할을 하고 있는 사자 머리 밑에 책이 한 권 놓여 있다. 이는 일종의 '미장아빔mise-en-abyme'*으로, 책에는 티치아노와 그의 아들이 성모 마리아에게 흑사병으로부터의 보호를 기원하는 모습이 그려져 있다.

고풍스럽고 장엄한 분위기의 건축을 보여주는 공간은 만토바에 있는 줄리오 로마노Giulio Romano의 건축물들을 떠올리게 한다. 두 기둥 옆의 조각상들이 엄숙하게 이 공간을 수호하고 있다. 한편에는 모세가 민족의 지도자를 상징하는 지휘봉과 십계명을 들고 서 있고 다른 한편에는 베네치아를 상징하는 사자 머리 위에 예언자 시빌라가 커다란 십자가를 높이 치켜들고 서 있다(이 여성 예언자가 바로 그리스도의 십자가형과 부활을 예언한 시빌라다).

어머니는 푸른 옷을 입고 기다란 베일을 머리에 두른 모습으로 무릎 위에 아들의 시신을 올려놓고 있고, 화가인 티치아노가 붉은 옷을 입고서 애원하는 자세로 그리스도의 축 늘어진 왼손을 붙들고 있다. 티치아노의 붉은 망토가 거의 벗겨진 모습을 볼 수 있는데, 이는 자신

---

* '심연으로 밀어 넣기'라는 뜻으로, 문학과 예술 분야에서 중첩되는 심상을 이용해 인식의 혼동을 일으키는 기법을 가리킨다.

의 허영심과 영광뿐만 아니라 삶 자체도 버릴 각오로 용서를 기원하는 동시에 또 다른 삶의 세계에 받아들여지기를 기원하는 모습이다. 맞은편에는 마리아로부터 조금 떨어진 곳에서 막달레나가 한 손을 치켜들고 화폭 바깥을 향해 부활로 이어질 고통에 주목하라고 외치고 있다. 이와는 극명한 대조를 이루면서 생각에 잠긴 마리아가 강렬한 눈빛으로 그리스도를 바라보고 있다. 왼쪽에서는 한 아이가 물병을 가지고 있는 모습이 보이고, 위쪽에서는 아마도 팔마가 그렸을 것으로 추정되는 아기 천사가 장례용 횃불을 들고 있는 모습이 보인다.

티치아노의 〈피에타〉는 건축과 알레고리와 기념비를 통해 드러나는 역사적 시간과, 삶의 극단적인 한계에 도달해 오로지 자신의 삶을 마지막 단계로 가져가야 한다는 것 외에는 아무것도 느끼지 못하는 한 인간의 시간이 얼마나 대조적인지를 보여준다. 이 인간에게는 오로지 고난을 해방과 구원의 시간과 공간으로 만드는 한 존재의 보호와 개입이 필요할 뿐이다. 이토록 정신적이고 헌신적인 고난의 주체가 티치아노에게는 여전히 하나의 도전이었다. 그에게는 '피에타'라는 전통적인 주제가 드러내는 고통에 새로운 색채와 형식의 언어를 부여하는 일이 하나의 도전이었던 것이다.

고통의 얼굴,
로토와 카라바조

고통 받는 얼굴은 스스로를 감춘다. 얼굴의 표정은 빛과 나눈 대화, 희망과 나눈 대화에 대해 이야기하지만 누군가의 죽음으로 인해 찾아온 이 고통스러운 시간에 얼굴은 빛을 빠져나와, 삶을 버리고 자기 안에 빛을 받아들인 사람의 얼굴로 변한다. 누군가가 안녕을 고한 바로 그 빛을 받아들이는 것이다. 여기서 드러나는 것은 우는 사람의 얼굴이 아니다. 로렌초 로토Lorenzo Lotto가 1508년 레카나티에서 그린 〈산 도메니코 다폭 제단화Polittico di san Domenico〉의 맨 위에 위치한 〈피에타〉가 보여주는 것이 바로 이러한 종류의 감춤, 마리아와 막달레나가 얼굴을 가리는 모습이다. 어머니 마리아는 아들의 한쪽 손을, 마치 떠나는 그를 붙잡으려는 듯이 붙들고 입을 맞춘다. 상상력의 몫이지만, 아마도 울면서 입을 맞추는 것으로 볼 수 있을 것이다. 이 입 맞추는 행위가 얼굴의 윤곽을 감추고 그런 식으로 다른 화가들이 항상 괴로워하는 모습으로 그려왔던 얼굴을 거부한다. 막달레나는 입고 있는 푸른 옷의 옷자락으로 얼굴을 가린다. 가려지는 것은 물론 얼굴에 새겨진 고통의 흔적이다. 아니면 이것을 그녀가 눈물을 닦는 모습이라고 볼 수도 있을 것이다. 그림 전체에 감도는 극적인 긴장감을 배경으로 왼쪽에 있는 날개 달린 천사와 그리스도 뒤편에 위치한 긴 수염의 노인, 즉 아리마대의 요셉이 예수의 몸을 지탱하고 있다. 이 작품의 구도는 수평적이다. 하지만 로토가 1545년에 그린 또 다른 〈피에타〉는 피라미드 구도를 취하고 있다. 무릎 위에 아들을 올려놓고 있는 마리아의 붉은 옷이 그림 전체를 지배하고, 다부져 보이는 두 천사가 양쪽에서 그리스도의 몸을 지탱하고 있다. 아들을 향해 머리를 기울이고 있는 어머니 마리아는 쓰러질 듯한 자세를 하고 있고, 요한이 위에서 그리스도를 내려다보면서 한 손으로 마리아를 붙들고 있다. 이 피라미드형 구도를 통해 표현되는 것은 당연히 고통이다. 색과 색의 에너지가 모든 형상들을 하나의 단일한 전율 속으로 몰아넣고 있다. 이 작품은 이와 유사한 플랑드르 화풍의 그림들을 연상시키지만 동시에 산드로 보티첼리Sandro Botticelli의 1495년 작 〈그리스도에 대한 애도 The Lamentation〉(뮌헨 알테 미술관 소장)을 떠올리게 한다. 군중에 가까운 느낌을 주는 많은 인물들이 그리스도를 에워싸고 있고, 그리스도의 몸을 가까스로 지탱하고 있는 어머니 마리아는 쓰러질 것만 같은 모습이다. 한 여인이 그리스도의 머리를 양손으로 잡아 그의 얼굴에 입 맞추려 하고 있고, 또 다른 여인과 요한이 마리아의 뒤편에 서 있다. 구도는 로토가 레카나티에서 그린 〈피에타〉처럼 수평적이다. 하지만 밀라노의 폴디 페촐리Poldi Pezzoli 박물관에 소장되어 있는 보티첼리의 또 다른 〈그리스도에 대한 애도〉는 수직적인 구도를 취하고 있다. 어쨌든 두 작품 다, 보티첼리가 고유의 극적인 표현을 통해 부각하는 것은 무엇보다도 마리아의 얼굴을 향한 주변 인물들의 시선이다. 여기서 성모 마리아의 얼굴에는 고통의 흔적이 남아 있지 않다. 그녀의 얼굴은 고통과 외적 감각의 부재로 표현되며, 눈물이라는 언어 역시 더 이상 그녀의 감성을 지배하지 못한다. 감성이 고통에 완전히 압도되었기 때문이다.

역사는 카라바조의 등장과 함께 관찰자의 시대를 맞이한다. 카라바조의 세계를 열어젖힌 것은 한순간이었다고 볼 수 있다. 그 순간은 그의 인물들과 함께, 색의 조화와 어두컴컴한 배경과 함께, 얼굴들을 거의 고르는 듯이 보여주는 조명과 함께, 그래서 그 얼굴들을 성경적이거나 역사적이거나 신화적인 서사로부터 떼어내 전혀 새로운 언어로 표현되는 사건들 속으로 몰고 가는 광채와 함께 카라바조만의 무대를 활짝 열어젖혔다. 이 무대 위에서 펼쳐지는 언어는 곧 색과 형상과 외침과 살과 영을 모두 한곳으로 모으는 언어다. 1602년과 1604년 사이에 로마의 누오바Nuova 성당을 위해 제작된 카라바조의 〈피에타〉 혹은 〈십자가에서 내려지는 그리스도〉는 수의 끝자락과 화초가 바람에 떨고 있는 지점에서 출발해 입을 벌린 채 허공을 바라보고 있는 막달레나를 연결하는 대각선을 따라, 아래쪽에서 위쪽으로 움직이는 구도를 하고 있다. 무덤을 막을 돌의 모서리는 그림을 바라보는 관람자를 향하도록, 그리고 그 돌에 힘없이 늘어진 그리스도의 손이 와 닿도록 배치되어 있고 요한과 니고데모(혹은 아리마대의 요셉)가 그리스도의 몸을 지탱하고 있다. 어머니 마리아와 막달레나는 뒤에서 그리스도를 십자가에서 내리는 장면을 지켜보고 있다. 어머니는 담담하게 고통을 삭이는 얼굴을 하고 있고, 막달레나는 양팔을 치켜들고 고통과 수긍과 기도가 모두 섞인 표정으로 입을 벌리고 있다. 그리스도와 가까이 얼굴을 마주하고 있는 요한은 이제 무덤 안으로 들어가야 하는 그리스도의 겨드랑이에 손을 넣고 몸을 굽혀 그리스도의 몸을 떠받치고 있다. 여기서 그리스도의 모습이 미켈란젤로의 〈바티칸 피에타〉와 거의 흡사하다는 것을 알 수 있는데, 이는 미켈란젤로에 대한 카라바조의 경의의 표시였던 것으로 보인다. 니고데모가 카라바조 자신의(혹은 미켈란젤로의) 초상일 가능성도 배제할 수 없다. 그리스도의 몸을 밝히고 있는 빛과 몸을 묘사하는 해부학적 표현의 생생함과 세상을 떠났음에도 여전히 살아 있는 느낌을 주는 몸의 밝고 또렷한 색이 모든 회화적 특징들을 한곳으로 집중시키면서 하나의 순간을 구축하고 있다. 매장 직전의 순간! 카라바조를 통해 예술로 태어난 것은 바로 이 순간이다. 시간이 회화로, 예술로 태어난다는 것은 가능한 일인가? 이 가능성을 증명해 보이는 화가가 바로 카라바조다. 예술로 태어난 시간, 형식으로, 즉 형상과 시선과 탄식의 고통스러운 에너지로 태어난 시간에 동참하는 것이 관람자다. 관람자가 그림의 어두컴컴한 배경, 즉 무관심의 세계로부터 떨어져 나와 형상화된 시간에 참여하는 것이다. 동정은 바로 이러한 움직임 속에, 관람자의 시선을 색의 은밀함과 이 은밀함이 보존하는 얼굴과 생각 안에 위치시키는 움직임 속에 들어 있다.

부패와 빛,
엘 그레코에서 고야까지
_____

　'피에타'라는 제목의 작품들을 살펴보면, 화가의 훈련과 시학의 결과라고 할 수 있는 양식의 주요 요소들을 발견할 수 있다. 이 요소들은 동정이라는 주제에 대한 화가의 개인적인 성찰이 구도적·기하학적·해석적 차원에서, 이전 세대 예술가들의 영향이나 장르에 대한 무조건적인 존중에서 벗어나 창조적인 도전을 이루어내기 위해 모색하는 방식과 형식이다. 따라서 종교적·문화적 숭배의 영역을 벗어나 동정이라는 주제 자체의 의미를 토대로 하는 몇몇 작품들을 분석하고 살펴볼 필요가 있다. 앞에서 살펴본 피카소의 〈게르니카〉도 바로 이런 작품에 속한다고 볼 수 있다. 고야의 〈1808년 5월 3일의 총살〉이나 〈전쟁의 참상The Disaster of War〉도 분명 이런 부류의 작품에 속한다. 하지만 이제 예술가들이 회화적 전통과 주관적 재창조 사이에서 매번 답습해야 했던 좁고 험난한 길로 되돌아가, 매너리즘의 등장으로부터 신고전주의의 등극에 이르는 동안 이루어진 몇몇 중요하고 의미 있는 시도들에 대해 살펴보도록 하자.

　1571년과 1576년 사이에 완성된 엘 그레코El Greco의 〈피에타〉(필라델피아 미술관 소장)는 삼각형 구도를 보인다. 정상에 위치한 것이 고통스러워하는 마리아의 얼굴이다. 오른쪽 구석에서 푸른 하늘이 엿보일 뿐 온통 회색과 흰색과 파란색의 구름이 마구 뒤엉켜 있는 기이한 하늘을 배경으로 마치 꿈 같은 세계가 눈앞에 펼쳐진다. 한쪽에선 막달레나가 그리스도의 가슴에 얼굴을 파묻은 채 팔로 그의 배를 끌어안고 있고 반대쪽에서는 요한이 한 팔을 그리스도의 겨드랑이에 넣고 그의 팔을 자신의 어깨에 올린 자세로 그의 몸을 지탱하고 있다. 이 장면은 하나의 육신, 즉 시신을 중심으로, 더 나아가 죽음의 바로크적인 예찬을 중심으로 모든 것이 녹아버린 하나의 통일된 이미지라고 할 수 있다. 그리 멀지 않은 언덕 위에, 인적이 끊긴 곳에, 세 개의 십자가가 세워져 있다. 이곳에선 색이 어둠을 찾아 움직인다. 어둠을 찾지만 이 탐색이 이루어지는 곳은 아무것도 지배하지 못하는 빛을 향해 어둠이 열려 있는 곳이다. 허무에 대한 성찰은 곧 사기 저하나 상실의 훈련이다. 붉은색과 푸른색, 아울러 마리아의 망토를 채색하고 있는 푸른색도 어둠과의 언약, 부패와의 언약을 탐색한다. 이런 식으로 채색된 그리스도의 몸은 그가 차가운 죽음의 세계로 추락하는 드라마를 극적으로 부각한다. 1587년에서 1597년 사이에 제작된 또 하나의 〈피에타〉는 형식적인 차원에서 이전 작품과는 상당히 다른 구도를 보인다. 여기서 색은 빛과 대화를 시도하고 있고, 막달레나의 금발과 마리아를 채색하고 있는 푸른색의 강렬함은 밝은 세계를 향한, 기다림을 향한 열림의 표현이라고 할 수 있다.

로마의 보르게제Borghese 갤러리를 찾아가면 페테르 파울 루벤스

Peter Paul Rubens가 그린 〈피에타〉를 만날 수 있다. 1602년으로 거슬러 올라가는 작품이다. 그림 속의 조명이 진주색으로 채색된 그리스도의 몸을 비추고 있다. 태동기에서부터 형상의 풍부함과 화사함, 완성미를 추구했던 바로크의 영향이 분명하게 드러나는 작품이다. 하늘에서 쏟아지는 한 줄기 빛이 그리스도를 비추고 있고, 인간의 육체적 한계에 무릎 꿇은 그리스도 앞에서 죽음이 승리를 외치고 있다. 하지만 여기에는 빛과 일치하는, 또 다른 세계와 일치하는 그리스도의 모습이 숨어 있다. 주변 인물들의 얼굴에서 고통을 읽을 수 없고 이들의 표정을 결국 동정의 표현으로 볼 수 없는 것도 바로 죽음을 초월하는 그리스도의 존재 때문이다. 막달레나는 한 손으로 그리스도의 손가락을 붙잡고 있고 다른 손으로는 자신의 볼을 만지면서 얼굴을 받치고 있다. 명상에 잠긴 그녀의 눈은 강렬하게 무언가를 회상하는 듯한 느낌을 준다. 또 다른 세 명의 인물이 어머니 마리아를 중심으로 그리스도 뒤편에서 일종의 보호막을 형성하고 있다. 전체적으로는 빛과 선, 색의 부드러움, 망토의 주름을 비롯한 모든 요소들이 부활의 기적에 이미 참여하고 있는 듯한 인상을 준다. 그리스도는 수의가 벗어져 벌거벗은 몸을 그대로 드러내고 있다. 아울러 관이 부조로 장식되어 있다는 특징과 위에서 쏟아지는 빛이 하늘과 함께 어렴풋이 시골 풍경을 조명하고 있다는 특징은 루벤스가 이탈리아에 머무는 동안 티치아노와 카라바조에게 받은 적지 않은 영향을 고스란히 증명해준다.

반면에 루벤스의 작품과 같은 시대에 제작된 안니발레 카라치 Annibale Carracci의 〈피에타〉(빈 미술사 박물관 소장)에서 우리는 동정의 의미가 강렬하게 부각되는 모습을 볼 수 있다. 여기서도 어머니 마리아는 죽음의 싸늘함에 속에 잠겨 있고 아들은 고개를 뒤로 젖힌 채 어머니의 무릎에 안겨 있다. 입을 살짝 벌린 채 아들과 마찬가지로 고개를 뒤로 젖힌 그녀의 어깨 너머에서 두 천사가 그녀를 위로하며 감싸 안는다(이 두 천사는 이미 안드레아 델 사르토Andrea del Sarto의 〈피에타〉에서 마리아와 함께 모습을 드러냈던 천사들이다. 〈피에타〉에서는 괴로워하며 우는 모습의 천사들도 드물지 않게 등장한다). 카라치의 그림을 통해 표현되는 예수 그리스도의 고난은 진정한 의미에서 어머니의 고난과 일치한다고 볼 수 있다. 이 〈피에타〉의 회화적 통일성은 두 얼굴이, 두 표정이 표현하는 일종의 정신적인 세계에 의해 구축된다. 니콜라 푸생Nicolas Poussin의 〈그리스도에 대한 애도〉(1628년 작, 뮌헨 알테 미술관 소장)에서도 이와 유사한 구도를 발견할 수 있다. 먼 곳의 회색 풍경과 나무와 바위를 배경으로 여러 인물들이 전면으로 돌출되고 그리스도의 몸은 반은 바닥에, 나머지 반은 어머니의 무릎 위에 놓여 있다. 절망에 빠진 막달레나는 약간 떨어져서 무덤의 돌 끄트머리에 앉아 있다. 어머니 마리아의 얼굴은 그리스도의 얼굴과 대각선상에 놓여 있고, 창백함이 역력한 그녀의 얼굴을 통해 아들의 부재가 그대로 드러난다. 반면에 두 천사는 한쪽에서 슬픈 눈물을 흘리고 있다.

프라도 박물관에는 다니엘레 크레스피Daniele Crespi가 1626년에 그린 〈피에타〉가 소장되어 있다. 어머니 마리아가 아들의 시신을 들어 올리면서 현실과 먼 바깥세상을 바라보고 있다. 어리둥절하면서도 차분한 자세로 무언가의 현현을 기다리는 듯한 모습이다. 동정의 감정은 여기서 다른 곳으로 뻗어나간다. 색의 세계를 뛰어넘는 것이다. 이 그림은 거의 하나의 알레고리에 가깝다. "동정은 고통을 이긴다." 그리스도의 시신은 상처의 사실적인 묘사와 함께 고통 받은 인간의 모습을 그대로 드러내지만 어머니는 시선을 통해, 고통에서 기도로 나아가는 움직임을 통해 그리스도의 변화를 위한 중재자로 나선다. 그녀와 함께 동정은 하늘을 향해 움직인다. 물론, 그럼에도 불구하고 그리스도의 몸, 희생양은 인간적인 죽음을 그대로 받아들인다. 뒤에 있는 천사가 하나의 그림자로 머무는 것도 바로 그 때문이다.

고야가 젊었을 때 그린 것으로 추정되는 〈피에타〉(1774년 작)에서 어머니는 양팔을 벌린 채 고개를 들어, 계시를 기다리거나 하늘의 아버지와 대화를 나누는 듯이 하늘을 쳐다보고 있다. 무릎을 꿇은 자세로 어머니의 품에 안겨 있는 그리스도는 마치 잠들어 있는 듯이 보인다. 어머니의 분홍색 옷과 푸른 망토, 흰색 수의와 수의의 주름 등은 화가가 전형적인 〈피에타〉에서 차용한 요소들이지만 고야는 이를 훨씬 더 가볍고 부드러운 색채의 세계로 발전시킨다. 어머니는 십자가의 기둥 뿌리 앞에 앉아 있다. 십자가는 화폭에 잘려 기둥만 묘사된다. 그림을 바라보는 관찰자의 시선을 사건에 집중시키기 위해서다. 배경으로 등장하는 하늘에는 붉은 기운이 힘없이 감돌고 있다. 하지만 엄밀히 살펴보면 고야의 〈피에타〉는 우리가 살펴본 전형적인 〈피에타〉 양식에서 많이 벗어나 있다. 고야가 실제로 폭력적인 면을 폭로하거나 외침이나 폭동에 가까운 긴장감을 통해 관찰자들을 동정의 지평으로 끌어올리는 작품들은 사실 성화의 범주를 벗어난 작품들이다. 〈1808년 5월 3일의 총살〉(1814년에 그린 작품으로 나폴레옹 군대와 맞서 싸우던 저항군의 총살 장면을 그리고 있다)에서 관찰자가 가장 먼저 주목하는 것은 그림 한가운데 있는 인물, 흰색 셔츠를 입었고 무릎을 꿇은 채 양팔을 치켜들고 가슴을 총구 앞으로 내밀며 죽음을 맞이하고 있는 인물이다. 이 그림이 묘사하는 것은 죽음이 멈추는 순간이다. 고야가 포착한 총살 직전의 순간은 자신에게 총을 겨눈 군인들을 노려보며 당당하게 폭력의 부당함을 고발하고 죽음을 받아들이는 동시에 그 죽음에 반항하는 한 사람의 얼굴에 집중되어 있다. 우리가 목격하는 것은 눈먼 폭력에 내맡겨진 삶과 권력 남용에 짓밟힌 희망이다. 그의 높이 치켜든 양팔은 보이지 않는 십자가에 매달려 있다. 부활을 발견하지 못하고 오로지 검은 패배의 잔을 마셔야 하는 자의 고통을, 그 잔을 마시면서 역사의 폭력을 향해 울부짖는 자의 고통을 이야기하기 위해서다. 잠시 후 시신으로 변할 이 반항인은 무릎을 꿇고 양팔을 높이 치켜든 모습으로, 고야가 그린 그 모습대로, 영원히, 그와 마찬가지로 총살될 차례만 기다리고 있는 모두를 사로잡은 고통의 대변자로, 더 나아가 폭력에 의

한 모든 고통의 대변자로 남게 될 것이다. 이어서 또 다른 사람들이 눈에 들어온다. 총을 맞고 피투성이의 진흙탕에 쓰러져 있는 사람과 그 뒤에 쌓여 있는 시체들, 그리고 흰 셔츠를 입은 인물 뒤로 보이는, 절망 속에서 공포에 떨며 기도하는 또 다른 사람들의 모습이다. 배경으로 가파른 언덕과 먼 곳에 있는 성당 건물이 보인다. 사형수들 앞에서는 한 소대가 등을 보이며 정렬해 장총으로 그들을 조준하고 있다. 모두 제복을 입고 무기를 들었을 뿐 그 누구의 얼굴도 보이지 않는다. 명령에 따라 탄환을 뿜어내야 할 총이 있을 뿐이다. 한편에는 총살 장면을 차마 눈 뜨고 보지 못하는 사람들이 있다. 그림 한가운데 있는 사람은 두 손으로 눈을 꼭 가렸다. 병사들 앞에 놓인 조명등은 총살당하기 일보 직전에 처한 흰 셔츠의 남자를 환히 밝히고 있다. 이 조명등에 대해서는 의견이 상당히 분분한 편이다. 이를 이성의 빛으로 보는 사람이 있는가 하면 권력에 짓밟힌 계몽주의를 상징한다고 보는 사람도 있다. 하지만 이런 모호함이 이 작품의 메시지와 과제를 흩트리는 것은 아니다. 고야의 그림은 폭력 앞에, 폭력이라는 얼굴 없는 괴물 앞에 노출되는 것이 다수가 아니라 사람들 개개인과 이들의 감정과 고통이라는 것을 보여준다. 이 그림을 바라보는 관찰자의 마음에 동정심을 불러일으키는 것은 바로 이들 한 사람 한 사람이 처한 상황이다.

들라크루아의
〈피에타〉

    페르디낭드 빅토르 외젠 들라크루아ferdinand Victor Eugène Delacroix 의 〈피에타〉는 파리의 생 드니Saint Denis 성체회 성당에 소장되어 있다. 그가 1,840년대에 그린 이 작품에 우리는 특별한 관심을 기울일 필요가 있다. 이 그림은 벽에 그린 유화로, 색의 밀도가 상당히 높은 것은 약간 진흙을 연상시키는 부드러운 질감의 도료를 사용해 그렸기 때문이다. 녹색과 푸른색을 배경으로 흰색과 밝은 색이 실처럼 풀어 헤쳐지는 모양새를 하고 있다. 이 그림은 등장인물들의 형체를 무분별함 속으로 빨아들인다. 화가가 무시하는 것은 시간과 공간의 구별이다. 동굴을 상상케 하는 어두운 광채와 양쪽에 배치된 바위 혹은 나무처럼 보이는 두 덩어리의 어두운 형체가 그림의 무대 위에 배치되어 있다. 일곱 명의 등장인물은 모두 어느 한순간에 포착된 행동의 묘사를 통해 표현된다. 이들의 행동은 멈추는 동시에 시간을 초월하고 무찌르는 듯이, 하지만 이들의 신성하지 못한 육체, 불완전한 육체의 일상적인 한계 때문에 인류사의 고통스러운 시간 속으로 파고드는 듯이 보인다. 피 묻은 수의와 그리스도의 몸은 어머니의 무릎 사이로 무겁게 가라앉는다. 어머니 마리아는 고개를 뒤로 살짝 젖히면서 모든 것을 내던진 듯한, 아무것도 보지 못하고 느끼지 못하는 듯한 얼굴을 하고 있다. 마치 십자가에 매달린 것처럼 양팔을 벌리고, 일종의 비극적인 부재를 표현하려는 듯이 눈과 입술을 꼭 다물고 있다. 마리아는 그녀 스스로가 십자가의 형상인 동시에 고통의 승리에 승복을 선언하는 존재로 나타난다. 바닥에 거의 쓰러져 있는 막달레나가 몸을 일으켜 그리스도의 발을 끌어안으며 마리아와 그리스도의 얼굴을 향해 고개를 들고 있다. 맞은편에서는 요한이 바닥에 앉아 축 늘어진 그리스도의 팔을 자기 손으로 떠받치고 있다. 마리아의 팔 위쪽에서는 세 명의 제자가 한가운데를 향해, 즉 마리아의 창백한 얼굴이 있는 쪽을 향해 서 있다. 오른쪽의 수염을 기른 인물과 왼쪽의 망토를 휘날리고 있는 인물이 아무런 의미 없는 풍경, 즉 무관심 속에 배치된 하늘과 땅으로부터 그리스도의 죽음이라는 사건을 분리시키고 있다. 하지만 주목해야 할 것은 마리아를 향해 좀 더 가까이 다가와 있는 인물이 오로지 여성으로 추측할 수 있을 뿐 불명료하게 묘사되어 있다는 점이다. 망토를 휘날리는 제자 역시 얼굴의 윤곽을 전혀 찾아볼 수 없다. 이 윤곽의 부재 속에서 우리가 느낄 수 있는 것은 육신과 시선, 시간과 시간의 초월로 변한 고통의 맹렬함이다. 이 고통의 심장으로 집중되는 관람자의 시선은 이 색과 형상의 탄식에 주목하는 동정의 시선일 수밖에 없다.

동정은 인간적으로 채색된 고통의 모습이라고 할 수 있다. 동정은 구원을 향해 가는 과정이 아니라, 예배를 통한 명상이 아니라, 상실과 일치하는 상처의 경험, 하늘을 빼앗긴 뒤에 찾아오는 허무의 경험이다. 이것이 들라크루아가 표현하고 있는 '땅'의 고통이다. 이 〈피에타〉의 뜨거운 색조는 등장인물들을 전통적인 역할과 우아한 모습에 내맡기기보다는 일종의 따스한 포옹으로 감싸 안는다. 이 비극의 무대를 장식하는 불완전한 얼굴 묘사와 윤곽선의 불명료한 처리, 자세의 자유분방함 같은 요소들은 가식적이거나 기능적인 것과는 거리가 멀고, 모두 어머니와 아들이 있는 고통의 공간으로 집중된다. 한 사람은 죽음에, 또 한 사람은 감각의 상실에 노출된 탓에 서로 대화하지 않는 아들과 어머니의 공간은 고통의 사슬에 묶여 있다. 이 모든 요소들이 주변 인물들을 전염시키면서 이들의 시선과 행동을 한곳으로 집중시킨다. 이 만남은 전적으로 지상의 만남이다. 여기에 종교적인 면이 있다면 그것은 고통에 가까이 다가서는 행위에서 비롯되는 추락이지 어떤 밝은 세계를 바라보는 고통의 극복이 아니다.

들라크루아의 미술 세계와 그의 은밀한 정신세계를 본격적으로 추적한 보들레르는 아름다운 미술 비평과 논평을 통해 이 화가의 또 다른 성화, 즉 들라크루아가 파리의 생쉴피스Saint-Sulpice 성당에 헌정할 목적으로 계획했지만 결국 완성하지 못한 작품 〈무덤으로 내려가는 그리스도Cristo deposto nella tomba〉에서 마리아의 모습이 어떤 식으로 그려졌는지 언급한 바 있다. 보들레르는 들라크루아가 마리아를 그리면서 한 번도 전통적인 여성상을 모델로 삼은 적이 없고 항상 "어머니들의 여왕이라고 할 수 있는 그녀의 이미지에 정확히 부응하는 비극적인 분위기와 자세를" 부여하려고 노력했다고 말한다. 그런 이유에서 보들레르는 자신처럼 "예술을 사랑하는 시인"이, 들라크루아의 작품의 어떤 역사적인 성격이 아니라 그의 작품이 전달하는 시적이고 종교적인 동시에 보편적인 인상으로 인해 자신의 상상력이 깊이 흔들리는 것을 느끼지 못한다는 것은 생각조차 할 수 없는 일이라고 보았다.

동정의 색깔,
반 고흐에서 샤갈까지

들라크루아가 1850년에 그린 또 하나의 〈피에타〉(오슬로 국립 미술관 소장)는 1889년에 반 고흐가 〈피에타〉를 그리는 데 결정적인 계기가 되었다. 반 고흐는 자기 입으로, 들라크루아의 〈피에타〉가 영감의 원천이자 모델이었고 자신의 〈피에타〉는 그것의 '복사본'에 지나지 않는다고 말했다. 실제로 반 고흐는 들라크루아가 1850년에 그린 〈피에타〉의 채색되지 않은 석판화를 토대로 두 가지 버전의 〈피에타〉를 완성했다(하나는 바티칸 박물관에, 또 하나는 암스테르담의 반 고흐 박물관에 전시되어 있다). 들라크루아의 작품은 마리아가 그리스도의 몸을 무덤에 내려놓는 순간을 묘사한 것이다. 무덤은 입구가 넓은 동굴로 묘사되어 있다. 마리아의 얼굴은 그리스도의 얼굴과 대각선상에 놓여 있고 둘 다 비스듬히 기울어져 있다. 마리아의 양팔은 좌우 균형이 이루어지지 않은 채로, 그리스도의 팔은 축 늘어진 채로 묘사되어 있다. 마리아는 팔을 앞으로 뻗은 상태에서 손으로 아무것도 붙잡지 않은 채 손가락을 펼치고 있는데, 이러한 마리아의 모습은 팔을 뻗음으로써 그리스도를 내버리는 듯한, 동시에 아들의 죽음을 받아들이겠다는 듯한 인상을, 시간과 역사를 초월하는 사건을 받아들이겠다는 듯한 인상을 준다. 마리아의 푸른 옷과 붉은 망토와 노란 베일은 힘과 꿈과 막막함이 모두 한곳으로 모여드는 느낌을 준다. 들라크루아의 이 〈피에타〉는 결국 아를의 화가에게 강렬한 인상을 심어주었고, 역사상 가장 강렬하고 영적인 〈피에타〉로 다시 태어나게 된다. 반 고흐는 폴 고갱Paul Gauguin과의 불화에서 비롯된 심적 불안 속에서 작업에 착수했다. 그의 말에 따르면 이 동굴, 무덤을 "차가운 북풍을 맞으면서" 그렸다고 한다. 반 고흐는 들라크루아의 그림을 마치 거울을 통해 본 것처럼 반대로 뒤집어 그렸다. 그는 옷과 망토의 주름을 없애고 이를 바람과 긴장감으로 채워 넣었다. 그리고 마리아의 푸른 옷을 확연히 눈에 띄도록 채색하고 하늘을 강렬한 느낌의 노란색으로 물들였다. 반 고흐의 몸과 손과 시선은 또 다른 시학의 부드러우면서도 강렬한 외침에 몰입한다. 실행된 것은 무엇을 그대로 따라 만들었다기보다는 하나의 창조를 향한 움직임으로서의 모방이다. 마리아의 옷을 뒤덮은 푸른색과 그리스도를 감싼 수의의 주름에는 하늘이 반영되어 나타난다. 이를 우리는 고통 속에 새겨진 '저 너머'라고 부를 수 있을 것이다.

같은 해에 고갱이 그린 〈녹색의 그리스도Le Christ Vert〉(브뤼셀 박물관 소장)는 전형적인 〈피에타〉라고 할 수 있는 작품이다. 브르타뉴의 풍경을 배경으로, 액자에 의해 잘린 십자가 밑에 사람들이 모여 있다. 온통 녹색으로 칠해져 상당히 추상적으로 느껴지는 세 명의 여인이 그리스도의 몸을 떠받치고 있다. 그리스도 역시 녹색으로 채색되었고 비스듬히 몸이 기운 채 무덤으로 옮겨지고 있다. 그리스도의 팔과 옆구리 사이에는 한 농사꾼 여인이 전형적인 브르타뉴 지방 옷을 입고 잔디밭 위에 앉아 있다. 농기구를 어깨에 짊어지고 걸어가는 한 농부의 모습과 풍경을 포함하는 그림의 왼쪽 부분이 종교적 전통과 숭배의 시대를 상징한다면 오른쪽은 또 다른 시대와 또 다른 땅, 화가의 시대와 땅을 상징한다. 언덕과 언덕 사이에 노란색으로 채색된 밀밭이 보이고, 경사에 가려 잘 보이지 않지만 아마도 길을 걷고 있을 한 여인이 좀 더 가깝게 묘사되어 있다. 언덕을 배경으로 펼쳐지는 푸른색 바다 위에는 붉은색의 섬과 배 한 척이 있고 웅장한 하늘이 풍경 전체를 지배하고 있다. 고갱은 반 고흐의 동생 테오에게 보낸 편지에서 언덕 위에서 무리 지어 이동하는 소들이 이 작품의 배경이 된 브르타뉴의 골고다 기념비를 향해 움직이고 있다고 설명한 바 있다. 허공에 멈춘 것과 같은 상태 혹은 추상화를 향한 긴장 속에서 고갱이 심혈을 기울여 탐구한 것은 하나의 통일성, 즉 고향의 땅과 뿌리, 성서의 이야기, 일반 서민들의 동정심과 노동, 회화적 표현의 통일성이다. 이것이 바로 고갱이 추구한 세계다. 고갱은 꿈속에서의 전율과 원시적인 것의 단순함에, 도달하고 싶지만 하나의 욕망에 불과한 먼 곳의 이미지에, 타자의 손길과 고통에 형태를 부여하고자 했다.

1800년대 말에서 2000년대에 이르기까지 또 다른 〈피에타〉들이 성서를 토대로 동정의 형상화를 시도했다. 물론 신화를 토대로 하는 시도들이 있었다. 그리스 신화뿐만 아니라 북유럽의 신화들 역시 아들의 죽음을 슬퍼하는 어머니의 고통에 대해 이야기한다. 예를 들면 〈칼레발라Kalevala〉의 에피소드들을 형상화한 핀란드 화가 악셀리 갈렌 칼렐라Akseli Gallen-Kallela의 작품들 중 〈레민카이넨의 죽음〉(1897년에 제작된 유화로 헬싱키의 아테네움 미술관에 소장되어 있다)이라는 그림이 있다. 새벽이 다가오는 가운데 붉게 물든 바위들 옆에 핏기 없이 누워 있는 아들 대신 하늘을 쳐다보는 어머니의 얼굴이 눈에 띈다. 호수의 검은 물 위에 달빛과 함께 백조 한 마리가 떠 있다. 아들을 살해한 것이 이 백조다. 지배적인 것은 신화다. 어머니는, 그녀가 겪은 고통의 대가로, 파괴된 생명의 부활을 보게 될 것이다. 하지만 색의 세계는 모두 어머니의 고통스러워하는 눈에 집중되어 있다. 가슴을 찌르는 이 시선의 강렬함은 동시대의 화가 뭉크가 표현했던 눈빛을 떠올리게 한다.

조르주 루오는 〈미제레레〉라는 작품을 통해 그리스도의 고난을 표현했다. 그는 58점의 판화 가운데 일부는 그리스도의 고난을, 일부는 고통과 비극 속에서 살아가는 인간의 여정을 그리는 데 할애했다. 이 판화들은 두 종류의 고통스러운 경험, 즉 그리스도의 경험과 인간의 경험을 동시에 극적으로 표현해낸 작품이다. 판화에 사용된 흑색은 빛의 윤곽을 상징한다. 고통이 희망의 윤곽인 것과 마찬가지의 원리다. 판화 작품들 하나하나는 불은 꺼졌지만 명상의 긴장을 유지하는 스테인드글라스와 같다고 할 수 있다. 이 작품들이 주는 교훈은 그림에 적힌 문구들에 의해 더욱 강조된다.

이 가상 갤러리를 벗어나기 전에 마지막으로 살펴보고 싶은 작품은 마르크 샤갈Marc Chagall이 1956년에 그린 〈붉은 피에타Pietà rouge〉(바티칸 박물관 소장)다. 제목에 '붉은'이라는 말이 붙은 것은 그림을 지배하고 있는 색깔 때문이다. 스케치의 힘이 어머니를 비롯해 인물들을 강조하는 검은 윤곽선에 담겨 있는 것을 볼 수 있다. 한쪽에 네 발 달린 짐승이 뒷발로 사람처럼 서 있는 모습이 보인다. 사다리 하나가 벽에 기대어 있고 커다란 아치 아래에 무대가 펼쳐진다. 사다리 위에 사람이 올라가 있지만 거의 날아갈 것 같은 느낌을 준다. 아니면 그저 검은 선들에 지나지 않는 것인지도 모른다. 붉은색을 배경으로 어지러운 선들이 얽혀 있고 아래쪽에는 그리스도의 몸이, 검은 선들이, 마치 고통의 흔적인 듯, 더욱 굵게 그려져 있다. 깊은 생각에 잠겨 환상 속으로 빠져드는 샤갈의 심중에는 추상과 인상만이, 비잔틴적 기억과 고대인들의 종교적 동기에 대한 탐구의 흔적만이 남아 있다.

사실 또 다른 예술 분야로 우리의 시선을 옮겨보는 것도 얼마든지 가능할 것이다. 예를 들면 영화가 있다(특히 피에르 파올로 파솔리니Pier Paolo Pasolini가 영화 〈마태오 복음서〉에서 보여주는 어머니의 이미지에 대해서는 특별한 관심을 기울일 필요가 있다고 생각한다. 여기서 피에타의 형상은 예술의 형태, 허구의 형태를 초월해 삶 속에서의 고통, 아무런 부활도 약속하지 못하는 고통의 예고로 드러난다).

우리는 지금까지 한 어머니의 고통을 빛과 형상의 시간 안으로 옮겨놓은 작품들 앞에서 걸음을 멈추고 그 이야기에 귀 기울여보았다. 어쩌면 이 또한 예술이 동정에 하나의 색과 형상을 부여하기 위해 취해온 방법 중 하나였을 것이다. 한 장면을, 하나의 회화적 전통을, 이미 이미지화된 이야기를, 하나의 질문을 다양한 방식으로 표현하는 것이 예술의 길이었다. '과연 어떻게 타인의 고통에 가까이 다가설 수 있는가'라는 이 오래된 질문은 아마도 오랫동안 인간에게 고유한 질문으로 남을 것이다.

조토 디본도네, 〈그리스도에 대한 애도〉, 1304-1306

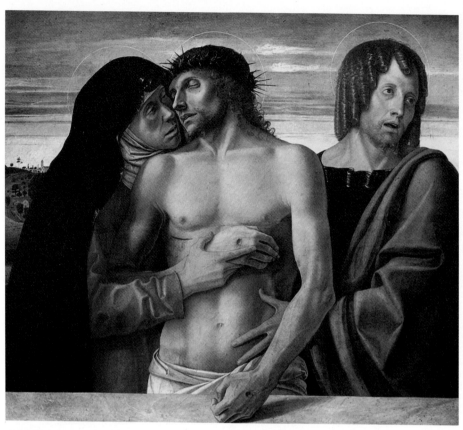

젠틸레 벨리니, 〈피에타〉, 1460년경

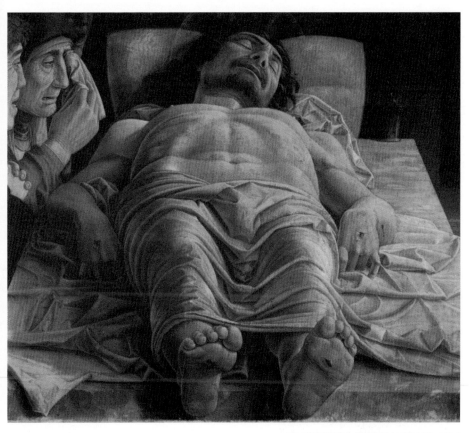

안드레아 만테냐, 〈돌아가신 그리스도〉, 1490

산드로 보티첼리, 〈그리스도에 대한 애도〉, 1495

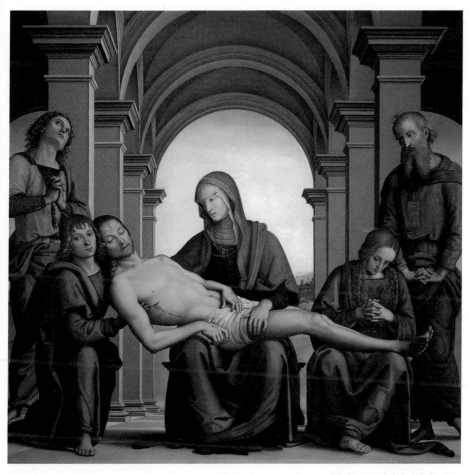

페루지노, 〈우피치의 피에타〉, 1495

부오나로티 미켈란젤로, 〈바티칸 피에타〉, 1498-1499

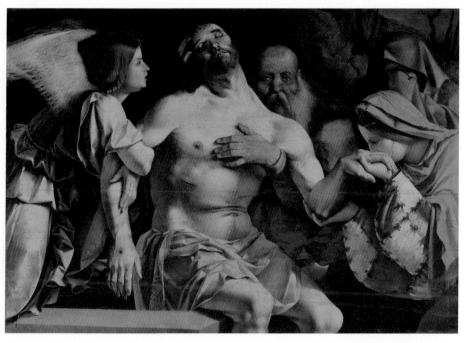

로렌초 로토, 〈피에타〉, 1508

한스 홀바인, 〈무덤 속의 그리스도〉, 1521

로렌초 로토, 〈피에타〉, 1545

베첼레노 티치아노, 〈그리스도의 매장〉, 1559

베첼리오 티치아노, 〈피에타〉, 1576

엘 그레코, 〈피에타〉, 1587-1597

페테르 파울 루벤스, 〈십자가에서 내려지는 그리스도〉, 1602

카라바조, 〈매장〉, 1602-1604

안니발레 카라치, 〈두 천사와 함께 있는 피에타〉, 1603-1604

다니엘 크레스피, 〈피에타〉, 17세기 전반

니콜라 푸생, 〈그리스도에 대한 애도〉, 17세기 전반

외젠 들라크루아, 〈피에타〉, 18세기경

프란시스코 호세 고야 이 루시엔테스, 〈1808년 5월 3일〉, 1814

폴 고갱, 〈녹색의 그리스도〉, 1889

폴 고갱, 〈황색의 그리스도〉, 1889

파블로 피카소, 〈게르니카〉, 1937, 소피아 미술관
© 2019 – Succession Pablo Picasso – SACK (Korea)

빈센트 반 고흐, 〈피에타〉, 1889

옮긴이의 말

동정의 여정

　저자는 동정이 보기 드문 감정이라고 말한다. 동의하기가 그리 쉽지만은 않은 의견이다. 누구든 한 번 쯤은 느껴본 감정이라는 점을 감안할 때, 동정심은 보기 드문 감정이 아니다. 하지만 동정이 궁극적으로는 타자에 대한 앎의 형태나 도구의 차원을 벗어나 타자의 고통을 진정한 의미에서 자신의 고통으로 받아들이는 행위 혹은 선택과 직결된다는 점을 감안하면, 동정은 저자의 말처럼 진귀한 경험임에 틀림없다. 아울러 저자가 제시하는 여러 사상가들과 문인들의 관점과 입장을 살펴보면 동정은 순수한 것과도 거리가 멀어 보인다. 순수하면 순수할수록 행위와 무관하고 행위와 무관할수록 감정적인 차원의 자기합리화나 인식론적 차원의 지적 도구에 불과하다는 특징이 여실히 드러나기 때문이다.

　동정을 앎의 한 형태로 간주했던 아리스토텔레스는 타인의 불행이나 고통을 관찰할 때 동감의 형태로 발생하는 이 감정이 몇 가지 조건을 갖추어야만 동정으로 성립될 수 있다고 보았다. 무엇보다도 타자의 고통이 평범하지 않고 심각하다는 확신이 뒷받침되어야 한다. 다시 말해 타자의 고통이 하찮은 것일 때 그의 고통은 동정을 유발하지 않는다. 동정은 타자의 고통이 심각하다는 판단에서 비롯된다. 이 심각성을 이해하지 못한 사람은 어떤 식으로든 동정을 느낄 수 없고 그가 어떤 감정을 느꼈다하더라도 그것은 동정이 아니다. 아울러 동정은 고통의 심각성에 대한 이해뿐만 아니라 타자가 부당한 방식으로 고통 받는다는 확신이 뒷받침될 때에만 발생한다. 자신이 저지른 실수나 악행 때문이 아니라 부당한 방식으로 고통을 감내하는 사람만이 동정의 대상이 될 수 있다. 악한 사람의 경우에도 그가 악행의 대가로 지나치게 크거나 견디기 힘든 고통을 당할 때에는 동정을 유발할 수 있다. 더 나아가서 동정은 타자가 겪는 것과 동일한 종류의 불행이나 고통을 우리도 언젠가는 겪을 수 있다는 확신이 뒷받침될 때에만 발생한다. 다시 말해 특정 고통에 대한 직간접적인 경험을 지닌 사람만이 동정을 느낄 수 있다. 우리가 피상적으로만 이해하는 고통은 동정을 유발하지 않는다. 타자의 고통은 우리가 같은 처지에 놓일 수 있다는 가능성이 명백하게 드러나는 경우에만, 즉 두려움을 동반하는 경우에만 동정을 유발한다. 우리는 우리가 알고 이해하는 고통에 한해서만 동정을 느낀다. 동정이 앎의 한 형태이며 인식 행위에 가까운 것은 바로 이 때문이다.

그렇다면 동정의 이러한 인식론적인 차원과 실천적인 차원의 경계는 과연 어디에 있는가? 한나 아렌트Hannah Arendt는 고대 문화와 근대 문화의 차이점에 주목하면서 고대인들에게 동정은 사실상 두려움과 크게 다를 바 없는 감정이었고 그 이유는 고대인들이 동정을 두려움처럼 순수하게 수동적인 감정으로 간주했기 때문이라고 보았다. 아렌트는 근대에 들어와서야 동정이 능동적인 감정으로 해석되기 시작했고 바로 루소가 이 능동적이고 윤리적인 차원의 동정을 기반에 두고 프랑스혁명의 모토 가운데 하나였던 형제애 개념을 발전시켰다고 보았다.

하지만 루소 역시 아리스토텔레스의 설명과 본질적으로는 같은 맥락에서 출발했다. 루소는 동정의 성립 조건으로 인간이 고통에 고개를 숙일 수밖에 없는 연약한 존재라는 사실에 대한 깨달음이 요구된다고 보았다. 루소에 따르면, 왕들이 백성을 가엾게 여기지 못하는 이유는 백성을 인간으로 간주할 줄 모르기 때문이며 부자들이 가난한 자들에게 인색한 이유는 가난을 두려워할 줄 모르기 때문이다. 바로 그런 이유에서 루소는 선생이 학생에게 불행한 사람들을 거만한 자세로 바라보도록 가르치거나 유도하지 말아야 한다고 강조했다. 가난하고 불쌍한 사람들을 가엽게 여길 줄 알아야 한다고 가르치면서 정작 학생들이 스스로를 불행한 사람들과는 전적으로 다른 세계의 주인공으로 간주하도록 유도하는 우를 범하지 말아야 한다는 것이었다. 루소에 따르면 타자의 고통을 "느끼지 못한 채 바라보기만 하는 것은 곧 모른다는 것을 의미한다." 타인의 고통을 '모르는' 동정이란 지적 호기심에 불과하다.

따라서 루소는 분명히 동정의 능동적인 측면을 강조했다고 볼 수 있다. 하지만 아렌트가 고대의 관점과 루소의 관점을 비교하면서 제시한 분석이 결과적으로 아리스토텔레스를 포함한 고대의 지식인들은 동정을 순수하게 인식론적이고 기능적인 차원에서만 바라보았다는 결론으로 이어진다면 이는 분명히 잘못된 평가일 것이다. 다시 말해 고대인들이 동정을 순수하게 수동적인 감정으로 이해하며 인식의 도구로만 간주했고 따라서 동정이 윤리적인 측면에서 중요한 역할을 능동적으로 수행할 수 있다는 점에 대해 전혀 모르고 있었다고 보는 것은 잘못된 생각이다.

니체는 그리스인들이 동정을 오히려 윤리적인 차원에서 근절해야 할 감정으로 간주했다고 보았다. 루소가 동정을 그리스적인 인식의 도구에서 능동적이고 실천적인 성격의 감성으로 발전시켰다면, 니체는 동정을 그리스적인 정화의 도구에서 부패의 동력으로 기능하는 위선적인 성격의 감성으로 발전시켰다. 니체에게 동정은 권력자와 부유한 인간들이 가난하고 불쌍한 사람들을 바라보며 이들의 고통은 그들에게 닥치지 않을 고통이라는 것을 확인하는 순간에만 느끼는 사실상 허황된 안도의 감정에 불과했다.

따라서 동정의 능동적인 측면을 강조하는 것이 반드시 윤리적인 차원에서 긍정적인 결과로 이어지는 것은 아니다. 근대에 들어서면서 일어난 근본적인 변화는 사실상 동정의 능동적이고 실천적인 측면이 뚜렷하게 부각되는 현상이 아니라 오히려, 다른 많은 종류의 '감정'과 마찬가지로, 동정이 도구와 기능의 차원을 벗어나 하나의 독립된 감정으로 간주되기 시작하는 현상에서 발견된다. 하지만 여기서 이러한 변화를 단순히 자연스러운 역사적 발전의 관점으로만 바라볼 수 없다는 또 다른 문제가 대두된다. 어떤 감정을 독립된 영역으로 간주한다는 것은 곧 그 감정이 독립된 도구로도 활용될 수 있다는 것을 의미하기 때문이다. 예를 들어 고대 그리스인들이 거부했던 것은 니체가 생각했던 감정적인 차원의 동정이 아니라 기능적인 차원의 동정, 즉 불분명한 감정이 독자적 기능을 지닌 인식 도구로 발전하는 성향이었을 가능성이 충분히 있다. 동정의 능동적이고 실천적인 측면이 부각되고 이러한 측면에 대한 동의가 이루어진다고 해서 동정의 인식 기능이 저하하는 것은 아니다. 실천을 강조하면 할수록 오히려 함께 부각되는 것이 동정의 도구인 성격이다. 세상에는 사소한 불편함을 동정의 대상으로 과장하는 사람들이 허다하고 감성을 충전하기 위해 동정을 유발하는 불행이나 고통의 장면들을 일부러 찾아다니는 사람들도 얼마든지 있다.

《동정에 관하여》에서 저자가 소개하는 동정의 다양한 측면을 통해 부각되는 것은 동정의 대략적인 특징이나 덕목이 아니라 오히려 동정의 다양성과 양면성이다. 수많은 형태의 사랑과 애정으로 변형되거나 전이될 수 있는 것이 동정이며 윤리적인 동시에 비윤리적이고, 아름다운 동시에 추하고, 자랑스러운 동시에 부끄러운 것이 동정이다. 동정은 참여와 선택과 실천을 요구할 만큼 즉각적이고 동물적이며 영혼과 직결되는 감정이지만 동시에 지극히 허구적이고 추상적인 감정이다.

동정은 단순하지도 복잡하지도 않은 부조리한 감정이다. 동정의 의미는 동정의 개념과 일치하지 않는다. 의미에 의해 구축될 뿐, 동정의 개념은 동정의 주체가 타자의 고통을 느끼는 순간과 과정 밖에서 모든 형이상학적 구도와 가치를 상실한다. 공감되는 고통의 영역 바깥에서 동정은 '나'의 것도, '타자'의 것도, '신'의 것도, 어느 누구의 것도 아니다. 그런 의미에서 동정을 둘러싼 모든 모순보다 더 중요한 것은 동정을 어떤 식으로 이해하고 받아들여야 하는지 결정하는 '나'의 정제된 판단력이다.

철학 책을 읽을 때 내용이 어렵게 다가오는 이유는 크게 두 가지다. 내용의 본질적인 난이도와는 무관하게 상세한 설명이 요구되는 주제를 다룰 때 전개되는 서술의 복합적이고 난해한 구도 때문에 읽기 어려운 책들이 있는 반면, 패러독스나 아포리아처럼 다루는 내용 자체가 어렵기 때문에 간결하고 직관적인 설명들이 부족하게만 느껴지는 책들이 있다. 『동정에 관하여』는 분명 후자에 속하는 책이다. 이 책을 쉽게 읽은 사람은 오히려 무언가를 빠트렸다고 보아도 무방할 정도로 결코 쉽지 않은 문제들이 거론된다. 아마도 이 책을 읽는 훌륭한 방법 중에 하나는 책을 읽으면서 가능한 한 반대 의견을 제시해 보고 그 의견이 옳거나 그른 근거가 책의 어디에선가 또 다른 주장이나 입장의 형태로 등장하지 않는지 찾아보는 방식일 것이다. 물론 극단적으로 대조적인 입장을 찾아보는 것도 좋은 방법이 될 수 있다. 예를 들어 루소에게 동정은 평가와 인식의 차원을 뛰어넘어 참여와 실천을 자극할 만큼 순수한 감정이었다. 루소는 동정을 느낄 때 우리가 "타자 안에서" 괴로워한다고 보았다. 하지만 니체는 이러한 순수한 감정마저도 극복의 대상에 불과하다고 보았다. 니체는 이렇게 말했다. "사랑하면서 동정심보다 우월한 감정으로 다가서지 못하는 이들 모두에게 화가 닥칠 것이다."

2019년 7월

윤병언

찾아보기

동정에 대하여
가장 인간적인 감정의 역사

펴낸날　초판 1쇄　2019년 8월 10일

지은이　안토니오 프레테
옮긴이　윤병언
펴낸이　김현태

책임편집 박은영
마케팅　김하늘 이지혜

펴낸곳　책세상
주소　서울시 마포구 잔다리로 62-1 3층(04031)
전화　02-704-1251(영업부), 02-3273-1334(편집부)
팩스　02-719-1258
이메일　bkworld11@gmail.com
광고·제휴 문의　bkworldpub@naver.com

홈페이지 chaeksesang.com
페이스북 /chaeksesang　**인스타그램** @chaeksesang
트위터　@chaeksesang　**네이버포스트** bkworldpub
등록　1975. 5. 21. 제1-517호

ISBN　979-11-5931-370-7　03100

이 도서의 국립중앙도서관 출판시도서목록(CIP)은 서지정보유통지원시스템 홈페이지
(http://seoji.nl.go.kr)와 국가자료공동목록시스템(http://www.nl.go.kr/kolisnet)에서
이용하실 수 있습니다.(CIP제어번호 : CIP2019025800)